2024
中国印刷产业
创新发展报告
技术趋势卷

主编：刘轶平

副主编：王丽杰　宋慧慧

THE REPORT
ON CHINA'S PRINTING INDUSTRY
INNOVATION AND DEVELOPMENT(2024)

文化发展出版社
Cultural Development Press

·北京·

图书在版编目（CIP）数据

2024 中国印刷产业创新发展报告．技术趋势卷 ／ 刘轶平主编 ．-- 北京：文化发展出版社，2024.9.
ISBN 978-7-5142-4455-7

Ⅰ．F426.84

中国国家版本馆 CIP 数据核字第 2024A0L400 号

2024 中国印刷产业创新发展报告——技术趋势卷

主　　编：刘轶平
副 主 编：王丽杰　宋慧慧

出 版 人：宋　娜
责任编辑：李　毅　雷大艳　　　　责任校对：岳智勇　马　瑶
责任印制：邓辉明　　　　　　　　封面设计：魏　来
出版发行：文化发展出版社（北京市翠微路 2 号 邮编：100036）
发行电话：010-88275993　010-88275710
网　　址：www.wenhuafazhan.com
经　　销：全国新华书店
印　　刷：北京捷迅佳彩印刷有限公司

开　　本：710mm×1000mm　1/16
字　　数：270 千字
印　　张：18
彩　　插：8 页
版　　次：2024 年 9 月第 1 版
印　　次：2024 年 9 月第 1 次印刷

定　　价：78.00 元
ＩＳＢＮ：978-7-5142-4455-7

◆ 如有印装质量问题，请与我社印制部联系　电话：010-88275720

编委会

主 编

刘轶平

副主编

王丽杰　宋慧慧

成 员

（按姓氏笔画排名）

王廷婷　沈国荣　陈鸿亮　张粤芳
林嘉彦　赵　广　赵　嵩　高　健

完成单位

北京科印传媒文化股份有限公司

出版说明

以创新引领产业转型升级，创造发展新优势，是中国印刷业进入 21 世纪，尤其进入新常态发展阶段后，一条重要的发展主线。基于创新引领产业发展的时代性、长期性和重要性，北京科印传媒文化股份有限公司计划长期追踪观察印刷产业的创新发展动态与趋向，及时报道印刷企业的创新实践与思考，每年出版系列丛书"中国印刷产业创新发展报告"。

《2024 中国印刷产业创新发展报告——技术趋势卷》将围绕"聚焦创新技术 洞察创新趋势"，聚焦印刷产业的技术创新，通过全面报道印刷产业的最新技术动态及发展趋势，助力印刷产业转型升级。

本书由三部分内容组成。

第一部分，主报告篇。本部分为主报告——"2024 中国印刷产业创新发展报告"，主体采用定量分析方法，样本取自印刷行业中的优秀企业，力求通过指标描述和数据分析，客观反映印刷产业的创新能力及发展变化，从而记录印刷产业的创新力演变进程，分析印刷企业创新发展的瓶颈与突破方向。

第二部分，技术篇。本部分以全球最具影响力的"drupa 2024"展会为契机，邀请中国印刷产业各个领域的技术专家和学者，梳理展会上印前、印刷、印后、原辅材料、智能制造等方面的主流技术发展及趋势，旨在为读者展现当前印刷技术发展全貌。

第三部分，应用篇。本部分收录了近三年部分具有实际指导意义的创新技术应用案例，对印刷企业实际应用创新技术具有一定的参考价值。

编者
2024 年 8 月

目 录 contents

第一部分
主报告篇 ·· 1

第一章 2024中国印刷产业创新发展报告 ··· 3
2024中国印刷产业创新发展报告 ·· 王丽杰 5

第二部分
技术篇 ·· 27

第二章 技术总览 ·· 29
drupa四大趋势 引领行业变革 ·· 宋慧慧 31

第三章 印前技术 ·· 35
透过"drupa 2024"看胶印制版技术的进展及未来发展趋势 ························· 高健 37
"drupa 2024"柔印制版技术解析和点评 ··· 赵嵩 44
从"drupa 2024"看色彩管理的未来发展趋势 ······················· 赵广 姚磊磊 55

第四章 印刷技术 ·· 65
"drupa 2024"上胶印技术的进展及发展趋势 ··································· 王廷婷 67
从"drupa 2024"上看柔印技术发展 ··· 林嘉彦 73

"drupa 2024"数字印刷发展趋势 ··· 陈鸿亮 77

第五章　印后技术 ··· 83
从"drupa 2024"看书刊印后设备的进展及未来发展趋势 ·········· 沈国荣 85
"drupa 2024"上数字印后增效技术的变化和发展趋势 ············· 张粤芳 113

第三部分
应用篇 ·· 117

第六章　印前技术 ·· 119
色彩管理，管什么？ ·· 唐小兴 121
色彩管理实操"三步曲" ·· 何诚 127
闭环自动色彩校正技术助力印刷色彩一致性 ························· 苏小燕 133
CIP3 油墨预置的使用心得 ·· 董铭广 137

第七章　印刷技术 ·· 143
胶印连线冷烫先印后烫工艺的应用 ······································ 熊长友 145
胶柔结合改善浅底色产品印刷墨色不均的问题
·· 余强　蒋迎春　郭镇洪 150
水洗柔版及制版工艺 ·· 魏明红 161
烟包高速凹印水性油墨的研究与应用
··································· 曾凡齐　王凯　李强　刘健书　周宏 167
高速喷墨印刷助力报业印刷转型 ·· 李颖 177
新法规框架下食品包装用 UV 油墨的开发研究
······························· 沈剑彬　刘晓鹏　马志强　王伟民　张昊 183

第八章　印后技术 ·· 193
进口冷烫机国产化的可行性思路 ··· 罗满启 195
微纳烫印在烟包上的运用 ·· 莫正戍 201
不等距全息定位烫的探索应用 ················ 沈兴跃　周正红　薛冰春 207
先烫后印工艺探究 ·· 崔德勇 212

胶订机双联分切功能技改经验分享 ··· 王凯 216
精装图书印后包装联线生产技术研发及成果——以中华商务北京
　基地生产实践为例 ·· 朱敏　徐浩然 220
烟包全清废模切技术探讨 ··· 张宗杰 226

第九章　数智制造 ·· 233
传统出版物印刷企业的数字化建设路径探索 ························· 李宏中 235
苏州美柯乐数智化工厂建设实践与思考 ······························ 牟少翔 243
雅昌POD数字化建设情况 ·· 唐小兴 248
从传统印刷到智能制造的数字化转型之路 ···························· 黄真 256
融合创新力　驱动数字化未来——描绘智能化时代的印包企业
　发展路径 ··· 王建华 263
数智化工厂实践的经验分享 ·· 侯金宇 270
雅图仕的数智化转型实践 ··· 郭新颖 274

第一部分
主报告篇

科印传媒产业研究中心第四年出版"中国印刷产业创新发展报告"，通过抽样调查与数据分析，系统阐述印刷企业所面临的创新形势，如支撑创新活动的人力要素情况、创新投入情况、创新机构建设情况等，并持续追踪、记录创新所产生的效果，如专利发明情况、企业经济效益情况等。

　　科印传媒产业研究中心希望更多印刷企业将创新纳入战略视野，借助研发等活动推动技术革新，与市场进行零距离快速互动，把创新发展作为应对经济下行压力、实现转型发展的核心驱动力，为自身发展助力，也期望本报告能为印刷企业带来广阔的视野，成为学习借鉴的样板。

第一章　2024 中国印刷产业创新发展报告

2024 中国印刷产业创新发展报告

王丽杰

进入 2024 年，加快发展新质生产力、大力推进现代化产业体系构建，成为新时期最重要的发展任务。新质生产力主要由技术革命性突破催生而成，而科技创新能够催生新产业、新模式、新动能，是发展新质生产力的核心要素。及时将科技创新成果应用到具体产业和产业链，完善现代化产业体系，可打通科技创新、产业创新到发展新质生产力的链条，为产业深度转型升级提供内生动力，并护航创新驱动发展战略的深入实施。

为了及时反映印刷产业的科技创新动向，记录印刷产业的创新力演变进程，分析印刷产业科技创新发展的瓶颈与突破方向，科印传媒产业研究中心从 2021 年开始发布"中国印刷产业创新发展报告"，2024 年为第四次发布。科印传媒产业研究中心希望通过这一年度系列报告，为行业提供一个系统了解和及时跟踪印刷产业科技创新发展状况的窗口，共同见证处于重要战略机遇期的印刷产业如何持续推进科技创新和技术升级、持续改善科技创新生态，通过创新推动印刷业高质量发展。

一、研究方法

"中国印刷产业创新发展报告"主体采用定量分析方法，力求通过指标描述和数据分析，客观反映印刷产业的科技创新能力及发展变化。

如图 1-1 所示，印刷产业创新指标体系由创新环境、创新投入、创新成效 3 个一级指标和 10 个二级指标组成，全方位、多维度反映印刷产业创新发展情况。

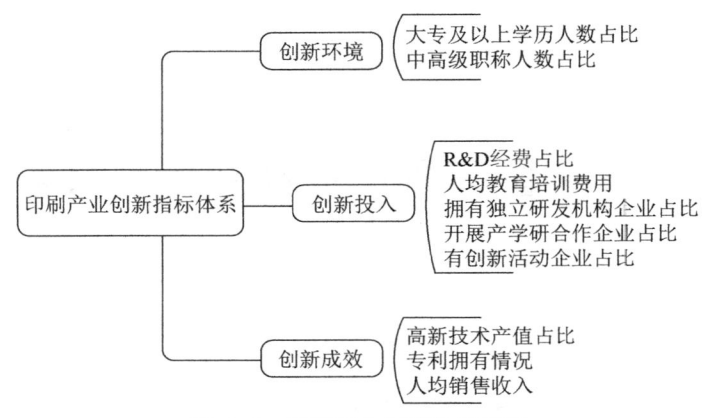

图 1-1 印刷产业创新指标体系

创新环境描述印刷企业所面临的科技创新形势，着重反映创新支撑的人力要素，由大专及以上学历人数占比、中高级职称人数占比 2 项二级指标组成。

创新投入通过科技创新的人力财力投入情况、创新关键部门建设情况等，反映对创新活动的推动情况。由 R&D（Research and Experimental Development，研究与试验发展，简称"研发"）经费占比、人均教育培训费用、拥有独立研发机构企业占比、开展产学研合作企业占比、有创新活动企业占比 5 项二级指标组成。

创新成效反映科技创新活动所产生的效果和影响，由高新技术产值占比、专利拥有情况、人均销售收入 3 项二级指标组成。

需要说明的是，为了保持指标体系的延续性和动态可比性，2024 年的指标体系与 2023 年相同，以便更为准确地反映科技创新给企业带来的技术进步与升级效果。

"中国印刷产业创新发展报告"采用抽样调查方法，选定印刷企业进入样本池。为了保证抽样调查的稳定性、连续性与可比性，"中国印刷产业创新发展报告"拟定每年与"中国印刷包装企业 100 强"联合行动，收集样本数据。2024 年共收集有效样本百余家，样本企业的 2023 年销售收入超过 2 亿元。基于样本企业的规模性与先进性，准确地说，"中国印刷产业创新发展报告"所反映的，并不是印刷产业科技创新发展的平均水平，而是科技创新发展的风向标，便于全行业把握产业科技创新发展的动向、了解标杆企业的作为。

同时，"中国印刷产业创新发展报告"针对部分二级指标，将同时提供规模以上印刷企业的科技创新发展状况[①]，力求在统计数据可支持的范围内，构建多层次的观察与分析体系，尽可能让读者了解印刷产业科技创新发展的全貌。

二、创新环境分析

创新环境，主要反映创新发展所必备的人力要素支撑情况，是印刷企业进行科技创新所倚重的重要条件。

1. 大专及以上学历人数占比

大专及以上学历人数在印刷企业员工中的占比，可呈现企业员工的受教育程度，一定程度上可视为企业的全员综合素质指标。

本次调查中，百余家样本企业2023年大专及以上学历人数平均占比为27.82%。其中，样本企业拥有的最高占比为86.79%，最低占比为6.64%。

根据2021年5月公布的第七次全国人口普查数据，全国拥有大专及以上学历人数的占比为15.47%。而2024年所调查的样本企业中，尚有16.80%的企业未达到这一水平，虽然相较2023年的20.80%下降了4个百分点，但整体来说，印刷行业的员工受教育程度，相比很多行业是偏低的。

从图1-2可知，近六成样本企业的大专及以上学历人数占比集中在20%~40%；有23.53%的企业，大专及以上学历人数占比不足20%；而学历人数占比超过40%的企业，占全部样本企业的16.80%。

从区域来看，大专及以上学历人数在印刷企业员工中的占比由高到低依次为西部地区（28.27%）、长三角地区（27.56%）、京津冀地区（26.94%）、

---

① 数据来自国家统计局，规模以上企业为年主营业务收入2000万元及以上的企业。

中部地区（26.88%）、珠三角地区（24.19%）。由数值可看出，各地区的差距不大，尤其前 4 个地区的数值非常接近，珠三角地区的占比略低。

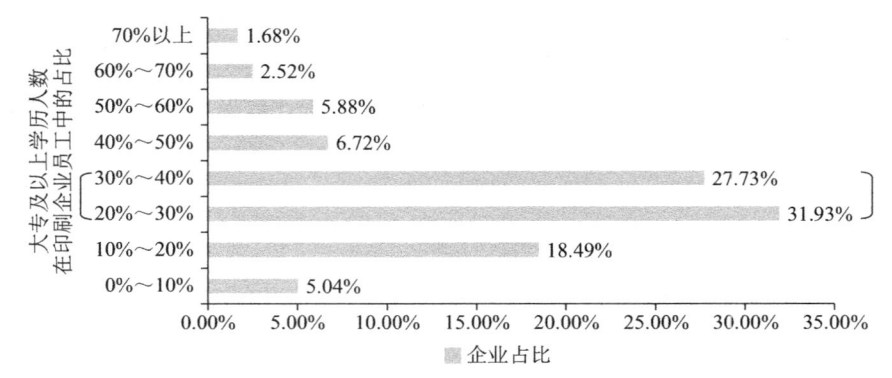

图 1-2　大专及以上学历人数在印刷企业员工中的占比（2023 年）

从企业性质来看，大专及以上学历人数在印刷企业员工中的占比由高到低依次为国有企业（33.79%）、股份有限公司（30.36%）、外资企业（25.48%）、有限责任公司（24.69%）、私营企业（23.60%）。国有企业的学历人数占比明显高于其他性质企业，体现出国有企业进入门槛较高的特点；私营企业的学历人数占比最低，与国有企业相差约 10 个百分点。

从业务类型来看，大专及以上学历人数在印刷企业员工中占比，出版物印刷企业高于包装印刷企业，表明出版物印刷企业的员工整体素质更胜一筹。

作为分年度连续发布的"中国印刷产业创新发展报告"，动态观察印刷产业的创新发展变化进程，是一个重要的分析维度。为了使动态对比更具可信度与科学性，只取两年同时在样本库中的企业，对比其两年的指标变化。2024 年的样本库中，两年同时在库企业占比超过 80%，有近百家企业，可以较有代表性地反映印刷产业头部企业的创新力演化情况。

两年同时在库企业的销售收入之和，2023 年相比 2022 年下降 6.16%，在经济承压态势下，出现总量下降情况。同时期，职工人数之和下降 0.01%，几无变化；而大专及以上学历人数之和逆势增长了 1.72%，导致 2023 年的学历人数占比，对比 2022 年提高了 0.47 个百分点。这表明，即使在产业低迷期，这些百强头部企业依然重视员工队伍建设，通过"换血"、培训等多种方式，持续提高员工队伍素质。

2. 中高级职称人数占比

中高级职称人数在印刷企业员工中的占比，可呈现员工在企业的成长情况，更可反映企业进行科技创新的人员实力，可视为企业的人才成长和创新能力指标。

本次调查中，百余家样本企业2023年中高级职称人数平均占比为2.84%。其中，样本企业拥有的最高占比为35.35%，最低占比为0。

从图1-3可知，有2.52%的样本企业中无中高级职称人员，27.73%的样本企业中中高级职称人员的比例不到1%，两类相加，则近30%的企业中，中高级职称人员屈指可数。同时，7.56%的企业中中高级职称人数比例超过10%，21.01%的企业中中高级职称人数比例在5%～10%，这两类企业占比28.57%。由此看来，企业拥有的中高级职称人数占比出现两极分化现象：有些样本企业高度重视，并广揽人才；而有些企业依然遵循传统发展模式，技术创新人才储备不足。

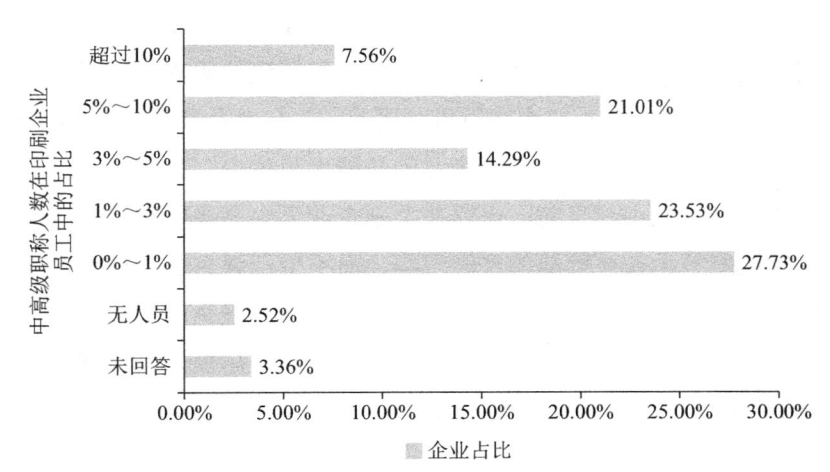

图1-3 中高级职称人数在印刷企业员工中的占比（2023年）

从区域来看，中高级职称人数在印刷企业员工中的占比，自高而低为京津冀地区、长三角地区、中部地区、西部地区、珠三角地区。京津冀地区、长三角地区的人才集聚相对较好，职称人数占比高于平均水平；珠三角地区的职称人数占比不高，与样本企业体量普遍较大、员工人数众多稀释职称人数占比有关，但珠三角地区的企业仍需重视员工整体素质的提高，以及高技术技能人才的储备与培育。

从企业性质来看，中高级职称人数在印刷企业员工中占比由高到低依次为有限责任公司、国有企业、私营企业、外资企业、股份有限公司。在前几次"中国印刷产业创新发展报告"中，国有企业的中高级职称人数占比一直遥遥领先于其他性质企业，但从2024年的年度报告来看，有限责任公司、私营企业的职称人数占比有了明显提升，表明这些企业越来越重视技术创新与研发工作，正加快调整粗放式发展的传统模式；而在外资企业中，中高级职称人数占比一直较低，与部分外资企业将研发工作集中于总部，下属企业仅承担生产运营职能有关。

从业务类型来看，出版物印刷企业中的中高级职称人数占比远高于包装印刷企业，表明出版物印刷企业有更好的专业技术人员基础。

动态比较两年变化，两年在库的样本企业中，42%的企业的中高级职称人数有所增加，28%的企业人数未变，但也有29%的企业发生中高级职称人员减少的情况。除了因到龄自然减员、机构调整导致的职称人员减少，印刷企业尤其要注意储备、留存培育高质量发展动能的有生力量。

与其他制造业企业相比，印刷企业的技能人员偏少，是个不争的事实。即使在印刷百强企业中，目前，仍存在个别企业无中高级职称人员的现象，充分说明了技能技术人才稀缺的严峻现实。而不少百强企业也正在将人才引领发展作为持续创新突破的根本点，积极实施"人才强企"战略，重点打造技能人才、科创人才队伍。期待印刷行业在这个人才短板上能有有效突破，从而为新质生产力的实现提供坚实的人才支撑。

三、创新投入分析

创新投入，着重反映科技创新的人力财力投入情况、企业科技创新关键部门的建设情况、企业科技创新对外合作情况等，可多维度描述印刷企业的科技创新推进程度。

1. R&D 经费占比

R&D 经费占销售收入的比重，可用来测度企业科技创新投入强度。R&D 经费和人员是重要的创新资源，R&D 活动是企业科技创新中最为核心的部分，因此 R&D 经费占比是考察企业科技创新能力的最重要指标。

本次调查中，百余家样本企业 2023 年 R&D 经费占比平均为 3.32%。其中，R&D 经费占比最高的企业为 14.91%。从绝对值上看，百余家样本企业中，有 9 家企业的 2023 年研发投入超过亿元，最高者近 7 亿元。

按照国家认定的高新技术企业研发费用标准，最近一年销售收入在 2 亿元以上的企业，比例应不低于 3%，百余家样本企业的平均水平已在此标准之上。而规模以上印刷企业的 R&D 经费占比，在 2022 年为 1.46%，也可看出样本企业的 R&D 经费投入相对更多，R&D 经费占比也相对更高，正率先大力度培育可推动自身高质量、持续性发展的动力源。

但从全行业来看，如果与其他工业行业相比，印刷业的 R&D 经费投入整体偏低。2022 年规模以上印刷企业的 R&D 经费总投入为 111.70 亿元，但计算机、电气机械、通用设备、专用设备、医药、化工等行业的年 R&D 经费投入均超过 1000 亿元。身处传统产业，印刷业在新质生产力命题之下的改造提升，仍需科技创新助力，也需要在 R&D 经费上加大投入力度。

图 1-4 显示了样本企业的 R&D 经费占比分布情况。从中可以看出，R&D 经费占比为 3%～4% 的样本企业最为集中，36.13% 的企业居于这一阵营；R&D 经费占比超过 5% 的企业占比为 12.60%；而 R&D 经费占比低于 1% 的企业，仍有 10.92%，且其中部分企业 2023 年的 R&D 经费投入为零。

分区域来看，珠三角地区样本企业的 R&D 经费占比为 4.02%，长三角地区样本企业的占比为 3.45%，这两个地区的占比高于平均值——3.32%。其他地区的排序是京津冀地区、中部地区、西部地区，三者的占比均低于平均值。珠三角地区样本企业的人员素质指标居后，但研发投入指标居首，成为这一地区企业的显著特征。

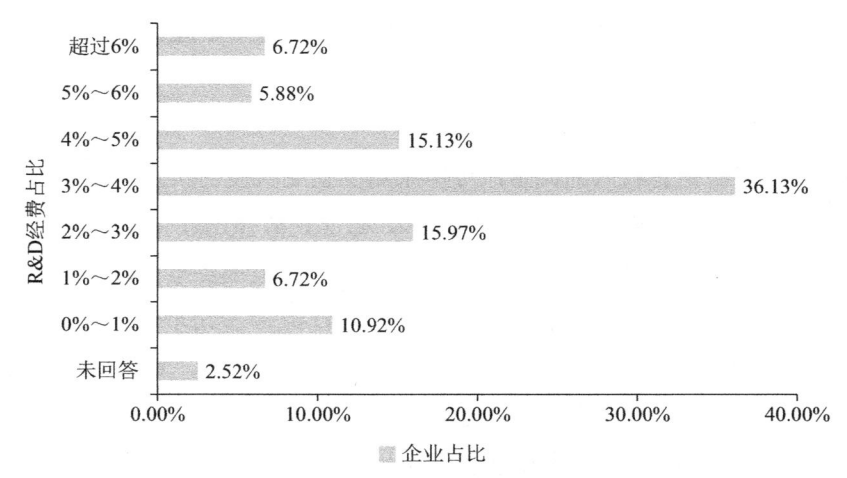

R&D经费占比	企业占比
超过6%	6.72%
5%~6%	5.88%
4%~5%	15.13%
3%~4%	36.13%
2%~3%	15.97%
1%~2%	6.72%
0%~1%	10.92%
未回答	2.52%

图 1-4　样本企业的 R&D 经费占比（2023 年）

分企业性质来看，股份有限公司和有限责任公司分别以 3.78%、3.76% 的 R&D 经费占比居前；其他类型企业的 R&D 经费占比均低于平均值。值得注意的是，国有企业的 R&D 经费占比为 1.97%，处于末位，国有企业拥有较好的员工素质与较多的技术技能人员，但研发投入强度居尾，值得关注。

分业务领域来看，出版物印刷企业的 R&D 经费占比为 3.77%，包装印刷企业的占比为 3.29%。这表明，在当下数智化建设的大背景下，出版物印刷企业也开始加大研发投入力度，一改行业中"包装印刷企业更重视研发"的固有印象。

动态比较两年变化，两年在库的样本企业销售收入总额虽同比下降 6.14%，但研发投入总额仅同比下降了 1.09%，显示出虽然市场低迷、经营承压，但部分头部企业仍然顶住压力，坚持技术研发的长项投入，为未来发展蓄势。细分来看，52% 的样本企业的 R&D 经费投入同比增加，更有 18.30% 的企业的增幅超过 20%，这些企业的研发活动较为活跃；但也有 48% 的样本企业的 R&D 经费投入同比下降。研发投入上升和下降的企业几乎平分阵营，而研发投入力度的不同，从长期发展来看，或许也将成为企业分化的一个要素。

2. 人均教育培训费用

人均教育培训费用，是指企业每年为每位员工平均支出的教育培训费用，用于员工的岗位培训与后续教育，可视为企业员工综合素质提升的考察指标。

本次调查中，百余家样本企业的人均教育培训费用为 654 元。企业人均教育培训费用最高达万元，但也有企业无教育培训费用支出。

从图 1-5 可知，样本企业中，3.36% 的企业无教育培训费用支出；18.49% 的企业，全年每位员工的教育培训费用不足 100 元，两者之和为 21.85%。这意味着，样本企业中超 1/5 的企业无教育培训费用或教育培训费用不多，对员工的岗位培训与后续教育处于缺失或较少建设状态。有 21.85% 的企业，每位员工的教育培训费用在 200～500 元，这是样本企业选择最多的一类。而人均教育培训费用超过 1000 元的企业，占样本企业的 26.05%。

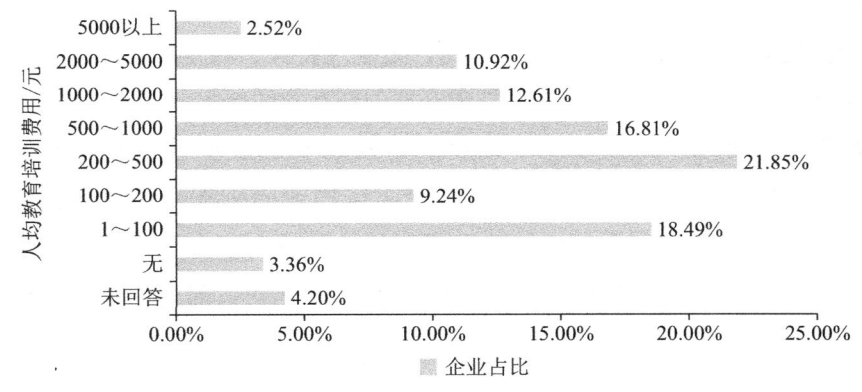

人均教育培训费用/元	企业占比
5000以上	2.52%
2000～5000	10.92%
1000～2000	12.61%
500～1000	16.81%
200～500	21.85%
100～200	9.24%
1～100	18.49%
无	3.36%
未回答	4.20%

图 1-5　人均教育培训费用（2023 年）

从绝对量上看，样本企业大多拿出几万、几十万元对员工进行教育培训；每年肯拿出 100 万元以上的企业，占全部样本的 1/5；而拿出超过 500 万元进行人才建设的企业，只有两家。

从地域来看，长三角地区样本企业的人均教育培训费用较高，超过 1000 元；珠三角地区样本企业的人均教育培训费用较低。从企业性质来看，私营企业的人均教育培训费用遥居首位，反而国有企业、股份有限公司居后，私营企业的危机意识、人才队伍建设赶超意识值得关注。从业务类型来看，出版物印刷企业的人均教育培训费用高于包装印刷企业。但总体来说，人均教育培训费用投入的高低，更与每家企业的发展意识、战略目标、对人才的重视程度相关，与其所在地域、行业、自身收入规模等的相关度有限。

动态比较两年变化，两年在库企业 2023 年人均教育培训费用为 682 元，而 2022 年为 576 元。这表明，即使在经济低迷期，很多样本企业也依然重视员工队伍的素质提升，甚至更倾力于员工的教育培训。细分来看，16.50% 的企业的教育培训费用同比增加 100% 以上，26.40% 的企业的教育培训费用同比增加 20%～100%，两类企业数量占比已超过四成；当然，也有 33% 的企业的教育培训费用相较 2022 年是下降的。如此看来，建立健全长效教育培训管理机制，持续开展针对性培训学习，持续提高全员素质能力，是企业跨越经济低迷期的底气，也是企业高质量发展的重要支撑。

3. 拥有独立研发机构企业占比

设立独立开展研发活动的专门机构，是企业持续、稳定开展创新活动的重要保障。该指标从侧面反映企业持续开展创新活动的能力。

从图 1-6 可知，2023 年样本企业中有 82.35% 的企业设有独立研发机构，相比 2022 年的 75% 又有所提高，可见印刷业的头部企业对科技创新的重视程度逐年加强，企业内部研发组织机构的建制也在逐年完善。事实上，印刷产业的科技创新成果，很多也确实出自这些头部企业所设的研发机构。

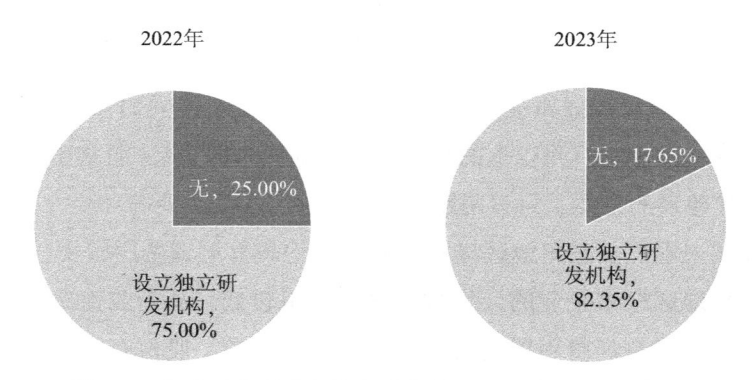

图 1-6　拥有独立研发机构企业占比（2022 年、2023 年）

样本企业所办研发机构，最常见的有技术中心、研发中心、设计中心，一些大型集团设有研究院；部分企业会设立多家多方向研发机构，甚至在其他国家、地区设点，组织协同创新。这些研发机构均单设人员与编制，脱产研发人员高者能占到企业职工总数的10%以上，有企业拥有逾千人的专职研发人员。

从研发机构所属级别来看，除了企业级、集团级，多家企业还设有省级企业技术中心、工程技术研究中心、工业设计中心、重点实验室等；更有企业发挥技术引领作用，成立了国家级企业技术中心、国家级工业设计中心、国家地方联合工程实验室等。

在研发机构的设立上，样本企业也有一些新的探索，如设立劳模创新工作室、技能大师工作室、校企联合创新中心、博士后工作站、专家工作站直至院士工作站等，努力协同多方力量进行技术攻关。

从地域来看，珠三角地区、长三角地区样本企业中设立研发机构的企业最多，分别有95%和88.89%的企业设立了独立研发机构；从业务类型来看，包装印刷企业设立研发机构的情况，相比出版物印刷企业更为普遍；而从企业性质来看，不同性质样本企业设立独立研发机构的占比比较接近，也就是说，是否设立独立研发机构，与企业所属性质并无强相关关系。

4. 开展产学研合作企业占比

合作创新是指企业与其他企业或机构共同开展科技创新活动，以充分获取创新信息，实现创新资源的有效利用。当今世界，合作创新已成为企业开展科技创新活动的重要方式，而产学研结合是其中最主要的形式。通过分析"开展产学研合作企业占比"指标，可考察印刷企业科技创新的开放性与资源利用程度。

图1-7显示，2023年，88.24%的样本企业开展了内部研发；55.46%的样本企业选择与高校、科研机构合作；10.08%的企业在研发机制上更前进了一步，通过与高校、科研机构组建创新联合体，探索更紧密的科研合作方式，以为企业的科技创新提供资源支持。

从图1-7中可以明显看到，2023年样本企业的研发活动相比2022年更为活跃，无论是自主研发，还是与高校、科研机构合作，企业开展研发实践的比例均有所提高。越是经济低迷的时候，越是寻找技术突破点、深挖企业潜力的时候，看来行业中的头部企业都深谙此道，并在积极行动。

类别	2022年	2023年
与高校、科研机构组建创新联合体	8.33%	10.08%
与高校、科研机构合作	54.17%	55.46%
企业内部研发	80.00%	88.24%

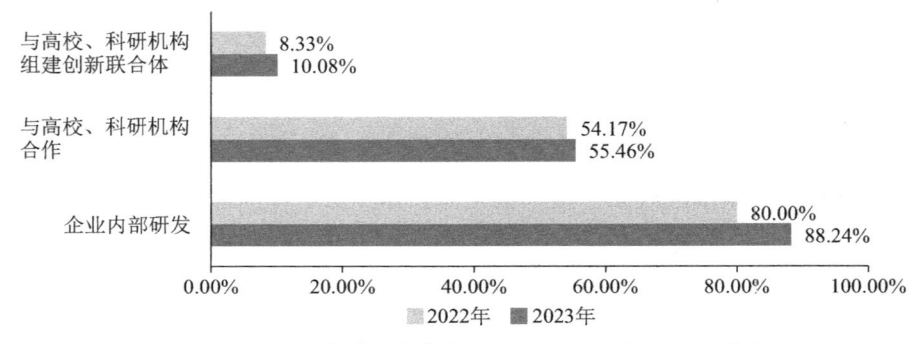

图 1-7　开展产学研合作企业占比（2022 年、2023 年）

另一个值得关注的现象是，进入新发展时期，面对高质量发展的新挑战，头部印刷企业除了通过合作创新持续抢跑，联合高校、科研机构建立长期稳定的产学研合作关系外，还有样本企业另辟蹊径，与设备厂商联合研发，或与终端用户的技术中心、设计中心联合研发甚至组建创新联合体。

5. 有创新活动企业占比

有创新活动的企业所占比重，是用来考察创新活跃度的指标，也可用来深入观察印刷企业的科技创新方向及趋势。

图 1-8 显示，2023 年，样本企业中 0.84% 的企业无创新活动，2.52% 的企业未回答，96.64% 的样本企业存在各种形式的创新活动。相比 2022 年，无创新活动的企业占比有所减少。

对比来看，2022 年，全国 45 万余家规模以上工业企业中，有产品或工艺创新活动的企业占比为 57.10%；6715 家规模以上印刷企业中，有产品或工艺创新活动的企业占比为 54.70%。样本企业作为印刷业中的头部企业，持有 96.64% 的占比，不愧于旗舰企业的称号。

本次调查中，创新活动分为技术、工艺、产品、装备、软件和管理、模式创新。图 1-8 显示，2023 年样本企业的创新方向集中在技术、工艺方向，九成左右的企业致力于此；产品创新紧随其后，也有超 3/4 的企业积极实践。与此同时，三到四成的样本企业部署装备、软件和管理、模式创新这几个方向的研发。当然，有不少样本企业会同时推进多方向的研发活动。

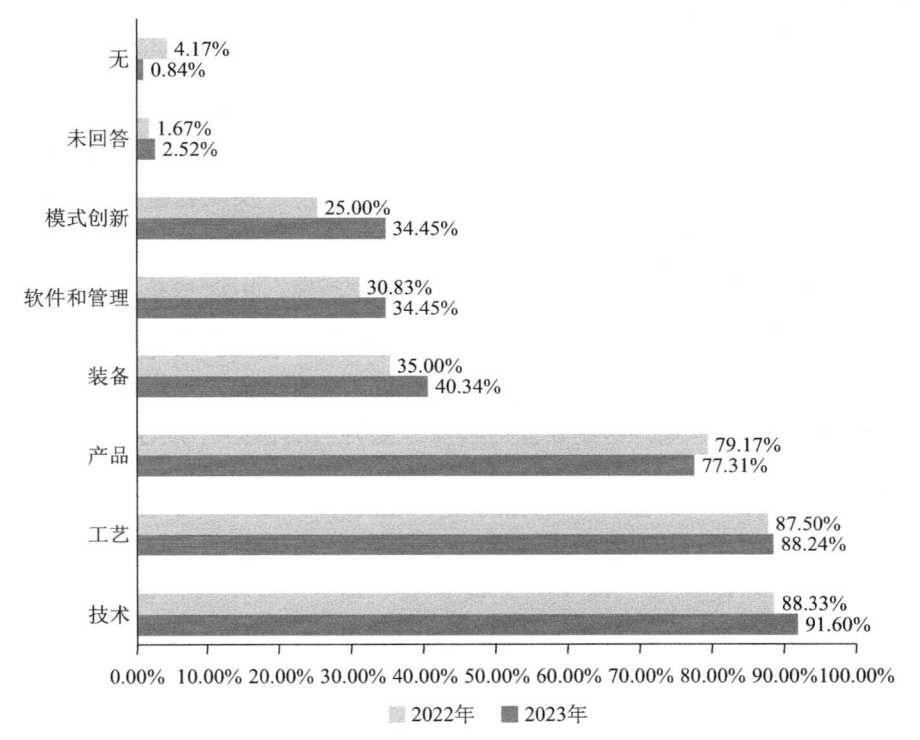

方向	2022年	2023年
无	4.17%	0.84%
未回答	1.67%	2.52%
模式创新	25.00%	34.45%
软件和管理	30.83%	34.45%
装备	35.00%	40.34%
产品	79.17%	77.31%
工艺	87.50%	88.24%
技术	88.33%	91.60%

图 1-8　创新活动企业占比（2022 年、2023 年）

进行 2022、2023 两年对比会发现，装备、软件和管理的研发占比提升幅度较大，显示出 2023 年数字化、智能化建设在样本企业中的推进力度加大；同时，通过模式创新寻找新的发展路径，也引起了样本企业的更多关注。

除了如上的研发方向外，一些样本企业拓展了更多的研发领域，主要是沿产业链进行延伸，如进行与产品相关的新型材料研究、材料结构研究等，以低碳、绿色、单一材质、可循环为目标，研发新材料并进行产品迭代。

四、创新成效分析

创新成效，反映科技创新活动所产生的直接效果和间接影响，是测度科技创新活动的结果性指标。

1. 高新技术产值占比

高新技术产值，指符合国家和省高新技术重点范围、技术领域和产品参考目录的全新型产品产值。而高新技术产值占比，是指该产值与企业全部销售收入之比，是反映企业创新成果的重要指标，也用于反映创新对产业结构调整的效果。

基于对高新技术产值这一指标定义理解的不同，2023年仍有1/4的企业未回答或报出此指标为零。但依然有近60%的企业，报出高新技术产值在其企业销售收入中的占比大于50%；更有近1/4的企业认为其高新技术产值占比超过80%，可见，这些企业对自身产品升级的信心与努力，如图1-9所示。

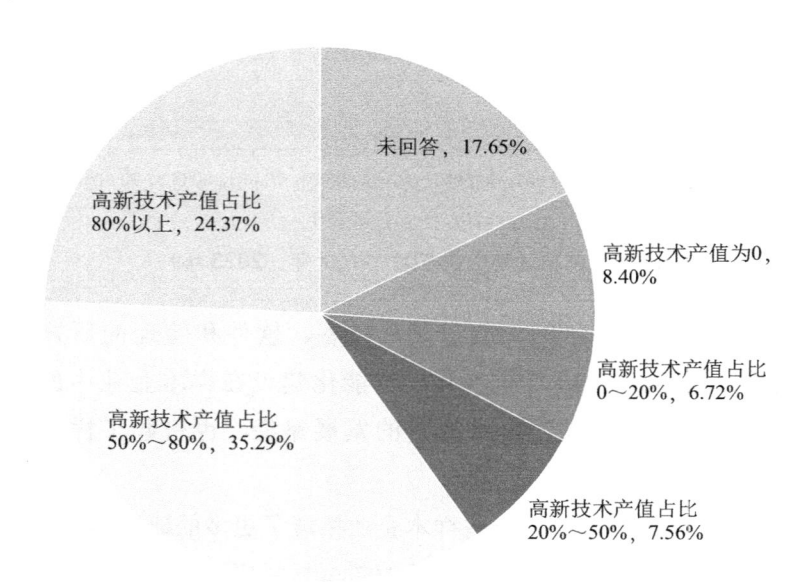

注：图中数据因四舍五入，存在分项之和不等于100%。

图1-9 高新技术产值占比（2023年）

高新技术产值占比大于 50% 的样本企业的共性特点是，它们在提高产品技术含量和附加值、由普通功能型产品向特殊功能型产品升级、为客户提供一体化服务解决方案、加快绿色产品开发等方面，纷纷进行了多种探索，有的样本企业已形成较为成熟的商业模式。

2. 专利拥有情况

专利授权数，是创新活动中产出的又一重要成果形式。该指标也是反映研发活动的产出水平和效率的重要指标。

专利包括发明专利、实用新型专利、外观设计专利。其中，发明专利是 3 种专利中唯一涉及实质审查过程的专利类别，需具备新颖性、创造性和实用性才能通过审查获得授权。因此，发明专利的技术含量最高，创新性最强，是反映专利质量的关键指标，在本创新报告中也会专门分析。

（1）专利授权量

2024 年的年度创新报告中，样本企业平均拥有的专利授权量为 100 件。拥有专利授权量最高的企业，已超过 1300 件。

具体来看，如图 1-10 所示，样本企业中，5.88% 的样本企业无专利建设，专利授权量为 0；拥有专利授权量在 51～100 件的企业最为集中，约占 1/4；而拥有专利授权量超过 200 件的企业，约占 10%，这些企业无疑是印刷行业科技创新的引领者。

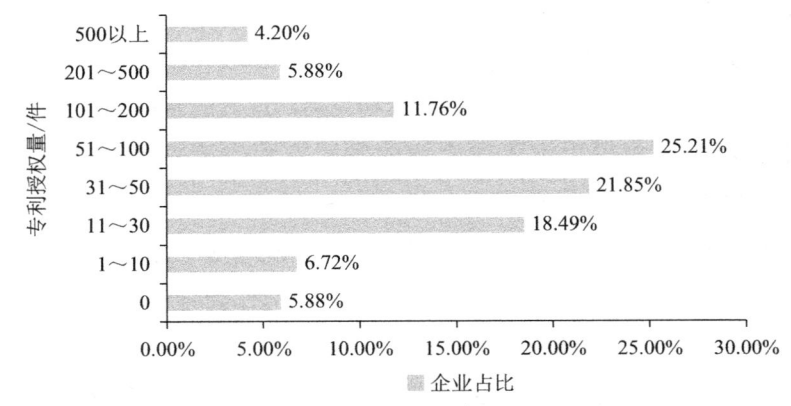

专利授权量/件	企业占比
500以上	4.20%
201～500	5.88%
101～200	11.76%
51～100	25.21%
31～50	21.85%
11～30	18.49%
1～10	6.72%
0	5.88%

图 1-10　专利授权量企业占比（2023 年）

从区域来看，珠三角地区样本企业平均拥有的专利授权量最高，中部地区最低，从高到低依次为珠三角地区、长三角地区、京津冀地区、西部地区、中部地区。珠三角地区样本企业的平均专利授权量为174件，是中部地区企业的5.2倍。

从企业性质来看，股份有限公司平均拥有的专利授权量最高，为255件，远高于全部样本企业100件的均值。其他类型企业平均拥有的专利授权量均低于均值，从高到低依次为有限责任公司、私营企业、外资企业、国有企业。其中，国有企业平均拥有的专利授权量为41件，不到股份有限公司的1/6。国有企业虽拥有较高的学历人数与职称人数占比，但专利建设居于末位。

从业务类型来看，混合印刷企业平均拥有的专利授权数为109件，包装印刷企业为102件，出版物印刷企业为41件。出版物印刷企业是各业务类别中专利数最少的，个别企业尚未开展专利建设工作。

动态比较两年变化，两年在库的样本企业，2023年专利授权量相比2022年增加800余件，增长9.21%，表明在经济承压期，这些头部企业也并未放慢专利建设的脚步。以2024年的百强榜首——深圳市裕同包装科技股份有限公司为例，其2023年专利授权量相比2022年又新增百余件，已达1370件。

（2）发明专利授权量

观察样本企业的专利授权量，其中发明专利授权量占比14.84%，实用新型专利授权量占比78.94%，外观设计专利授权量占比6.23%。由此可知，实用新型专利为样本企业所拥有的最主要专利类别，近八成专利为此种类型。

2022年，全国规模以上工业企业的发明专利申请占专利申请总数的36.80%；规模以上印刷企业的发明专利申请占专利申请总数的20.32%。由此看来，发明专利占比低，是印刷业的特性之一，既与这个行业的原创研发水平相关，又与这个行业的加工、服务属性相关。但作为行业中的领军企业，样本企业仍需提升发明专利的占比。

不过，据另一个指标显示：2022年，全国规模以上工业企业平均拥有的有效发明专利为4.39件，规模以上印刷企业平均拥有的有效发明专利为1.72

件。2023年样本企业平均拥有的有效发明专利为14件，高出规模以上印刷企业超8倍。作为印刷行业的头部集团军，样本企业高度重视创新研发与发明专利申请，取得了突出的成绩。样本企业作为行业科技创新引擎的作用，正在持续发挥。

细分来看，如图1-11所示，样本企业中，无发明专利的企业占15.38%。对比图1-10可以看出，有相当一部分企业有实用新型专利和外观设计专利，但无发明专利。发明专利授权数为1～5件的企业占比最高，达33.33%，1/3的样本企业属于这个类别。而发明专利授权数多于20件的企业，不到二成；其中发明专利授权数超过100件的企业，占比3.42%，这些企业同时也是专利授权量居前的企业，可见它们高度重视研发和专利工作，肯投入更多资源在技术进步和产品升级上，储备持续创新的动能和韧性发展的后劲。

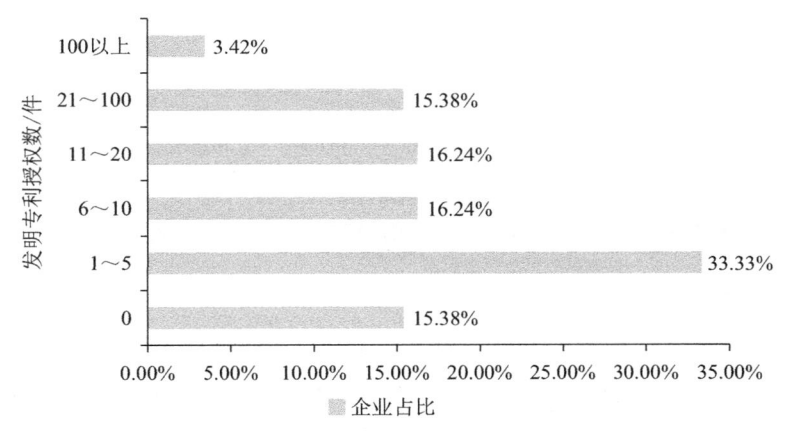

图 1-11　发明专利授权数企业占比（2023年）

动态比较两年变化，两年在库的样本企业2023年专利授权数相比2022年增长9.30%，其中，发明专利件数增长23.98%，实用新型专利件数增长9.54%，外观设计专利件数减少16.89%。发明专利件数增长最多，是个可喜的现象，表明样本企业开始重视高质量专利的研发与申请工作。

（3）软件著作权等知识产权拥有量

本次调研，同时对样本企业的软件著作权等知识产权拥有情况进行了统计。图 1-12 显示，41.88% 的企业无软件著作权等知识产权，占比相比 2022 年的 45.83% 减少，表明又有一些企业新申请了软件著作权等知识产权，实现了零的突破。

拥有软件著作权等知识产权的样本企业中，拥有 1～5 件的企业占比为 23.93%，两成多企业属于这个类别；而拥有 50 件以上的企业占比，为 6.84%，这些企业分布在出版物印刷、商业印刷、票据印刷以及拓展数字化应用的综合性印刷企业中。

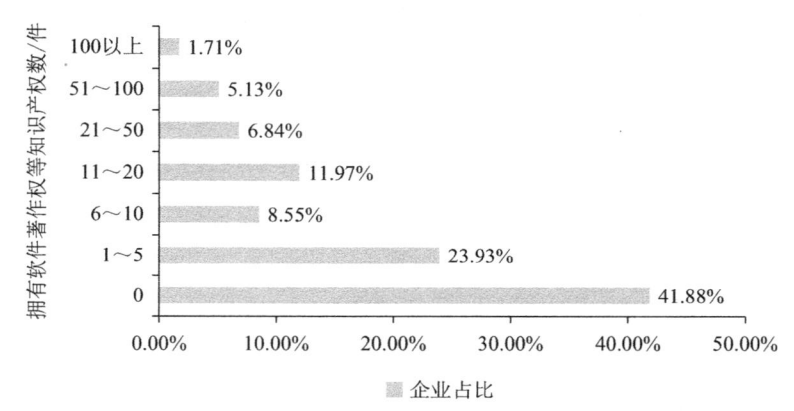

图 1-12　拥有软件著作权等知识产权的企业占比（2023 年）

3. 人均销售收入

人均销售收入，既是反映生产效率的指标，又可以反映企业销售收入与创新能力发展之间相互依存、相互促进的关系，可以用来考察科技创新活动对企业发展的综合效果。

本次调查中，样本企业的人均销售收入均值为 96.33 万元。对比来看，2023 年，规模以上印刷企业的人均营业收入为 84.10 万元，样本企业的平均水平是规模以上印刷企业的 1.15 倍。

图 1-13 所示为样本企业人均销售收入的分布情况。其中，10.08% 的企业的人均销售收入在 50 万元以下；35.29% 的企业在 50 万～100 万元，28.57% 的企业在 100 万～150 万元，处于这两个区间的企业最多，合计超 60%；人均销售收入为 150 万元以上的企业占样本企业的 1/4，效率指标堪称标杆。

动态比较两年变化，两年在库的样本企业，2023年人均销售收入为101.21万元，2022年为107.84万元，同比下降了6.15%。同时期，两年在库的样本企业的销售收入总额同比下降6.16%，两个降速基本一致，真实反映了2023年印刷企业经营的艰难态势。

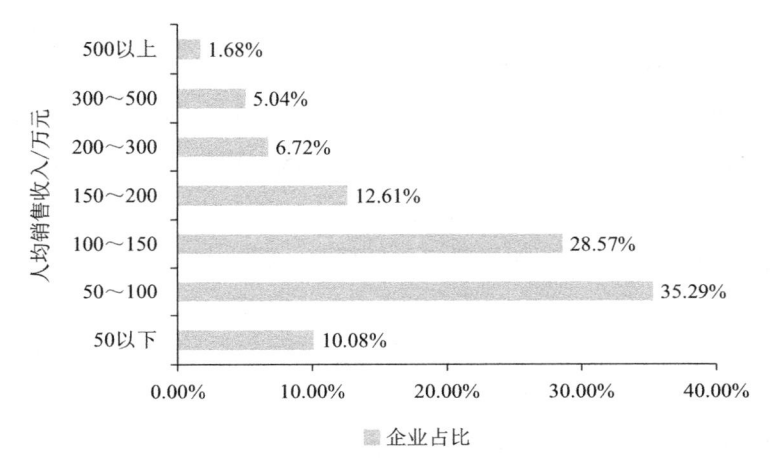

图 1-13　样本企业的人均销售收入（2023年）

五、结论

"2024中国印刷产业创新发展报告"相比2023年，样本量保持平稳，样本数据质量继续提高。由10个指标所构筑的科技创新指标体系，多维度、全方位记录了2023年样本企业的科技创新发展情况，可借此了解中国印刷产业创新图景与演变发展的进程。

1. 2023年相比2022年，营收规模收缩，但创新动能持续蓄积

2023年，市场进入调整期，印刷产业全年需求不足、营收承压，样本企业的销售收入规模也有所收缩。在此局面下，样本企业仍普遍加大教育培训投入，持续提升员工队伍素质；仍维持研发经费的稳定投入，企业研发活动也更为活跃，专利成果持续增长。表现出越是在困难时期，越加重创新动能培育、为未来发展蓄势的积极态势。

2. 头部企业坚持引领，持续发挥科技创新引擎作用

以样本企业为代表的行业头部企业，更加重视科技创新，普遍配有专业人员和专门机构，R&D 经费投入平均已超过 3%，并开始重视发明专利申请，在技术、工艺、产品、装备、软件和管理以及模式创新方面，积极开展创新研发活动，培育可推动自身高质量、持续性发展的动力源，也在行业中持续发挥科技创新引擎的旗手作用。

3. 与其他产业门类相比，印刷业的创新要素偏弱，创新产出偏少

与其他制造业产业相比，印刷业的员工受教育程度偏低，技术创新人才稀缺，企业研发投入不足，研发创新活动偏少。而印刷企业也需要尽快突破创新短板，厚植创新土壤，加快培育创新要素，提高科技创新对企业和产业发展的贡献度。

4. 从地域来看，长三角地区、珠三角地区印刷企业的创新活动更为活跃

长三角地区印刷企业更为重视创新要素培育，企业人员素质较高，对员工的培训力度更大，研发投入较多，设立的独立研发机构较多，创新成果也相对突出。

珠三角地区印刷企业虽然在人员素质和培训力度上不及长三角地区印刷企业，但研发投入强度、独立研发机构设立、专利授权数量等指标居于各地区之首，创新活动更为活跃，创新成果最为突出。

5. 从企业性质来看，股份有限公司领航创新发展，私营企业快速追赶

股份有限公司在专利授权数量上遥遥领先，显示出在创新研发上的绝对优势地位；但私营企业有强烈的危机意识与追赶意识，从人才建设入手，教育培训费用投入居于首位，积极培养、引进技能技术人才，在科技创新上快速赶超；相较而言，国有企业虽然拥有较好的人员素质、较高的技能技术人才比例，但研发投入强度、教育培训费用投入、专利水平等均排末位，国有企业如何充分激发创新动能，提高创新产出，需要引起重视。

6. 从业务类型来看，包装印刷企业研发活动更为活跃，但出版物印刷企业已开始追赶

包装印刷企业更多设立独立研发机构，研发活动更为活跃，专利成果也更为丰厚；相比之下，出版物印刷企业虽然员工整体素质更胜一筹，有更好的专业技术人员基础，但创新成果较少，专利产出不多，不过其 R&D 经费占比已高于包装印刷企业，表明在当下数智化建设的大背景下，出版物印刷企业的研发投入力度也开始加大。

7. 印刷企业聚焦数字化、智能化、绿色化等创新方向

以科技创新推动印刷产业创新，改造提升传统产业，当下的主要路径为数字化、智能化、绿色化建设。样本企业的创新行动，也普遍选择智能制造、数实融合为关键突破口，并安排人力、资金进行攻关。同时，绿色低碳技术改造升级，也成为打造竞争新优势的利器。

8. 印刷企业越来越重视协同创新，聚合内外部资源推动创新发展

从外部来讲，印刷企业广泛借助高校、科研机构、设备厂商甚至终端客户等资源，与其建立长期稳定的合作关系，采用协同设计、研发项目制、创新联盟等方式，助力企业提高创新水平，深化产学研合作；从内部来讲，一些大型印刷集团构建多层级、分类别的研发体系，甚至将设计、研发机构设立在海外，以整合协同全集团创新资源，培养企业发展新动能。

第二部分
技术篇

印刷业是技术驱动型行业。印刷技术的重大推陈出新，印刷技术与计算机、互联网等领域先进技术的融合创新，使印刷业发生了翻天覆地的变化，也推动了整个社会的文明进步。

作为全球印刷业技术发展的风向标，drupa展会汇聚了行业最新前沿技术、最热话题和最强大阵容。"drupa 2024"于2024年5月28日—6月7日在德国杜塞尔多夫举行，其不仅展示了传统印刷技术的深度与广度，还展现了传统印刷技术与数字化、可持续发展等领域融合的创新成果。本部分将邀请印刷产业各个领域的技术专家和学者，对"drupa 2024"上印前技术、印刷技术、印后技术三个方面主流技术的最新发展现状及发展趋势进行系统梳理，旨在展现当前印刷技术的发展全貌。

第二章　技术总览

drupa 四大趋势　引领行业变革

宋慧慧

"drupa 2024"以"共创未来（We Create the Future）"为主题，吸引了来自全球 52 个国家和地区的 1646 家展商齐聚德国杜塞尔多夫同台竞技，其中，中国展商数量再创新高，达到 443 家，规模位居所有参展国家和地区展商数量之首。

作为全球印刷业技术发展的风向标，阔别 8 年，"drupa 2024"再次上演全球印刷业巅峰技术对决。从技术角度来看，虽然没有颠覆式创新，但头部厂商依然保持创新活力，带来诸多创新技术和产品。笔者从中观察到几点技术趋势，在此抛砖引玉，供读者参考。

一、数字印刷潮起，喷墨印刷成为焦点

本届 drupa，数字印刷仍是行业最为热议的话题，尤其是喷墨印刷成为行业关注焦点。

从厂商来看，传统印刷设备厂商不断完善自身数字印刷设备产品线，提高市场竞争力。例如，海德堡宣布与佳能合作 B2 和 B3 幅面单张纸喷墨印刷机 Jetfire 75 和 Jetfire 50，对应佳能型号 varioPRESS iV7 和 varioPRINT iX3200；高宝得世（高宝与得世合资公司，各自持股 50%）推出 B1 幅面单张纸喷墨印刷机 VariJET 106，VariJET 106 采用模块化设计，可将胶印、柔印和喷墨印刷整合在一起。

除了胶印设备厂商，卫星式（CI）柔印领域也有新动作：Uteco、W&H 分别推出"CI 柔印 + 数字印刷"组合设备。在窄幅机组式柔印领域，组合设

备相对成熟，但在 CI 柔印领域可谓开创了先河，值得关注。此外，博斯特推出新型一体化数字印刷和加工平台 DIGITAL MASTER 55，采用机组式模块化设计，主要用于折叠纸盒生产。

从技术来看，一是印刷速度有提升。本届 drupa，澜达 S11/S11P 得益于橡皮布转印带红外干燥技术的进步，印刷速度提升至 11200 张/时。

二是幅面之争。B1 幅面有新进展，澜达、柯尼卡美能达、高宝得世均有 B1 幅面喷墨印刷设备展出，可见 B1 幅面是各大设备厂商争夺的一块蛋糕，从目前来看，澜达仍是先行者，其 S10/S10P 在全球已售出 55 台；B2 幅面百花齐放，几乎所有头部厂商均推出了 B2 幅面喷墨印刷设备，其中理光首发双面水性单张纸高速喷墨印刷系统 RICOH Pro Z75，柯尼卡美能达首秀高速 UV 喷墨印刷机 AccurioJet 60000。从市场端来看，目前惠普是 B2 幅面设备的主要销售商，本次展会也推出两款全新设备 HP Indigo 120K 和 HP Indigo 18K，自动化程度更高、速度更快，很有竞争力。

三是承印材料有突破。富士胶片展出用于软包装的水性喷墨数字印刷机 Jet Press FP790，通过预涂、CMYK、双白机组，可以实现 BOPP、PET 等薄膜材料的印刷，目前已在欧洲销售 5 台。喷墨印刷在软包装领域的突破，将给未来软包装中小订单提供更多技术选择。

二、数字印后受热捧，连线成为趋势

一方面，数字印后增效受关注，视高迪、MGI、库尔兹、天岑等国内外厂商均携最新机型亮相。技术上可圈可点：一是在各种软件的加持下，设备精度和速度得到一定提高；二是设备幅面从 B2 发展到 B1，可以更好地匹配不同幅面的数字印刷设备，实现工序之间的衔接。

另一方面，"数字印后+连线"成为书刊印后最大的亮点，即适应数字印刷个性化、小批量订单的柔性化生产。无论是传统印后设备厂商还是数字印后设备厂商，都推出了不同的数字印后解决方案，其中连线成为热点。印刷完成的卷筒纸或单张纸，均能通过数字印后连线实现折页、胶订、骑马订等印后加工，最终输出成品，甚至可以完全实现从印刷到印后的全连线生产，使小批量订单生产的灵活、快速优势发挥到极致，而且利用电眼识别和软件系统可以实现不同开本或订单的自动切换调整，无须人工干预。

三、数字化、智能化，未来已至

本届展会令人印象最深的是，所有厂商都在提市场的变化，即中小订单越来越多，那如何帮助印刷企业更好地应对趋势？一是提高传统印刷设备的自动化程度，通过数字化、智能化提高效率、加快流转；二是利用数字印刷设备作为补充，满足个性化和小批量定制产品的需求。可见，数字化、智能化已成为印刷包装行业提质增效的必由之路。从本届展会来看，大部分厂商都推出了相应的解决方案，主要体现在4个方面。

1. 人工智能（AI）技术深入应用

AI技术在印刷行业中的应用已逐渐成为趋势，为行业带来了许多创新并提高了生产效率。展会上，很多厂商应用AI技术，通过数据分析和算法学习，优化生产过程。比如，澜达最新的S11/S11P提供PrintAI模块，可通过实时分析、反馈、修正数据，确保持续稳定的印刷质量；惠普全新的HP Indigo 18K配备了众多自动化功能和新的AI辅助技术，可根据客户偏好预测适用的印刷模式，从而简化生产流程、缩短生产时间。

2. 嵌入式成为趋势

随着技术的进步，数字化功能已经成为实际生产工作流程的重要组成部分，无论是硬件还是软件，都在尝试将其作为一个功能单元进行嵌入整合。例如：MES系统，可以实时监控设备运行状态，实现质量追溯系统的数字化，以此提高生产效率和管理水平；在线检测系统，能够提供更高质量控制的精度，还能够将数据直接录入质量管理系统，大幅提高检验颗粒度和质量管理水平；等等。

3. 局部环节实现自主生产

目前来看，更多的设备厂商致力于推动局部环节的自主生产，实现降本增效。例如，海德堡展示了面向商务和包装客户的端到端自主印刷数字化解决方案——Prinect Touch Free，可同时考虑数字印刷和胶印，确保始终自动选择最有效的生产流程，以优化正常运行时间和生产效率；好利用推出一款云端的印后工作流程管理系统 iCE LiNK，通过 CIP4 可以连接所有印后设备，并可以通过电脑、平板、手机等进行近线或远程操控；英厚机械展示的"BindEx 云平台"可将其印后设备联网，对设备发送工单指令，并可与主流 ERP、MES 系统集成，实现印后设备上云。

4. 面向未来的一站式云端数字平台

一站式云端数字平台，可帮助整个供应链进行快速且透明的通信，实现高效生产。例如，博斯特于 2021 年推出 BOBST Connect，这是一个面向未来的解决方案，BOBST Connect 将连接整个包装生产链，协调从客户的 PDF 文件到最终产品之间的生产流程，其功能一直在持续优化中，本届 drupa 优化了两个重要功能，即作业和工单管理功能、能源监控功能。

四、可持续发展已成共识

在当前环境问题备受关注的时代，可持续发展已经成为全球印刷包装企业的关注焦点。这一趋势在本次展会上得到了充分的体现，诸多厂商都展示了对可持续发展的承诺，推出了各自的可持续印刷解决方案。

其中，设备厂商更加倡导在印刷生产中节能、降耗、减碳。例如，利优比新菱首创将 EB 电子束固化技术应用到单张纸胶印机上，这样单张纸胶印机的能耗更低、速度更快，且对环境友好；HP Indigo 120K 采用全新经济型（ECO）打印模式选项，碳足迹减少 11%。与此同时，数字印刷设备厂商致力于打造创新性水墨，使其在满足印刷性能的同时提升可持续性。

此外，各大材料厂商也展示了各品类的环保耗材，如杜邦推出了用于瓦楞纸、折叠纸盒和软包装印刷的水性油墨以及适用于商业印刷的低黏度水性颜料喷墨墨水；柯达推出了全新腾格里 Ultra 免冲洗版材；等等。

第三章 印前技术

透过"drupa 2024"看胶印制版技术的进展及未来发展趋势

高健

一、透过"drupa 2024"看胶印制版技术的未来发展

2024年5月28日开幕的"drupa 2024",不仅发挥了全球印刷技术发展的引领作用,还让行业内外看到了全球围绕印刷业发展需求与方向作出的努力。作为印刷行业的"奥斯卡（Oscar）"盛宴,drupa展会从展会规模和展会覆盖领域,都体现了全球唯一性的特征。正如本届展会主题"共创未来","drupa 2024"让行业内外预见了印刷业的未来发展。

"drupa 2024"共设有18个展厅,来自全球52个国家和地区的1646家厂商参展,涉及细分领域包括预印和印刷、跨媒体和预处理、印后加工和包装、未来技术、材料厂商、设备服务和基础设施。其中,中国参展商443家,超过德国本土396家以及意大利139家,规模位居本届所有参展国家和地区展商数量的首位。本届展会上,我国胶印版材制造商乐凯华光印刷科技有限公司、安徽强邦新材料股份有限公司、浙江康尔达新材料股份有限公司、江苏乐彩印刷材料有限公司、黄山金瑞泰科技股份有限公司、易客发（ECO3）印艺材料（深圳）有限公司、贵州靖帆科技有限公司等十几家企业携带免处理绿色环保版材等系列新产品参展；杭州科雷机电工业有限公司（以下简称"科雷机电"）、爱司凯科技股份有限公司（以下简称"爱司凯科技"）作为CTP制版行业头部企业也重磅参展,彰显了中国企业积极拓展海外市场的信心和决心。

我国展商参展产品涵盖了胶印版材产品的全领域，其中乐凯华光展示的 TD-GX 免处理热敏版材、PPVG 紫激光低化学处理版材体现了绿色环保的性能与优势；浙江康尔达展示的 KLP-CF 免化学处理 UV-CTP 版材是全球首发，其是一款紫外光免化学处理光敏版材，采用阴图型制版的成像感光原理来实现免化学处理功能，具有曝光时间短、能耗低、单位时间出版效率高等优势，其中光敏感光层及其免化学处理特性，可实现在紫外光曝光后无须显影即可直接上机印刷，为印刷减少污染物排放提供了全新的技术解决方案，可广泛应用于商业印刷、报业印刷等领域，以降低客户成本，提高生产效率，助力印刷企业实现绿色印刷。

"drupa 2024"上，首先，从参展商的数量和质量可以看出，胶印制版技术仍然受到市场的关注和认可，仍然具有竞争力和吸引力。

其次，从展会的展出展品和提供的服务范围来看，胶印制版技术正在不断地改进和升级，通过技术创新来提高印刷质量和效率。参展商展示了出色的创新产品，其中包括最新免处理 CTP 版材等，为未来胶印制版技术的发展提供了可靠的创新方向。

二、我国胶印版材行业的发展现状

我国胶印版材制造业经过近 25 年的高速发展，不仅满足了我国印刷业发展的需求，还满足了海外包括欧美国家印刷市场的需求，成为全球重要的胶印版材供应链。全球新的发展格局，包括全球经济与地缘政治变化、印刷市场需求转变与印刷技术创新变革，给行业发展带来了很大的不确定性，我国胶印版材行业需要抓住机遇，迎接挑战。

1. 行业现状

中国印刷及设备器材工业协会印刷器材及新材料分会发布的《2023 年全国胶印版材企业生产经营情况统计表》显示，2023 年，我国胶印版材生产总量为 5.27 亿平方米，同比增长 9.70%。其中，PS 版材产量为 1136 万平方米，同比增幅较大；热敏版材产量为 4.1 亿平方米，同比增长 32%；光敏版材产量为 2578 万平方米，同比增长 45%；UVP 版材产量为 7831 万平方米，同比增长 7.72%。

胶印版材总销售量为 5.20 亿平方米，同比增长 4.42%。其中，PS 版材销售量为 954 万平方米，热敏版材销售量为 4.16 亿平方米，UVP 版材销售量为 7635 万平方米，同比均呈增长趋势；光敏版材销售量为 1807 万平方米，同比下降 16.60%。年度销售额为 107.60 亿元，同比增长 5.28%。

胶印版材出口量为 2.16 亿平方米，同比增长 5.08%。其中，PS 版材、热敏版材出口量呈增长趋势；光敏版材、UVP 版材出口量呈下降趋势，出口额同比呈增长趋势。

从图 3-1 所示的 2019—2023 年我国胶印版材行业基本状况可以看出，我国胶印版材行业产能提升，但是员工人数与生产线数量均降低，显示出我国胶印版材制造行业智能化生产水平的提升。

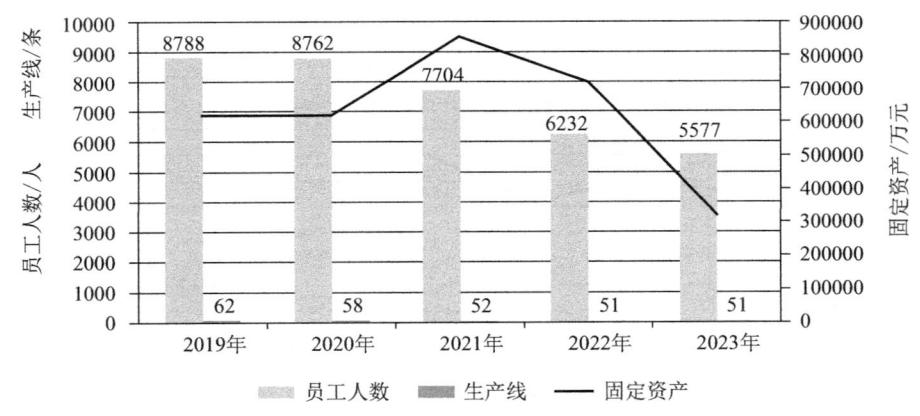

图 3-1　2019—2023 年我国胶印版材行业基本状况

从图 3-2 所示的 2019—2023 年协会行业统计数据可以看出，行业年生产量、销售量、出口销售量在疫情后基本恢复，处于相对稳定状态。

从图 3-3 所示的 2019—2023 年我国胶印版材进出口变化可以看出，2023 年我国胶印版材出口同比基本持平，其中：

（1）PS 版材 2023 年出口量为 3420 万平方米，同比下降 25.50%；出口额为 1 亿美元，同比下降 28.60%。

（2）CTP 版材（包括热敏版材、光敏版材、UVP 版材）2023 年出口量为 1.86 亿平方米，同比出口微增，出口额为 5.80 亿美元，同比下降 9.80%。

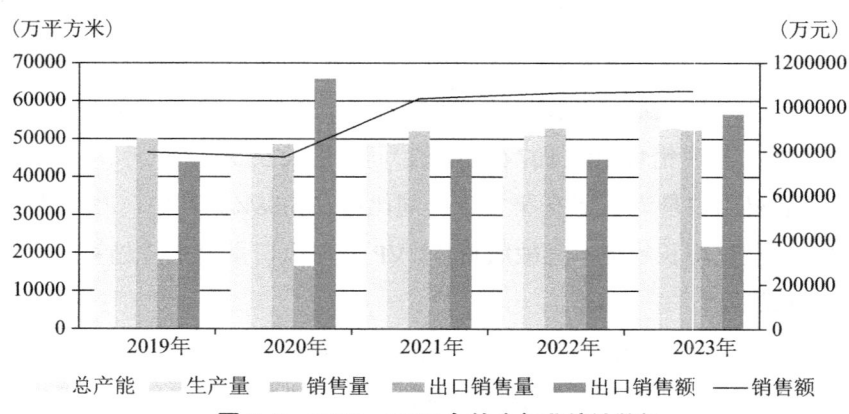

图 3-2　2019—2023 年协会行业统计数据

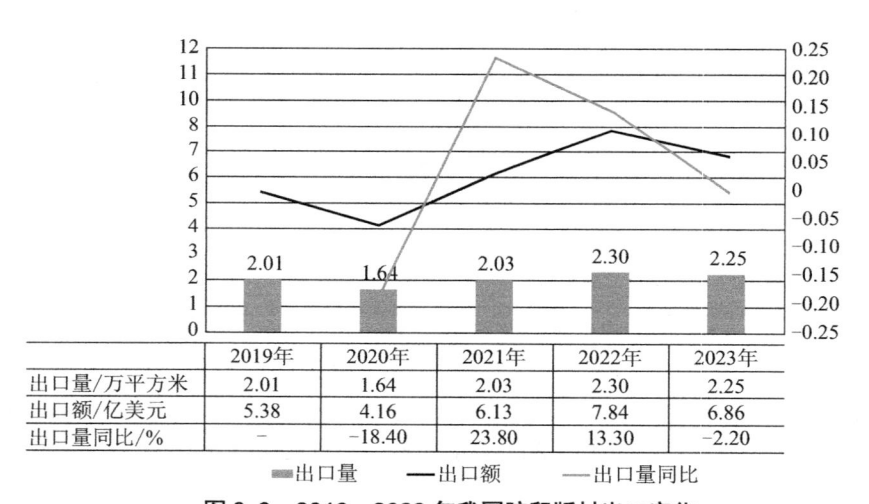

图 3-3　2019—2023 年我国胶印版材出口变化

	2019年	2020年	2021年	2022年	2023年
出口量/万平方米	2.01	1.64	2.03	2.30	2.25
出口额/亿美元	5.38	4.16	6.13	7.84	6.86
出口量同比/%	—	-18.40	23.80	13.30	-2.20

全球地缘、政治、经济的变化与震荡，给我国胶印版材出口带来了困难与挑战，特别是非正常贸易壁垒，需要企业积极应对。

2. 市场情况

目前，全球胶印版材年市场总量基本稳定在 6.50 亿平方米，其中海外市场约 4.30 亿平方米，国内市场约 2.20 亿平方米。受疫情影响有所下降，之后几年在持续恢复中，2021 年、2022 年、2023 年都存在变化，但是总的市场态势没有大的改变。经过多年发展，我国胶印版材行业具有以下特征。

（1）胶印版材技术不断升级。随着科技的进步，我国胶印版材技术不断进步，从传统的 PS 版材向数字化 CTP 版材发展，以满足印刷业高效、环保的需求。

（2）市场需求稳定。印刷业已成为国民经济体系的重要组成部分，年产值规模超过万亿元。2024 年我国印刷业总产值将继续增长。

（3）环保绿色发展。在国家绿色发展政策的推动下，胶印版材行业正朝着环保、绿色方向发展，相关标准的发布和实施，如《印刷工业污染防治可行技术指南》（HJ 1089—2020）、《包装印刷业有机废气治理工程技术规范》（HJ 1163—2021）、《绿色产品评价 免处理热敏 CTP 版》（T/PEIAC T/PEIAC 011—2021）等，促进了印刷业污染防治技术的进步。

（4）产业规模居全球首位。根据相关数据，中国的胶印版材产量占全球总产量的较大比例，行业产能与产量基本满足了全球 2/3 以上的市场需求，且生产规模仍在不断扩大。

（5）技术水平先进。随着技术的进步和研发投入的增加，中国胶印版材技术水平也在不断提高。许多国内企业已经能够生产高质量、高性能的胶印版材产品。

（6）产品种类齐全。当下的胶印版材产品种类齐全，能够满足不同行业和客户的需求。

（7）市场分布均匀。中国胶印版材制造业的市场分布广泛，不仅在国内市场有着较高的占有率，还积极开拓国际市场，扩大出口。

这是我国胶印版材制造业发展的辉煌成就，也是全体印刷行业从业者努力的成果。

三、我国胶印版材行业未来发展面临的挑战与机遇

面对新技术发展带来的挑战，行业必须勇于面对、积极融合，同时要抓住海外市场拓展的机遇。虽然随着全球经济与政治形势的发展变化，困难与阻力会越来越大，但机遇还是大于困难与阻力，行业必须为构建全球供应链做好充分准备。

（1）技术创新与产业升级。科技进步和市场需求的变化需要技术不断创新变革，数字化 CTP 版材已经成为常规产品，免处理、双层版材已经成为满足印刷业高效、环保、耐 UV 油墨需求的基本发展方向。行业将更加注重技术创新和产业升级，包括新材料的研发、生产工艺的改进以及数字化技术的应用等。

（2）绿色环保。环保意识的增强促使行业更加注重绿色、环保、节能的生产方式。这不仅体现在产品设计和生产过程中，还体现在企业的整体运营策略上。

（3）数字化转型。随着数字化技术的快速发展，行业也将加速数字化转型，包括生产过程的自动化、智能化，以及企业管理、营销等方面的数字化升级。

（4）国际化合作。行业将继续加强与国际先进企业的合作，引进国外先进技术、管理经验和高端人才，提高自身竞争力。

（5）深耕细分市场。随着市场需求的多样化，行业将更加注重细分市场的深耕。这意味着企业需要深入了解特定行业的需求，从而提供更加专业化、个性化的解决方案。

（6）发挥行业优势。行业具有发展成熟、生产规模适度、技术与装备水平领先、全系统集成化程度高等优势，借助全球胶印制版技术品质的优势与庞大的市场保有量，行业未来仍将继续提高版材的内在品质，实现高质量发展，推动胶印制版技术的稳定发展。

此外，通过各方面努力，中国印刷行业仍将积极寻求国家相关政策措施支持，以推动行业向环保化、绿色化、高质量、规范化发展，为胶印版材行

业提供良好的生产经营环境。

（7）构建积极的全球胶印版材供应链。这些年行业已经显示出了全球供应链地位，也让行业内外有信心保持优势，从而实现中国制造业的更大发展。

（8）产业链协同发展。胶印版材产业链的协同发展，将有助于提高行业的整体竞争力，并借助全球胶印版材供应链重组的机遇协同增效，推动我国胶印版材行业发展行稳致远。

总之，中国胶印版材行业在保持现有产业规模和市场地位的同时，将更加注重技术创新、产业升级、绿色环保、数字化转型以及国际化合作，以实现行业的可持续发展。面对未来胶印制版技术风险与机遇并存的局面，中国胶印版材行业必须要保持敏锐的市场洞察力，坚定地走创新变革之路，勇于担当、携手并进，从而推动胶印制版技术走向更加智能、高效、可持续的未来！

"drupa 2024"柔印制版技术解析和点评

赵嵩

2024年6月7日，阔别8年的"drupa 2024"圆满落下帷幕。随着时代的变迁，特别是得益于德国及西欧印刷设备厂商强大的创新和制造能力，多年来，drupa展会成了印刷业发展的风向标，同时也成为技术和产品"百花齐放、百家争鸣"的展示平台。

从本次展会上可以看到，柔印相关领域少有突破性的产品出现，整体感觉"波澜不惊"，但从制版到印刷，当前推出的新产品完全符合业界在几年前的展望。柔印供应链将继续从提高品质、提高效率、控制成本和关注可持续性上入手，展开创新产品研发。值得一提的是，本次参展的很多展品，并不完全是在本次展会上首发，其中不少是最近两三年内的产品或其延续，也有的已经在"2023中国国际全印展""2023欧洲国际标签印刷展览会"、2024年美国柔印技术协会的年会活动中出现。虽然多数新产品确实带来了进步，但还是很难打破现有技术框架的局限性。本文，笔者对其中比较有特色的一些展品进行分析和盘点。

一、艾司科

先从制版流程的前端说起。在被伟力拓收购后，著名的柔版雕刻机制造商艾司科本次推出了针对目前激光光学系统的升级版V3+激光。众所周知，使用V3激光的雕刻机可以实现比较稳定、高质量的激光雕刻，但输出速度较慢。本次推出的V3+激光的雕刻机着眼于对原有CDI的升级，这个升级可使MCWSI加网成像速度提高30%，更重要的是，它能够极大地改善MCWSI加网的成像效果，消除原有 P+ 实地部分的雕刻线（这是一个困扰业界很久的问题，特别是对于高端柔印）。对于已经装备了 V3 激光的雕刻机而言，这是一个相对简单的升级，而对于装备了 V2 激光的雕刻机而言，需要先将其升级到 V3 激光，这将是一个相对烦琐的工程。当然升级的费用也可能较高，用户需要根据自己的业务类型，在投资和回报上加以斟酌。

另外，艾司科推出了配备 Quartz 激光光学系统的 Crystal CDI，它的改善在于可以用 2000lpi 的分辨率雕刻表面加网（目前的 MCWSI 为 1414lpi）。从这一点来看，Quartz 激光光学系统应该也解决了上面所提到的雕刻线问题，同时实地加网也取得了进一步提升。对于使用黑膜体系柔版的用户来说，这应该是个重大的利好，不过目前其成像速度只能做到 2.50m^2/h，对于很多用户来说效率太低，特别是对于大产量的制版公司来说，可能是无法接受的。据了解，艾司科也在努力将其成像速度提高到 4.00m^2/h。笔者在美国的客户经过测试，得到了相当不错的结果，期待艾司科也可以在亚太地区尽早推动这一技术的落地，并尽快实现商用。

在本次展会中，艾司科还展示了带有抽屉的 XPS，但并没有安装去粘和后处理单元，所以传说中配备曝光和后处理的 XPS 一体机依旧没有上市，一个可能原因是 LED 灯管的 UVA 和 UVC 可能会使设备的成本大幅提高，而坚持放弃传统荧光灯管的理念又让艾司科无法回头转向这个低成本解决方案。抽屉的出现意味着艾司科并不打算只是简单地增加一点储物空间，后续的升级依旧可能发生。

二、ECO3

欧洲的 ECO3 继 2023 年在欧洲国际标签印刷展览会亮相后，在本次展会上全面展示了其柔印产品解决方案。ECO3 是在 2023 年私募基金公司 Aurelius 收购爱克发胶印部门后新成立的公司，在 2023 年推出了从印前到制版的完整水洗柔版解决方案。该方案包括 PDF 工作流程、专利的加网技术、干式菲林、覆膜机、亚太供应商提供的柔版和激光雕刻机，以及曝光、洗版和烘干一体机作为后道加工设备，其中的激光雕刻机采用了 830nm 的激光。ECO3 的柔版系统和现有的美国麦日伦的 NX 制版技术颇为类似，成像过程都使用了干式菲林和覆膜机的技术路线，并且两家公司都同时提供溶剂和水洗柔版两套技术路线。当然，为了满足环保需要，本次展会上 ECO3 主推了水洗柔版解决方案。

ECO3 还推出了两种感光频率不同的激光雕刻干式菲林：一种适用于 830nm 激光；另一种适用于 1064nm 激光。830nm 激光的干式黑膜，其感光度比一般黑膜要高很多，换句话说，雕刻速度会更快，官方目前给出的结论是快 4 倍，这将极大提高制版效率。而 1064nm 激光的干式黑膜很明显可以用于艾司科的雕刻机。从这个数据推测，ECO3 可能也会将这套系统推荐给目前使用艾司科 Crystal CDI 的用户，这样用户只需要增加覆膜机和相应的洗版机就可以更换为一个新的制版系统了。

螺旋网点是 ECO3 方案中比较特别的部分，如图 3-4 所示，该网点形态颇具创意，而这种网点是否可以有效地减少摩尔纹，特别是针对多色叠色的 ECG 相关的各类应用是否会有更好的表现，值得期待。

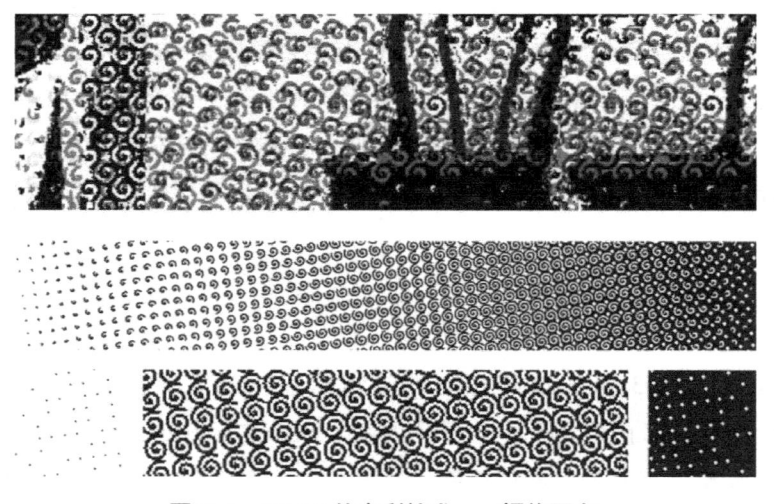

图 3-4　ECO3 的专利技术——螺旋网点

从制版尺寸来看，目前，ECO3 提供多种尺寸的干式菲林，但却只有

30in×40in、25in×30in 两种尺寸的一体化制版机。从这个尺寸看，主要目标客户应该是标签用户，当然也会涵盖一部分其他包装用户。而目前业界使用的 42in×60in、50in×80in 的大尺寸印版，因为幅面大、制版成品率高，所以使用更为广泛。相比之下，ECO3 这两台一体机的幅面偏小。

除了完整的制版设备方案，ECO3 还推出了印版检测工具，如图 3-5 所示，这个检测工具可以提供足够高的放大倍率，用来检测螺旋网点的成型质量。虽然全球范围内有众多的柔版供应商，但是把柔版检测仪放入产品解决方案的供应商，并不多见。

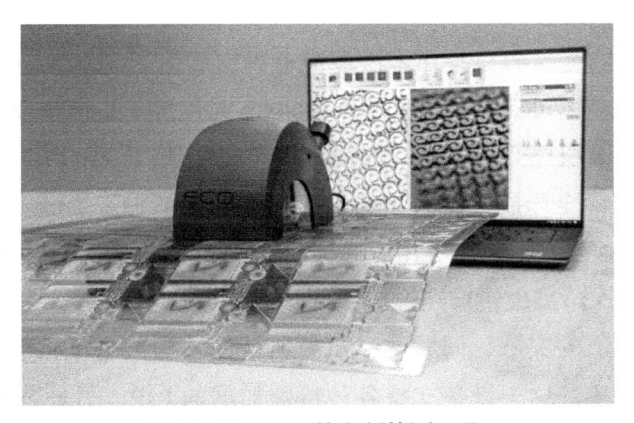

图 3-5 ECO3 的印版检测工具

阻碍水洗柔版推广的一个主要问题是废水处理。未经处理的废水中存在大量有害的化学物质，直接排放会对环境造成严重破坏。ECO3 的解决方案中也包含了废水处理装置，其最终表现如何，让人好奇。当然如果 ECO3 可以在西欧和北欧顺利推广，就可以证明这套废水处理装置是成功的。据笔者观察，全球范围内，柔印发达地区或环保要求很高的国家中，水洗柔版技术使用率偏低，废水处理可能是其中一个重要的影响因素。

三、科雷机电

柔版前端领域，中国的柔版雕刻机制造企业这些年获得突飞猛进的发展。科雷机电本次展出了 50in×80in 幅面的高速雕刻机，号称可以达到 8m^2/h 的输出速度，除了以往的 4800dpi 和 9600dpi，还增加了 4000dpi 的机型，同时配备了全自动上下版平台以及双版夹系统。科雷机电在自动上下版方面努力多年，灵活的自动上下版，特别是小尺寸版材，可以让用户节省大量人力物力、减少浪费、提高效率，对我国使用小尺寸版材情况比较多的制版场景是非常有意义的。

四、爱司凯科技

来自中国的爱司凯科技在本次展会上再次展出了其基于矩形光斑的柔版激光雕刻机火神 Vulcan 5080，采用 1064nm 光纤激光、5080dpi 的输出分辨率，其中，高配机型采用高功率激光器，输出速度达 6m^2/h，这相较于其在"2023 中国国际全印展"上展出的机器每小时又增加了 1m^2，对于多数制版公司和印刷厂而言已经完全够用。火神 Vulcan 5080 的精细图文雕刻已经达到了相当高的水准，突破了国产雕刻机沿用胶印 CTP 激光技术的老路，实现了国产设备技术上的突破。同时，爱司凯科技在本届展会推出了 4000dpi 的输出分辨率的设备，这一设备支持各种特殊加网的 RIP，另外，用户还可选配 LEN2TIFF 软件，但 4000dpi 的输出分辨率的设备刚上市不久，还有待用户的进一步检验。

必须提及的是，科雷机电和爱司凯科技两家公司在输出分辨率上都走向了 4000dpi。这是个战略性的调整，说明高端制造业不再盲目堆砌硬件指标，而是开始更多地关注用户系统的兼容性，毕竟目前使用最广泛的加网技术都是基于 4000dpi 的分辨率。如果现有的进口数字化流程可以无缝对接国产雕刻机，给用户的使用会带来极大的便利性。当然，国产雕刻机是否可以准确输出 Pixel+ 的文件，笔者心存疑问。听闻展会期间爱司凯科技的柔印设备安装、销售两旺，笔者希望国产设备能越做越好，让柔印的门槛更低，当然也期待更多的用户反馈。新机器到底使用表现如何，让我们拭目以待。

五、杜邦

除了雕刻机，柔版制版商也在本次展会中展出了自己的产品。杜邦在本次展会上展示了图3-6所示的新一代小幅面热敏洗版机赛丽®FAST 1000TD，该机沿用了现有2000TD和3000TD的洗版机结构，为标签和小幅面印刷提供了合适的选择。热敏技术发展至今，已经超过二十年，早期的热敏洗版问题极多，包含从洗版设备到版材的一系列挑战。产品的成熟需要一定的周期，目前的热敏技术相较20年前已经"脱胎换骨"，最新的热敏版材在精细网点、细小线条、反白文字、实地加网上都有极好的表现，制版和印刷效果甚至已经超越了不少水洗和溶剂洗版的表现。

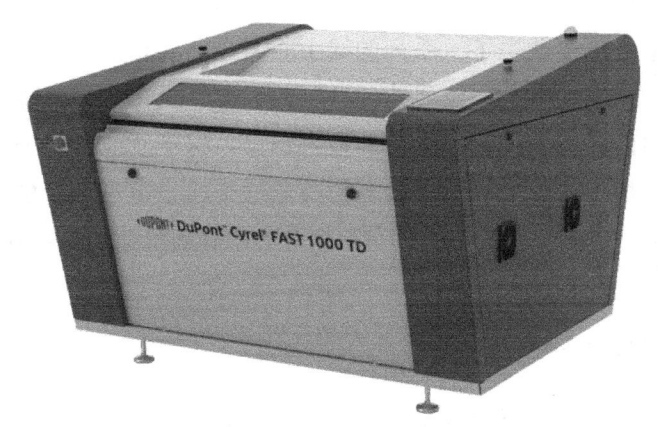

图3-6 新一代小幅面热敏洗版机赛丽®FAST 1000TD

除了热敏洗版机，杜邦还推出了一款专用于纸张印刷的热敏中等硬度版材EFM，其设计思路是通过调整版材配方，让版材更好地适应纸张定量降低而导致的印刷质量下降的情况，这对于目前的包装印刷降低成本的大趋势来说颇具意义。而本次展会上杜邦推出的LSE版材则是专门针对LED曝光机使用的，特别是针对艾司科的XPS优化的磨砂表面版材。表面加网技术虽然可以有效提升实地密度，但是也有其稳定性、重复性差的一面，这让一些关注稳定生产，同时订单量较大的印刷企业敬而远之。在全球范围内，不少国家都有这类用户。而版材磨砂表面技术基于柔版，一直被杜邦、麦德美、恩熙思等公司长期推崇，各个公司都推出过自己特有的磨砂版技术，这类技术的实地印刷效果可能不如实地加网，但是稳定性、重复性相比之下都有不错的表现，也得到了不少用户的认可，特别是在北美，磨砂表面印版技术得到了广泛的使用。

杜邦在本次展会上还推出了针对柔印制版的线上教学课堂——赛丽大学，通过详细的视频讲解和课后测验，让初入柔印的人能快速掌握制版的基础知识，并可以深入学习高级内容。课程针对不同的人员需求，分成 3 个难度等级。

在我国，柔印制版专业技术培训相对薄弱，一线生产单位常常是师傅带徒弟，"知其然，不知其所以然"，这让很多新人的技术提升举步维艰。而新型冠状病毒感染疫情催生了一系列的线上教育，在疫情后，这个做法似乎依然可以借鉴。纵观中国柔印发展的各种制约因素，员工知识技能低下是一个常见问题。如何提升一线生产人员的技术水平，保证企业拥有一个比较稳定的技术团队，是个重要问题。希望赛丽大学这个线上教学项目能给我国柔印制版行业带来一些新的培训思路，助力提升柔印制版行业的整体水平。

六、恩熙思（XSYS）

同样是印版和设备供应商的恩熙思在本次展会上推出了其 ThermoFlexX Catena+ 自动化柔印制版生产线。柔版自动化的生产概念并不新颖，从洗版到后道流程的连线设备在 20 年前就已经面世，但整合激光雕刻机、曝光机、洗版、烘干、去粘和后处理的全部流程，一直是柔印制版行业所期盼的，特别是整合了 LED 的曝光系统，也是一大进步。虽然这套系统已经推出了一段时间，但通过在"drupa 2024"上的展示，其依旧可以代表当下溶剂制版设备的先进技术。

全自动化流程的优点极多，比如稳定的产品质量、大幅度减少人工、较高的工作效率。当然，有优点的同时也一定有缺点。这类产品最大的问题在于设备投资过多以及系统稳定性欠佳，因为整个工作流程串联了所有制版设备，任何模块的故障都可能导致系统工作的中断，因此系统的稳定性对于这类自动化连线制版系统而言极其关键。另外，在依旧享受人口红利的诸多发展中国家，全自动设备可能不一定是最好选择，因为庞大的连线机器限制了各个设备单独使用的灵活性，同时生产车间也要留有足够的安装和操作空间。但对于人工成本高、常常制作整张柔版的欧美国家来说，这类设备极具吸引力。

恩熙思在2024年5月底推出的nyloflex® eco生态型柔版包含了nyloflex® eco ACT和nyloflex® eco FAC两种版材，这也在本次展会展出。这类版材的特别之处在于，其树脂层包含19%～29%的可再生原材料，同时减少了约20%的洗版、烘干时间，提高生产效率的同时减少了能源和溶剂消耗。如果确实如宣传所讲，生态版材可以带来效率和可持续性上的进步，那该技术对于柔版技术进步具有重要意义。必须提及的是，日本旭化成近年也在推广类似产品。

七、麦日伦

麦日伦（也就是柯达曾经的柔版部门）本次推出了基于水洗版技术的FLEXCEL NX Ultra 42洗版机以及FLEXCEL NX Ultra 35洗版机，分别针对宽幅和窄幅用户，前者的最大洗版尺寸达1067mm×1524mm（42.0in×60.0in）。麦日伦几年前就已经开始宣传其水洗版设备，在不同的国家也有少量安装，但是在中国甚至亚太地区都比较少见用户使用，这也一直让笔者甚为好奇。如果麦日伦可以把自身在成像方面的专长与水洗版的特点结合，那很可能是个强强组合，当然，在目前的技术条件下，期待一个在多维度上完美的解决方案还是不现实的。

麦日伦在本次展会还特别展示了其Shine LED曝光套件，为使用传统荧光灯管的用户提供升级到LED光源的解决方案。这个升级方案出现也有些时日了。从目前LED的整体水平看，笔者推测这个升级应该包括电控系统的升级，当然为了保证UV光输出的均匀性，LED灯管的位置和荧光灯管应该也不相同。另外，由于高能量的 UV 光输出，温控系统也可能需要做相应的调整。最大的挑战可能在于升级的费用，如果这个费用超过 30 万元甚至更高，很可能失去竞争力，特别是面对中国市场的竞争对手时。

LED 柔版曝光技术是本届展会的一大看点，众所周知，可以输出超高能量的扫描式 LED 曝光机可以用相当高的输出能量制作平顶网点印版，但是当版材供应商大量供应自带平顶网点的版材后，似乎超高能量就没那么重要了。笔者认为，扫描式 LED 曝光机很有可能只是一个过渡产品，其除了价格昂贵，制版时间还比较长，且制版参数的优化又极其复杂。相比之下，基于传统面光源的曝光机 Banklight，能提供 30～50mW/cm² 的高能量和稳定的输出，是大家更为期待的 LED 设备。目前，制约 LED 在柔版应用的一个问题是 UVC 的 LED 光源依旧成本过高，本届展会上，有多家设备厂商提出了自己的解决方案，但都没有提供 UVC 的 LED 光源。

八、AGI

意大利公司 AGI 本次推出了基于面曝光的 LED 曝光机，如图 3-7 所示。可能是为了控制成本，这台机器的后处理和去粘环节依旧采用传统荧光灯管。由于放弃了扫描式的 LED 曝光技术，采用整面曝光的 LED 曝光机可以大幅加快制版速度，同时还能兼顾稳定的能量输出，当然冷却系统的压力也会大幅降低。

图 3-7 基于面曝光的 LED 曝光机

九、其他柔印厂商

总部位于丹麦的古龙彦（Glunz&Jensen）也推出了自己的 LED 柔版曝光机，如图 3-8 所示，这台机器采用单面扫描的方式；我国科茂机械（广东）有限公司早在多年前就已经推出类似结构的机器了，目前，其已经将其 LED 产品线丰富不少，除了扫描式的曝光机，还增加了面光源的 LED 曝光机；上海中能仪器有限公司深耕柔印多年，最近几年除了开发洗版机，生产的面光源的 LED 曝光机也相当成功。毫不夸张地说，它们的 LED 设备水平已经进入这个领域的世界前列。

图 3-8 古龙彦 LED 柔版曝光机

印版切割是制版的最后环节，也是笔者近年关注的一个焦点。作为制版最后的步骤，在柔印发达国家，自动切割机已成为标配，近年来，我国柔印行业虽然装机数量不少，但是展示作用大于实际意义。著名的切割机供应商康斯博本次也展示了用于柔版——X20 和瓦楞纸箱切割——U64 的最新设备，其设备实现了速度和效率的突破，值得关注。

需要一再强调的是，本文描述的绝大多数产品都是基于展商的宣传和有限的市场反馈汇总的，在大生产环境下，这些新的技术和设备是否可以稳定、高效地提供高质量的产品，还有待验证。在以往的 drupa 展会上，有产品存在在发布后推迟上市，甚至夭折失败的情况；也有实际使用效果不佳，让人大失所望的情形。希望读者以开放的胸怀去积极地拥抱和探索这些技术，以提升柔印品质。

展望未来，虽然 drupa 一直被全球印刷业重视，但本次展会的参观人数和参展商数量相较 2016 年都大幅减少，特别是参观人数从 26 万人下降到 17 万人。全球柔印最发达的北美地区的观展者相当少，甚至可以用屈指可数来形容，其中原因可能有：美国中学毕业季以及假期的时间冲突；路途遥远、差旅成本高昂；美国柔印技术协会年会的一系列活动在 2024 年 4 月刚结束；等等。在欧美企业技术突破放缓的时代，亚太、中国行业用户涌向德国的同时，不由让人猜想，未来中国的印刷人是否也可以在中国组织规模更大的印刷盛会，吸引更多的国际目光，提高中国制造在世界的地位。

从"drupa 2024"看色彩管理的未来发展趋势

赵广　姚磊磊

经历了 8 年沉寂之后，2024 年 5 月 28 日，"drupa 2024"终于在德国杜塞尔多夫如期开幕。来自全球 52 个国家和地区的超 1600 家参展商参展，从设备到耗材、从硬件到软件、从国产到进口、从平张到卷张、从胶印到数字、从印前到印后、从碳粉到喷墨、从商务到出版、从标签到包装、从系统到流程、从打样到量产、从配套到增效、从自动化到互联网……印刷相关的各种生产要素，应有尽有、目不暇接。

作为资深印刷色彩管理从业人员，笔者有幸亲临展会现场，本文将尝试从不同公司展出的软硬件或系统或服务中抽丝剥茧，分享此次展会了解到的色彩管理方面的一些进展和未来趋势。

一、混合（Hybrid）趋势

"drupa 2024"已经不再是传统印刷来"唱主角"，很多数字印刷设备厂商纷纷推出自己的主打产品，意欲在越来越大的短单印刷市场中分到一杯羹。同时，众多国内数字印刷设备品牌纷纷登上国际舞台展示自己的产品。

所以未来的色彩管理已经不只是单一传统印刷的色彩管理，而是衍生为各种各样的混合印刷方式协同管理不同印刷设备以实现色彩一致性的过程。这些印刷方式可能包括碳粉、水性喷墨、UV 喷墨等数字印刷，也可能包括柔印、凹印等传统印刷，而承印材料也不再只是纸张，还包括木板、陶瓷、铁皮、瓦楞纸、纺织品、BOPP/PET 薄膜等。所以跨界的色彩管理已经是必选项，而不是可选项。

例如，X-rite 展位上展示的 i1 Pro3 Plus 配合新偏振滤光镜（测量条件 M3），可以降低纺织品和陶瓷上的镜面高光和阴影，在粗糙表面和光亮介质（如帆布印刷画和美术相纸）上提供更好的黑色层次表现，有利于更好地实现色彩还原，同时还可以支持透射扫描，适用于薄膜和透射类材料的色彩管理。

富士胶片展位上演示的 ColorPath 中央色彩管理系统，其涵盖的设备涉及 EPSON 数码打样设备、POD 碳粉数字印刷设备、单张纸喷墨数字印刷设备、软包装卷筒张喷墨数字印刷设备以及各类单张纸胶印设备等。每台设备都可以在这个系统中找到属于自己的管理路径和评估结果，色彩管理的整个过程都有过程、有记录、有数据、可回溯。

数字印刷阵营日益壮大，若要想达到传统印刷效果，获得传统印刷的部分订单，除了印刷品质之外，色彩管理能力将是一项硬指标。深圳圣德京粤科技有限公司的数字印刷设备与德国知名的 CGS ORIS 色彩管理系统在此次展会上高调签约达成合作就是其中一个典型范例。

二、在线（Online）趋势

此次展会上，笔者发现很多色彩管理系统已进化成了网络版，采用线上登录方式，以方便整个印刷包装行业产业链的上下游可以实时共享数据，随时进行有效的色彩管控。

例如，Techkon 展位上的 ChromaQA 软件可以贯穿整个印刷供应链，所有客户数据都在 Amazon AWS 云服务器上的指定位置存储、备份和检索。客户端＋服务器架构允许一台或多台印刷机，甚至多个印刷厂从远程实时创建、管理和监控生产作业，以保障各机器或供应商之间生产的颜色的一致性。

同样的情况也体现在 X-rite 展位上的 ColorCert 软件，其可用于沟通颜色目标、印刷参数和生成印刷质量报告，通过网络方式来协助印刷买家管控整个供应链中各地工厂的色彩品质，同时还可以进行 X-rite 品牌设备之间的校正和对齐；而应用最成熟、最广泛的当属 ECO3 展位上的 PressSIGN GPM 版本，作为全球应用最早、最普及的软件，目前，其版本已经更新到 12，是 Microsoft、LEGO、Tesco、AG 等品牌钦定的在线色彩品质管理系统。

同样可以实现网络在线管理色彩品质的，还有 ColorWare 展位上的 MeasureColor，可以在局域网或私有云或互联网的服务器上进行印刷机、色彩目标库、色带、容差、测量条件等作业设置，还可以为不同用户组创建特定的功能和特性。常见的评估参数考虑到 UV 印刷还特别加入了白墨指标。另外，只需更新中央服务器，当操作员激活客户端时，就会自动更新为中央服务器安装的新版本，而无须单独更新不同的客户端。

iQIP 展位的一款小众系统也引起了笔者的好奇。这是一家来自德国的软件商，主要致力于通过云端的方式来处理品牌商与印刷厂之间的沟通。与之前的软件不同的是，其在数据评分中另辟蹊径地加入了套位指标，除了数字评分，其还可以直观显示产品的预览视图，以及在当前色彩测量条件下实际样张与目标样张之间的感观差距，从而可以在校正好的显示器上直观看出二者的区别，同时还可以实时将信息分享到移动端设备，如 iPad 或 iPhone。目前，像国内知名的中华商务联合印刷有限公司也出现在其客户名单之列。

远程打样技术同样离不开网络。Dalim 展位上演示的远程打样是基于网页版的交互式体验，除了统一参数校正显示器、指定 ICC 进行色彩模拟，还可以分色预览、实时批注，并保留前后修改的不同版本，进行云端实时批色确认，将远在天边的沟通变得近在咫尺。

X-rite 展位上的 PantoneLIVE 系统是专为印刷包装开发的云端颜色库，包含潘通（Pantone）专色数据和部分品牌商的标准色，在整个印刷色彩管理过程中利用光谱数据而不仅仅是 Lab 值进行专色处理。无论采用何种介质、油墨或印刷方式，PantoneLIVE 系统都可确保色彩的精确度和可重复性。除此之外，新推出的 Autura 云端油墨配色软件，提供了一个网络化的中央平台来确保所有用户都能随时随地访问相同的更新版本，用户界面以工作流程为导向,集成油墨配制和质量控制功能,一站式满足胶印、柔印、凹印和网印油墨的配制、存储、审批、检索和质量控制需求,受到许多观展人员的追捧。

软件的加密授权也逐渐升级成在线许可授权,这样软件商不仅可以第一时间向用户推送最新的更新和补丁,还可以防止因硬件加密狗丢失或损坏而造成的诸多不便。

三、嵌入式(Built-in)趋势

随着技术的进步,色彩管理已经成为各厂商实际生产工作流程的一个重要组成部分,无论是硬件还是软件,都在尝试将其作为一个功能单元进行嵌入整合。

例如,海德堡展位上展示的最新款 XL 106 胶印机的最高速度可达 21000 张/时,其中内置了第三代印通在线色彩控制系统 Prinect Impress Control 3,可在生产过程中以联机方式使用分光光度计检测并调整墨色,同时还能够检测套准情况并进行自动调节。

ESKO 展位上的 AVT SpectraLab XF 可精确测量从纸张和纸板到柔性材料、透明和不透明基材等各种基材上的颜色,可根据设定的公差和绝对色彩值测量色彩目标和图像内色彩。AVT SpectraLab XF 可检测 CIE $L^*a^*b^*$、ISO 标准状态密度和色调值评估,并以 600m/min 的最高速度可靠地测量最小尺寸(6mm×6mm)的色块。此外,数据兼容 XRGA 标准,可确保其测量结果与 X-rite 的测量设备相匹配。

在软件工作流程中,柯达展位上展示的新版 ColorFlow 软件已经嵌入 Prinergy 10.0 印能捷工作流程,包括色彩空间转换和油墨节省在内的全方位色彩管理功能都可以轻松在 ColorFlow 软件中轻松完成,并在 Prinergy 流程中调用。

同理,妙华展位上基于模块化架构的 CLOUD FLOW 也让人眼前一亮,其以开放的标准兼容了包括软打样、印前自动化、RIP、加网甚至工单管理等在内的功能模块,RIP 过程中可以针对包装印刷作全面可控的网点校准和

分色调整，而且还可以与 IcsColor Remote Director 组合实现无缝的远程打样功能。此外，ColorLogic 色彩管理可实现不同印刷机和不同印刷技术之间的色彩匹配，现已与 CLOUD FLOW 工作流自动化套件集成。

来自北美的 ColorConsulting 展示了一系列的专色配色解决方案流程，譬如 ColorTrack 可以通过使用 Exact 测量纸样上的专色，通过 InkCorrection 分解当前油墨配方，计算基墨比重，自动给出与目标之间的色差，并且将配方数据自动输送到 InkWeigh 给料配墨系统进行配色。此外，还可以在印刷过程中将执行的测量物和使用的承印物之间建立联系，提高工作的可追溯性；也可以通过与油墨配色软件数据库集成，直接在印刷机上对油墨进行校正，从而完善整个印刷色彩工作流程的管理。

可以看出，色彩管理作为整体印刷供应链中的重要一环，逐渐被深入整合进供应链或各厂商的工作流程系统中，以实现更方便、更及时的色彩管控。

四、广色域（Extend Color Gamut）趋势

"drupa 2024"上，无论是海德堡展位上推荐的 MultiColor，还是高宝展位上的 VariJET 106 喷墨数字印刷设备搭载的 Hybrid 分色技术，或是澜达展位上的 S11 纳米印刷设备，都无一例外地将原来 CMYK 四色色域拓展为七色色域，这令人不得不惊叹原来纸上色彩还可以如此之绚丽，以至于包装上很多的潘通专色都无须再另外调配。澜达的数据显示，通过 CMYKOGV 这 7 个颜色可以模拟出将近高达 96% 的潘通专色。

而富士胶片展位上的 POD 碳粉数字印刷设备也有升级，并凸显出 CMYK+1 的优势，从 Revoria SC180 到 Press EC1100，都在原来四色的基础上增加了可变的第五色，与理光展位的 Pro C7500 一样。更值得一提的是，Revoria Press PC1120 数字印刷设备之前的彩色墨粉只有粉色和红色，此次展会上的样品则预告了不久后将会有绿色的墨粉问世，这将极大拓展静电成像方式的碳粉数字印刷设备的色域表达空间，不得不说这是数字印刷色彩领域

的一项创举。

以 ESKO、GMG、CGS、ColorLogic 为代表的厂商也纷纷展示了各自的多色分色技术，例如，CGS 展位展示的 X Gamut 就可以实现将 RGB 或专色分色为 CMYKOGV 7 个通道，一方面，可以最大限度地还原 RGB 原稿在屏幕上的显示效果；另一方面还可以减少包装印刷过程中的专色调配需求，减少浪费，缩短印刷机转版时间，同时大幅提高生产效率。

EC03 于 2024 年 6 月 6 日发布的 PressSIGN 12，也开始支持多色分色色彩管理，可以导入多色的 ECG ICC 特性文件作为评分标准，7 色油墨的目标 Lab 值将分别显示并作为印刷过程色目标来进行评分，而不是将 OGV 以专色来区分对待，同时软件也支持 7 色色带的创建和编辑。

由于多色分色的盛行以及在专色取代方面的应用，基于全光谱测量数据而非单一光源和测量条件下的 Lab 值也越来越受到重视。以 GMG 展位上的 OpenColor 和 CGS 展位上的 CxF Toolbox 为代表，其专色光谱计算结果更加精准，最大限度地避免了不同光源对色彩造成的同色异谱现象，同时专色的半色调以及和四色油墨之间的相互叠加也更加准确，为提前预见多色色彩结果创造了条件。

五、自动化（Automation）趋势

时至今日，去人工化已经越来越成为一个大趋势，"能够用机器自动完成的工作就尽量不用人来完成"的理念也深入色彩管理领域。

譬如利优比新菱公司展示了搭载智能印刷辅助系统的印刷机，在屏幕上进行操作，即可完成从油墨预设、橡皮布清洗、套印、换版、调整密度到正式印刷的工作，仅需 1 名操作人员，人力节省 30%。配合 PQS-D 使用，印刷工作开始后，飞达进纸时将每一张进行喷码，自动检查不良纸张，动态调整密度和套印，省去了人工抽取样张的时间。一个印刷活件的工作时间至少节约 10 分钟，每天印刷数量增加 20%，每月生产效率提高 40%。

至于自动放墨，甚至是闭环扫描技术已经成为各大品牌印刷机的标配。

如果用户的机器过于老旧或是没有预装，众多的第三方软件厂商都在各自展位上展示了对应的解决方案，譬如 InkZone、PrintFlow、Rutherfold 等都配置了 Techkon 或 X-rite 的轨道扫描仪进行闭环演示。其中，PrintFlow 甚至可以突破一对一的局限，在一台电脑上将墨量信息实时反馈给多台印刷机，实现一对多的功能。而 InkZone 引入了数据库的概念，自带的 Report 功能有点类似整合了 PressSIGN 的测评模块，可以根据测量结果导出相关色彩品质报告。

如果连线放墨还只是让印刷机色彩控制从手动挡到自动挡的话，那么科雷机电展位上的 EZC 技术则是让传统印刷机"老树开新花"，即以高精度微升级的计量型墨泵替代传统印刷机上的墨键，实现数字化精准供墨。科雷机电在现场进行了 7 色广色域、高保真、精美印刷的演示，斩获了不少订单。加载 EZC 技术之后，传统印刷机无须人工干预，可一键印刷，色彩达到国际标准，从放墨根源上解决了传统墨斗放墨不精准、色彩控制不稳定的问题，只是对印刷机的维护保养会提出更高的要求。科雷机电是国产出海的一个缩影，色彩管理舞台也不能缺少中国力量，正如自动驾驶逐渐在日常生活中普及一样，相信印刷系统未来也将逐步实现无人化操作。

六、人工智能（Artificial Intelligence）趋势

随着 ChatGPT 成为风口浪尖的话题，机器学习、人工智能技术已经在各个领域都有了普遍的应用和长足的发展，印刷色彩管理这一小众领域也不例外。

譬如 X-rite 创新中心展示的在重复翻单或更换印刷方式时，只需一台密度计测量样张上的颜色，尤其是专色，系统就可以根据不同设备的信息给出色差值，并智能判断该颜色是否在拟要印刷的设备的色域范围之内，这样一来就在印刷前提高了可预见性。

内置在线检测或色彩校正技术的设备已经屡见不鲜，但像惠普展位上的高端型数字印刷机却不多见，其可使用人工智能技术、在线测色系统与云端

技术，使印刷流程完全自动化，无须人工参与，并可自动建立色彩特性文件 ICC，利用先进的在线色彩校正系统，让数字印刷机持续达到 G7 企业认可标准，即时提供全球 HP Indigo 客户的品检数据。

展会上广受欢迎的澜达数字印刷设备之所以说分辨率能够实现 1200dpi×1200dpi，据说也是与 PrintAI 模块分不开。这项先进的技术可确保卓越的精度，非常适合要求苛刻的应用场景，如包装上常见的微缩文字和防伪印刷，但具体底层运作逻辑不得而知。

比较有意思的一个展位是 Binuscan 展位，这是一家位于摩纳哥的公司，其开发的 Colorbox 是一套硬件和软件的结合体，其 CMS 服务器提供符合 ISO 12647-2 标准的印刷品，与 ISO 12647-7 认证的样张相匹配，不仅可使印刷和印后加工部门的工作更加轻松，还可以进行自动油墨优化处理，相关的文件也可自动化处理。

没有复杂的参数设置，只有一个选择：纸张类型（铜版纸、非铜版纸、胶版纸等）。印前部门只需简单操作，将客户的 PDF 文件放入 IN 文件夹，然后从 OUT 文件夹中收集，就能确保印刷工作更加轻松，印刷色彩更加精确，客户投诉减少，生产率提高，成本降低，同时为公司带来更好的经济效益。

另外一个模块是 IPM，其使用 Binuscan 的 RECO 技术对图像进行批量化综合处理，并集成了用户可定义的质量控制，进行自动化、智能化修图。IPM 专为大型图像生产而设计，可以实现自动色彩校正和图像分色，也可以与生产工作流程完美结合。

此外，在富士胶片展位上了解到的一项用户图像色彩匹配（UICM）功能，可以允许用户扫描当前的色样，立即创建 CMYK 配置文件，并自动应用相同的色彩。这无疑是一个巨大的福音，尤其对于经常需要对照旧样、客样来进行人工调图和大量改色的工作岗位而言。遗憾的是，这个功能目前仅针对富士胶片数字印刷设备的用户开放。

最后，展位上还能看到各种软打样的方案，尤其是受疫情影响，软打样应用越来越普及，譬如 Dalim 和 SpectroProof，后者还加上了印后表面处理工艺的模拟；针对商务、包装、软包装、铁皮等印刷的实物打样（Mockup）、软打样（SoftProofing）的应用和案例，也是近年来色彩管理应用比较关注的热点；还有标准看色光源已更新到 LED 灯管，以 GTI 和 JUST 为代表，其中 JUST 更有 UV 成分的独立开关，光源技术越来越完善。3D 打样的色彩管理流程也逐渐完善，在工业领域得到了不小的发展。

1951 年开始的 drupa，被公认为印刷趋势的风向标，引领着行业未来数年或数十年的发展方向。那么同样可以这么理解，色彩管理就像一面显微镜，映射着印刷技术日新月异的发展：从传统到数字、从人工到自动、从本地到网络、从单一到多元、从四色到多色、从模块到系统，设备升级、软件优化、算法迭代、标准更新、边界拓展、系统整合……

这些无疑将给印刷行业的跨越式发展赋予更多可能性，色彩的控制和管理由此将会变得更加精确、可靠和智能化。让我们一起参与，共同见证这些技术的落地应用，期待这一天早日到来。

第四章　印刷技术

"drupa 2024"上胶印技术的进展及发展趋势

王廷婷

胶印技术自1904年诞生以来，很快便凭借出色的印刷质量、出众的印刷速度及合理的印刷成本占据了印刷市场的霸主地位，为全球经济及社会的发展起到了重要的推动作用。经过一百多年的发展，胶印技术已经步入成熟期，数字印刷时代的来临曾让胶印技术一度被唱衰，然而其主流印刷方式的地位至今仍不可撼动，"drupa 2024"上，胶印技术依旧可圈可点，胶印设备厂商不仅展示了胶印技术的深度与广度，还展现了胶印技术与自动化、智能化技术的融合创新成果。

一、自动化与智能化融合创新

胶印设备与自动化、智能化的融合是近年来胶印技术的重要发展趋势。这种融合不仅提高了生产效率，还显著提高了产品质量，降低了生产成本，并增强了生产过程中的安全性和保护性，具体应用表现在以下几个方面。

1. 智能控制系统

诸多胶印设备厂商展示了配备智能控制系统的胶印机，这些系统能够实时监测印刷过程中的各项参数，如墨量、套准精度等，并根据预设的标准进行自动调节，以确保印刷质量的稳定性和一致性。

2. 自动化作业流程

从印前准备到印刷过程，整个作业流程实现高度自动化。自动上版、自动清洗、自动套准等功能已经成为高端胶印机的标准配置，极大地降低了人工干预的程度。

3. 数据驱动的生产管理

借助大数据和人工智能技术，胶印设备厂商还展示了如何通过收集和分析生产数据来优化生产流程、预测设备故障、提高生产效率等。这种数据驱动的生产管理方式为胶印技术的自动化和智能化升级提供了新的思路和方法。

4. 远程监控与维护

部分高端胶印机还具备远程监控和维护功能，胶印设备厂商能够实时了解设备运行状态，及时发现并解决问题，减少停机时间并降低维护成本。

例如，"drupa 2024"上，海德堡新一代巅峰级产品速霸 XL 106 搭载了 AI 支持的辅助系统和增强的"P2S 一触而就"功能，配备有全自动 Plate to Unit 印版输送装置等，生产速度提高至 21000 张/时；内置第三代印通在线色彩控制系统 Princet Inpress Control 3，可在生产过程中以联机方式使用分光光度计检测并调整墨色，同时还能够检测套准情况并进行自动调节；支持集群生产，一名操作人员即可同时操作多台设备，极大提高了生产效率。

小森推出了 40 英寸 7 色单张纸胶印机 LITHRONE GX40 advance，采用智联自动化（Connected Automation）理念，配置了装有摄像头的质量检测装置、先进的纸张搬运系统和双上光机组，采用超短作业准备时间（Super Short Makeready）、智能专色（Smart Color）、自动操作（Auto Pilot）等先进技术，可自动完成换版、清洗橡皮布、清洗墨辊、更换上光辊、设定油墨数据等作业转换工序。

高宝利必达 106X 配置上光版更换系统 CPC+、VariCoat+、ErgoTronic ExpertScreen、QualiTronic Image+、QualiTronic Opaque+、ErgoTronic FormCheck 等一系列自动化装置，速度最高可达 22000 张/时。

利优比新菱则展示了搭载 PQS-D 质量管理系统和智能辅助印刷系统的 RMGT 970，通过在屏幕上操作，即可自动实现从油墨预设、橡皮布清洗、套印、换版、调整密度到正式印刷的全流程，一个印刷活件的工作时间至少节约 10 分钟，每天印刷数量增加 20%，每月生产效率提高 40%。

二、广色域印刷　成熟应用

广色域印刷是通过采用 CMYK+ 橙色、绿色和紫色（O、G、V）等固定基色进行印刷，而不使用专色，并使印刷品呈现更丰富的色彩，满足设计者更多的颜色、设计表现需求。海德堡早于多年前就推出了 MultiColor 技术，其用七种基本颜色（黑蓝红黄橙绿紫）可模拟多达 900 个专色，任何一个专色，经过印通流程的精确计算，借助 2～4 个墨色的组合，即可被 MultiColor 数据替代。

小森 LITHRONE GX40 advance 采用智能专色（Smart Color）技术，在 CMYK 四色基础上追加了橙色、绿色、紫色，使用 7 种油墨和网点叠加工艺呈现专色的色彩。对不同活件进行作业转换时，无须换色也无须清洗墨辊，从而缩短作业转换时间，而且由于使用的油墨色数是固定的，因此能以标准油墨密度进行印刷。另外，凭借 Auto Pilot 技术可以显著缩短调节各类数据所需的时间，这一点现场通过实机演示让观众大开眼界。

值得一提的是，科雷机电于本届展会上全球首次亮相了 EZC-7 色广色域印刷技术。众所周知，广色域印刷对放墨的精准度和稳定性要求非常高，传统墨斗难以实现，而 EZC 智能数字放墨系统，以高精度微升级的计量型墨泵替代传统胶印机上的墨键，实现数字化精准供墨。展会现场，科雷机电将 EZC-7 色广色域印刷技术与雷霸 UVP-46128G+CTP 共同演绎，带来了广色域高保真精美印刷的精彩演示。

三、新型固化技术　节能降耗

随着 UV 光源技术的进步和成本的降低，LED-UV 固化技术在胶印行业正引发一场技术变革。越来越多的胶印设备厂商认识到这一技术的优势，并将其应用在胶印机上，不仅满足了市场对高效率和高质量印刷的需求，还更符合当前环保和可持续发展的全球趋势。海德堡展出的速霸 CX 104、小森的 LITHRONE G37P advance 以及利优比新菱的 RMGT 1060AX 无一例外都实现了 LED-UV 固化。可以预见，胶印行业正在经历一场效率与成本革命，全面转为 LED-UV 胶印工艺势在必行。

最惊喜的是，利优比新菱首次将 EB 电子束固化技术应用到单张纸胶印机上，这在实现绿色环保的同时，将印刷速度提升到了前所未有的高度。作为利优比新菱、NHV Corp 和 TOYO INK 三家公司合作的成果，这项技术在展会上引发了巨大反响，吸引了众多专业人士的关注。

四、数字化 越发重视

"drupa 2024"上，数字化无疑成为全场焦点之一，不仅软件厂商在探索印刷行业向数字化转型的关键技术，多家胶印设备厂商也展示了数字化解决方案，旨在提高印刷企业的生产效率、灵活性和可持续性。

海德堡多年前就敏锐地洞察到数字时代带来的变化，并提出了数字化策略，不遗余力地推进数字化发展，其于本届展会上展示了面向商务和包装客户的端到端自主印刷数字化解决方案——Printect Touch Free，其可同时考虑数字印刷和胶印，确保始终自动选择最有效的生产流程，以优化正常运行时间和生产效率。

小森推出的 KP-Connect Pro，是一款介于 MIS 和印刷生产工序之间的印刷任务控制软件，可以将复杂的任务进行可视化管理，让每位管理人员都能实时共享最新的印刷作业信息。现场实机演示时，小森利用 KP-Connect Pro，把印刷工序、折页工序以及由自主搬运机器人 AGILOX ONE（AMR）负责的物流工序衔接在一起，构建了自动化生产的智能印厂。

高宝全面展示了从印前到印刷再到模切和糊盒的端到端包装工作流程。为配合 Hybrid 软件，展示时以 PrintFusion 作为控制利必达胶印机的新网关，同时搭配使用了印前软件 PACKZ 以及来自 Hybrid 软件的生产工作流程套装 CLOUDFLOW。

五、胶印设备厂商持续创新 提供多样化产品

为了满足印刷企业的多元化灵活需求，胶印设备厂商不再单纯地强调某一项技术的先进性，而是更务实地面对市场的变化，并持续创新，延长自己的产品线，通过完善的产品组合和解决方案提供多样化产品，助力印刷企业挖掘无限潜能。

胶印与数字印刷的融合发展，已经成为业内共识。可以看到，展会上几乎所有胶印设备厂商都推出了数字印刷设备，设备性能越发成熟。例如，海德堡与佳能公司展开在数字印刷领域的合作，推出 Jetfire 系列工业级喷墨数字印刷机，吹响了向喷墨印刷领域进军的号角，其展会现场揭幕的 Jetfire 50 双面喷墨数字印刷机，可轻松驾驭 60～350g/m² 双胶及涂布纸张，产能每小时可达 9000 张 SRA3。同时，二者宣布于 2025 年年中发布支持 B2 幅面印刷的 Jetfire 75 单张纸喷墨数字印刷机。高宝不仅推出了可与高宝数字 AI 解决方案直接互动的 RotaJET 数字轮转印刷机，还首次公开展示了由合资企业 Koenig & Bauer Durst 推出的 VariJET 106 数字印刷机。小森涉足数字印刷领域多年，在本次展会上全球首次展出了 29 英寸单张纸 UV 喷墨数字印刷机 J-throne 29，速度可达 6000 张/时，分辨率高达 1200dpi，采用新开发的 LED-UV 固化油墨，可在各种基材上直接进行印刷，适用于包装、商业和专业印刷应用。

同时也可以看到，除数字印刷设备外，柔印设备及配套印后设备也是胶印设备厂商的关注重点。海德堡基于捷拉斯的柔印技术推出的全新卷筒纸柔印机 Boardmaster，其有效利用率高达 90%，最高印刷速度为 600m/min，最大印刷幅宽为 1650mm，可支持连线组合冷烫、覆膜、上光、模切等工艺，为包装印刷行业树立了新的生产率标杆。高宝除推出面向包装行业的紧凑高效的 CI 柔印解决方案外，还全球首发了轮转模切机 CutPRO X 106、工业折叠纸盒平压模切机 CutPRO Q 106 SB 以及糊盒机 Omega Alius 90。

在市场竞争日趋激烈的当下，全球胶印设备厂商都加快了创新步伐，力图通过创新产品来提振自身业务。未来，期待更多创新性的数字化解决方

案和智能化技术被应用到胶印生产中，以进一步提高生产效率、降低人力成本并提高产品质量。同时，随着数字印刷技术的快速发展和普及，胶印技术也面临更多的挑战和机遇。如何在保持传统优势的同时，积极拥抱数字化变革，将是胶印技术未来发展的重要课题之一。

从"drupa 2024"上看柔印技术发展

林嘉彦

时隔 8 年，全球最大的印刷展会"drupa 2024"于德国杜塞尔多夫再次举行。"drupa 2024"是涵盖全印刷行业的展会，柔印也是其展出内容的一部分。经过数十年发展，目前，柔印已成为全球包装印刷的主要方式之一。以欧洲为例，柔印的市场份额占所有印刷方式之首，并且还在继续增长，但与亚洲不同的是，欧洲消费者对包装印刷质量没有很高的要求，因此"drupa 2024"上笔者没有看到太多提高柔印质量的努力。本次展会上柔印关注的重点是环保及可持续发展方面，因此可持续性包装材料，更环保及高效的生产方式，智能化、自动化的设备及软件，成为此次展会的焦点。

一、柔印材料

就包装材料来看，基于环保及可回收性能，纸张包装材料的市场份额将继续提高，应用及功能性包装材料也会持续发展，并在包装印刷市场中扮演着越来越重要的角色。纸张淋膜工艺将被功能性涂层取代，可大幅提高纸张包装材料的回收性能。柔印在纸张印刷方面的优势已毋庸置疑，稳居主流地位，无论环保性、印刷质量，还是成本及效率，可以说是"所向披靡"，并且该优势还会持续下去。

塑料薄膜材料则以单一材质为发展方向，其中 PE 将是主要材料，在 PE 上印刷是柔印的强项，因此将强化柔印在薄膜印刷领域的地位。尽量将材料减薄，不仅可降低成本，还可提高环保性。材料越薄，柔印的优势就越明显。随着技术的进步，薄膜的水墨印刷也会越来越普遍，将 VOCs 及碳排放降到最低是大势所趋，这些发展趋势对柔印都是利好。国内市场在这些方面的进程较欧美稍晚，但迟早也要跟随这股潮流。就对欧美市场的趋势观察，柔印在薄膜印刷领域将保持屹立不倒的优势，其他印刷方式难以撼动其地位。再跟数字印刷相结合，势将成为市场瞩目的创新解决方案。

数字印刷无疑是印刷行业的热门趋势，开始有更多厂商推出不同的解决方案。数字印刷在纸张材料方面的应用已经越来越成熟，成本也在不断降低，大有取代胶印的势头。数字印刷解决方案特别适合小批量、个性化的市场发展趋势，尤其在标签、纸盒、瓦楞纸箱等领域将迎来快速发展。小批量、个性化产品用数字印刷，大批量产品用柔印，将成为今后印刷市场的主流。但在塑料薄膜领域，全数字印刷解决方案受到越来越多的质疑，例如，白底质量及成本、金属油墨的应用、局部或特殊上光的需求等均为全数字印刷的短板。"drupa 2024"上，众多设备厂商推出数字印刷与柔印混搭的创新解决方案。在数字印刷单元的基础上，添加柔印色组，用来解决白底、大面积实地、金属色及上光等问题。虽然这些方案仍是初见雏形，但赋予了印刷行业新的思路，也让柔印与数字印刷产生关联。对于数字印刷是否会取代传统柔印这一热门话题，笔者认为，数字印刷与传统柔印并不是"你死我活"的竞争对手，更可能是将来市场上相辅相成的伙伴。数字印刷与传统柔印相融合，将是今后包装印刷市场创新的驱动力，并且随着 AI 技术的应用，将彻底改变包装印刷行业的面貌。

二、柔印设备

柔印设备方面，W&H 推出标准化经济款卫星式柔印机 AlphaFlex，虽然选配空间较小、印刷机速度局限在 400m/min 以下、日后拓展空间有限，但已可满足大部分订单要求，价格也较 MIRAFLEX 优惠许多，成为凹转柔的入门方案；博斯特将 FK 柔印机国产化，大幅降低了设备投入门槛，并在常州工厂建立演示中心，深耕国内柔印市场，丰富其产品线，对印刷企业的设备需求实现全覆盖；Comexi、Uteco、KBA、SOMA 等老面孔自然也没有缺席这场盛会，设备功能越发先进，尤其在自动化、智能化方面都各具特色，还有来自中国、印度、土耳其、东欧等国家和地区的柔印设备展出。

越来越多的设备供应商加入进来，不仅扩大了印刷企业的选择范围，还降低了柔印的投资门槛，吸引了更多的客户尝试柔印。柔印设备投入门槛降低、功能性各异、档次分明将是今后的市场发展方向。印刷企业选择符合自身需求的设备，并通过相关设备之间的配套、整合，才能创造属于自己独特的竞争优势。设备厂商除了提供设备，也会提供相关的技术解决方案，这些资源应该加以善用。

三、柔印制版技术

柔印制版技术方面，ESKO推出新一代CDI Quartz，其在成像能力上有显著提高，除高光过渡更加柔和外，实地密度也有较大提高，让柔印质量进一步接近凹印质量，无疑为凹转柔提供更有利的条件，这项技术有望在2024年开始引进国内使用。ESKO前些年的技术创新多集中在加网方面，这次则是从硬件上提升，而升级的硬件也让原有的加网技术有更好的表现，且待市场的验证。

旭化成、麦日伦、恩熙思及杜邦等版材供应商纷纷推出水洗、节约型溶剂或热敏制版方案，目标都在提高柔印制版的环保性，以凸显柔印相较于其他印刷方式的优势。恩熙思的Catena连线制版设备，通过高度集成自动化提高制版效率并减少人工参与，不仅减少人为出错的机会，还让制版质量稳定性提高几个台阶。

意大利罗西尼推出创新的3D打印套筒生产技术，将原本套筒生产的十七道加工工序缩减为两道。整支套筒由单一材料制成，不仅大幅简化生产流程、缩短生产周期（由原本的八周缩短到五天），还具有轻量化、高精度、抗震性佳的特点，彻底改变贴版套筒的生产工艺，该产品将于2026年正式面世，并有引进国内生产的计划。

总体来看，"drupa 2024"展会上柔印领域并没有太多技术上的创新，更多的进步都在数字印刷领域，传统柔印以追求智能化、自动化、生产效率及可持续发展为重点。传统柔印与数字印刷的结合则在两者间开辟了一个新的市场空间，这也是扬长避短的一种尝试，其能否受到市场的青睐，让行业拭目以待。展会现场，柔印产品的数量远多于胶印及凹印，也增进行业大力发展柔印的信心，柔印势必将继续扮演包装印刷主力的角色。同时，可以看到，来自中国的参展商越来越多，表明中国已经从高端印刷设备及技术的进口国逐步转化为出口国，这也预示着中国的厂商将会在国际市场上争取更多的份额。来自中国的产品也让全球的买家眼前一亮，扩大了印刷企业的选择空间，在竞争白热化的国内市场情况下，出口势必成为国内印刷行业积极开发的市场机会。

然而此次参展商数量及参观人数，均不如八年前。原因可能包括全球经济增长放缓、印刷行业不如以前瞩目、缺乏增长性以及现今获取新产品资讯的渠道多样化，展会已经不是主要且受关注的渠道等。在国内举办的大型展会，或许将逐渐成为区域乃至全球的新技术、新产品发布平台，吸引来自全球的访客，或许有朝一日，也将与 drupa 平分秋色！

"drupa 2024" 数字印刷发展趋势

陈鸿亮

阔别 8 年，2024 年 5 月 28 日—6 月 7 日，以"共创未来（We Create the Future）"为主题的"drupa 2024"在德国杜塞尔多夫盛大举行。drupa 是全球印刷业的"奥林匹克盛会"，全球顶尖印刷设备厂商都会拿出最出色的现有产品和未来新产品原型机展示，以体现自身实力，展现全球印刷业顶尖技术和印刷设备未来几年的发展方向。"drupa 2024"的划时代意义不仅在于因疫情中断一届后，设备厂商积累了更多的新产品，还在于设备厂商的未来格局变化在本届展会上开始日渐清晰，更在于"drupa 2024"是新旧印刷时代交替的分界点。

一、"drupa 2024"—— 新旧印刷时代交替的分界点

1. 大的旧时代——传统胶印

传统胶印依旧是主流印刷方式，牢牢控制着印刷市场。目前，胶印技术已经非常成熟，突破点集中在机械自动化、智能化领域，产品革命性迭代的余地不大。作为历经百年发展后非常成熟的主流印刷方式，胶印没有革命性的创新，在继续提高单机印刷速度、生产线及工作流程速度，以及与数字印刷融合进度 3 个方向小有进展后，还在艰难地寻找着融入柔性按需印刷生产的机会。

2. 小的旧时代——静电成像数字印刷机

"drupa 2024"上，各数字印刷设备厂商在静电成像领域也都有迭代产品出现，但也没有革命性的变化，毕竟都是历经 50 年发展的成熟技术，可迭

代的空间比较有限。静电成像碳粉设备和静电成像电子油墨印刷设备各有特色，但仅此而已。

3. 新时代——工业喷墨数字印刷机

主导工业喷墨印刷领域的日本厂商还在纠结中发展新技术，但技术变革的趋势已势不可当，这是个比较有意思的看点。所有厂商都很纠结，因为还都不具备把握工业喷墨印刷核心竞争力的能力。工业喷墨印刷设备厂商群雄并起，市场加速发展，技术逐渐成熟后开始走向全面商业化，裹挟着情愿的、不情愿的一众厂商登上舞台，工业喷墨印刷带来的数字印刷新时代轮廓在"drupa 2024"上清晰地展现出来了。

二、数字印刷发展进入快车道

在"drupa 2016"上，澜达对数字印刷成为主流印刷方式必须满足的 5 大突破点——质量、幅面、速度、承印物、成本的点评，仍是经典。"drupa 2024"上，数字印刷的看点主要是工业喷墨印刷领域的突破，全球以工业喷墨印刷为代表的数字印刷发展从慢车道进入快车道，具体表现在如下方面。

1. 静电成像设备

和 2016 年一样，全球采用静电成像方式的四大日系碳粉设备厂商抱团集中在 8 号馆，但 8 号馆一半以上的展位都是喷墨印刷设备。不仅日系碳粉设备大厂都在，也有一些新面孔：富士胶片、理光、佳能、柯尼卡美能达、网屏，以及后道厂商 Hunkeler、Tecnau 等都在这里。不同以往，这次碳粉设备厂商展台上，喷墨印刷设备的比例大幅提高，碳粉设备比例减少，这也是数字印刷技术从静电成像转向喷墨印刷的标志。静电成像技术已经很成熟了，新产品较少，日本静电成像技术的过于成熟和专利壁垒的存在导致静电成像设备成本较高。专利可以鼓励企业创新，但被大公司利用成为行业壁垒后，也会成为阻碍人类进步的锁铐。日本印刷设备厂商几乎垄断了静电成像技术的所有专利，以获得巨额的利润。同样，日本印刷设备厂商也曾战略上收购了全球大部分喷头厂商，如美国桑巴喷头和英国塞尔专利授权的喷头厂商，故其在喷头制造领域也是获利颇丰。

惠普在展会上推出的 B2 幅面 HP Indigo 120K HD 数字印刷机和 HP Indigo 18K 数字印刷机，产能更高。HP Indigo 设备还是很强大的，但 HP Indigo 在中国的设备装机量始终占全球装机量的 1/10 左右，这也反映出中国中高端数字印刷企业在静电成像领域还是很难突破性价比观念，发展中国家设备采购的价格因素远远大于价值因素，"爱美之心"虽有，但无奈"囊中羞涩"。

2. 喷墨印刷设备

喷墨印刷领域新的技术亮点无疑是软包装喷墨，本次展会上宫腰、网屏、富士胶片等日本厂商都推出了生产型软包装喷墨印刷设备。软包装领域是价值千亿级的印刷市场，利润率高，但工艺要求更高，当进入生产应用环节，则意味着软包装喷墨印刷之路已经走通了，技术逐步成熟后，商业运用开始加速。

阔别 8 年后，澜达产品从 S10 迭代到 S11，在生产速度和干燥速度方面明显提高，S11 和 S11P 的印刷速度高达 11200 张/时，基于小森胶印机飞达送纸的收送纸系统在 S10 时就预留了足够的速度，说明澜达在干燥速度、喷头点火频率、墨水特性、承印物这 4 个变量间的平衡方面取得了巨大突破。8 年时间，全球喷墨印刷设备厂商的龙头——澜达才装机 50 多台，历经一次产品迭代，而中国工业喷墨印刷设备厂商大概是 1 年 1～2 次产品迭代，欧美日的喷墨印刷产品迭代周期大概是 4～8 年 1 次，这就是国内外喷墨印刷设备研发的差异。从目前澜达的订单量来看，预计今后开始加速装机。德国高宝和意大利得世也通过合资企业展示了使用水性墨水的 B1 幅面数字印刷机 VariJET 106，柯尼卡美能达也展示了 B1 幅面喷墨印刷机。由此可见，幅面还是印刷设备厂商和包装客户的最爱。

日本的 B2 幅面单张纸喷墨印刷设备已经比较成熟。柯尼卡美能达发布了使用 UV 墨水的 AccurioJet KM-1 喷墨印刷机的后继产品——AccurioJet 60000，其支持双面打印，单面印刷速度为 6000 张/时；理光发布了 B2 幅面单张纸喷墨印刷系统 RICOH Pro Z75，其使用水性油墨和动态墨滴技术，可自动双面印刷，还展示了可以印刷铜版纸的 RICOH Pro VC80000 连续纸高速喷墨印刷系统；佳能发布了全新的varioPRINT iX1700单张纸喷墨印刷机，同时推出了ProStream 2000系列和ColorStream 8200卷筒纸喷墨印刷机，还和海德堡达成合作，强强联合；富士胶片不仅展示了最新的连续纸喷墨数字印刷机Jet Press 1160CFG，还推出了面向软包装印刷市场的水性喷墨连续纸数字印刷系统Jet Press FP790。总而言之，这些静电成像设备厂商不仅提高了生产型静电成像数字印刷设备的产能，还加大了喷墨印刷设备的研发投入，尤其是在B2和B1幅面单张纸喷墨印刷领域。

3. 数字印后设备

"drupa 2016"上，数字印后是中国印后设备厂商的一大亮点，可惜展出的基本是性价比型的传统印后设备。而"drupa 2024"上，数字印后领域由欧日"高大上"的产品占据主导地位，预计"drupa 2028"上，中国数字印后军团会大放异彩。比较有意思的是，本次展会中国工业喷墨印刷设备厂商全面出海，如做瓦楞喷墨印刷设备的深圳汉弘集团旗下深圳汉华工业数码设备有限公司、多Pass瓦楞喷墨装机最多的深圳市万德数字科技有限公司、单Pass瓦楞喷墨装机最多的深圳市深思想科技有限公司，还有温州光明印刷机械有限公司等，都在"drupa 2024"设立展位，后起之秀众多。

4. 喷头

相较于"drupa 2016"上，主流喷头分辨率多为600dpi，1200dpi喷头投入商用的只有桑巴的状况，"drupa 2024"上的喷头厂商大都有了1200dpi喷头，且在喷头内循环和喷头水冷、点火频率方面都有了进步，配合墨水升级，干燥技术进一步提升，使得工业喷墨印刷在各印刷细分市场可以全面进入商业化。

三、"drupa 2024"上的几点感受

时隔8年，全球印刷业发展变化有多大？展商、印刷企业、观众心里都没底，而"drupa 2024"不负众望地让其看到了未来4年印刷业的发展趋势。

1. 德国胶印设备厂商实力雄厚，日本碳粉设备厂商继续保持技术领先

从人类近代文明和工业现代化历程上看，的确是欧美日科技底蕴雄厚，这和国家对科技的认知觉醒时间与整体发展战略有关。从欧美日的印刷设备制造发展趋势看，中国有机会在工业喷墨印刷领域快速接近世界先进水平，但在胶印设备制造领域和碳粉设备领域赶超德日则是困难重重。

2. 中国民营喷墨印刷设备厂商成中流砥柱

由于传统胶印和静电成像设备制造方面都找不到机会，中国印刷设备制造商才会和光伏新能源、电动汽车等领域的企业一样，寻求国内外起步差距不大的工业喷墨印刷领域进行突破。恰恰是德系传统胶印厂商在IT信息产业和化工领域的短板，以及日系静电成像碳粉设备厂商对于碳粉设备高收益的不舍，造成了工业喷墨印刷产业链的空窗期，给了中国工业喷墨印刷设备厂商一个千载难逢的发展机遇。

3. 国内外数字印刷设备厂商存在代差

"drupa 2024"上诸多厂商都推出了可以印刷铜版纸的单张纸喷墨印刷设备，以满足多元化生产需求。用于软包装的生产型工业喷墨印刷设备也开始投入生产，工业喷墨印刷的应用领域不断拓展，更大的发展蓝图激励厂商投入更多的研发、生产、销售资源。中国民营工业喷墨印刷设备厂商的短板是"家底"不够厚、现金不够多，给投身高科技产业带来障碍。好在和波音飞机、苹果手机一样，全球所有的工业喷墨印刷设备厂商都是集成商，工业产品和民用产品的性质又有差异，让中国工业喷墨印刷设备有了合理存在的价值。

4. 展会最终目的：获取客户订单

由于欧美日印刷设备厂商和印刷企业都早已从自由竞争阶段进化到集中垄断阶段，作为低附加值的服务业，印刷业的利润普遍偏低，没有太多获取高于同行利润率的机会，所以"drupa 2024"上很少有欧美印刷企业新面孔来签约。

河南盛大智能印刷集团有限责任公司是"drupa 2024"上传统胶印设备和数字印刷设备合计订购台数最多和金额最大的印刷企业，这也是中国在智能印刷领域落地并开始引领全球发展的一个信号。相信"drupa 2028"上，中国展商和中国印刷企业将会给全球印刷界一个震惊的表现。

"drupa 2024"比"drupa 2016"更加聚焦，"drupa 2016"上喷墨印刷虽然是重点，但有个以 3D 打印为核心的神奇展馆，主要展示材料科学和数学建模技术，和来观展的观众关系不大；但在"drupa 2024"上，对于工业喷墨印刷的理解终于转回平面承印物应用，比如印花、标签、瓦楞、软包装等，drupa 走向平面工业喷墨应用为主的综合性印刷展会的趋势开始逐渐显现。

总体而言，这是最为"纠结"的一届 drupa，因为展商都还在寻找新格局下自己的定位，寻找印刷变革下适合自己扮演的角色。传统胶印设备厂商知道工业喷墨印刷是未来，但积淀百年的不是 IT 和化工，所以多在以精湛的制造工艺展示打铁技术的高超，没有 Intel Inside 的底气。静电成像设备厂商"剑走偏锋"，既要保全碳粉专利技术的利润，稳定建立在按印付费商业模式之上的公司组织结构、销售渠道及服务体系，又想要抓住工业喷墨印刷发展的机会，所以在大幅面的单张铜版纸以及特殊承印物如软包装等领域发力重点开发产品，却在 A3、A4 小幅面领域不肯破冰。由于掌握传统胶印核心技术的德国印刷设备厂商没有和掌握喷墨技术核心的日本印刷设备厂商在企业文化方面达成认知共识，加上语言沟通的阻碍，因此基本上富士胶片 B2 幅面喷墨平台是利优比新菱，柯尼卡美能达 B2 幅面喷墨平台是小森，澜达 B2 幅面喷墨平台也是小森，出现喷墨平台由传统印刷设备厂商提供，喷头和控制系统由数字印刷设备厂商提供并主导的局面，这将是工业喷墨印刷设备发展的主流。德日印刷设备厂商的各自优势很难融合，促使中国工业喷墨印刷开始崛起，并打造完善的中国工业喷墨印刷产业链，来支撑快速迭代的中国工业喷墨印刷设备。目前，工业喷墨印刷领域没有绝对的主导厂家，所以至关重要的色域标准、质量标准、流程体系标准等没有厂家和组织机构有能力牵头来完成，期待工业喷墨印刷的各种统一标准能够尽快出现，让工业喷墨印刷发展真正进入快车道！

第五章　印后技术

从"drupa 2024"看书刊印后设备的进展及未来发展趋势

沈国荣

从全球印刷盛宴"drupa 2024"上，可以清晰地看到，以数字化、智能化、网络化为核心特征的新一代信息技术在书刊印后设备中得到了广泛应用，书刊印后设备在快速换版、一键启动、智能生产、机器人作业等创新技术的驱动下，实现了高效率、高质量的自动化生产。越来越多的应用型软件与智能化设备，简化了书刊印后工艺流程、改变了传统书刊生产模式、适应了书刊市场需求转变，创新技术的赋能为书刊印后产业转型升级提供了动力源泉。

一、纸机

从20世纪至今，切纸机的机械结构并未发生很大的变化，主要还是在裁切精度和自动化操作控制上不断地更新迭代。"drupa 2024"展出的切纸机都采用了数字化、智能化、网络化的计算机辅助裁切外部编程的裁切系统，人机操作界面可以通过自动化的控制算法，实现对裁切生产过程的自动化管理和优化调整，可视化的生产数据调节、校正、记录、操作等都可完整储存在切纸机系统中，而且被裁切产品的图案及分切后的图案在显示屏上一目了然。哪怕是新手，只要跟随显示屏的全图像实时操作引导，就能轻松完成裁切，防止误操作，使裁切工作变得安全、简单、高效。

世界顶尖品牌baumannperfecta、波拉、沃伦贝格（Wohlenberg）、好利用等切纸机制造商，都成熟地应用CIP4网络设备和软件来导入和采集JDF格式的生产订单文件，以简化裁切工作流程，实现自动化、智能化高效裁切生产。图 5-1 所示的波拉自动切纸机通过 CIP4 网络接口（或 U 盘），直接采集海德堡印通软件中生产订单的 JDF 格式数据，裁切人员只需通过几个简单设置，就可即时向切纸机输送裁切生产步骤和数据。

图 5-1　波拉自动切纸机

图 5-2 所示为波拉标签自动切纸机，无论采用在线还是离线工作模式，都可以通过后工作台进行自动进料和自动夹料旋转，将标签材料自动切割成条状或块状后，由卸料装置自动向右推入多工位捆扎机，并自动完成捆扎、打包、码垛。

图 5-2　波拉标签自动切纸机

著名的印后六联盟之一的 baumannperfecta 展示了其模块化全自动、智能裁切生产线（如图 5-3 所示），可提供裁切前、中、后不同的高效自动化解决方案，并根据客户需求进行个性化调整。近年来，baumannperfecta 裁切设备的科技创新引领着裁切设备的发展方向，尤其是全自动裁切机器人的应用（如图 5-4 所示），使裁切生产准备时间更短、裁切精度更高、劳动强度更低，同时操作简便、安全、高效，仅需通电即可，真正实现了 24 小时全自动、无人值守、无差错地精准裁切，并能根据客户需求提供面向未来的不同裁切生产解决方案。

图 5-3　baumannperfecta 全自动、智能裁切生产线

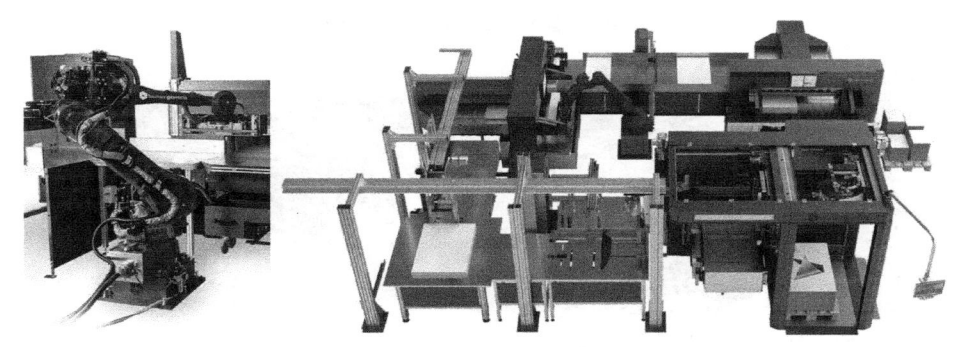

图 5-4　baumannperfecta 全自动裁切机器人

浙江国威智能设备有限公司（以下简称"国威"）首次携带 115F1 程控切纸机（如图 5-5 所示，带 CIP4 功能）参展，该切纸机用 CIP4 技术实现了整个裁切过程的数字化、自动化、网络化。笔者认为，国威从设备制造商成为"设备＋软件"服务供应商，突破了固有思维，探索出了创新解决问题的新思路、新方法，这种软硬件的整合一定会打开市场的增量空间，也是未来发展的方向。

从我国裁切机的技术发展来看，近几年在攻克裁切精度方面取得了进展，国望机械集团有限公司（以下简称"国望"）、国威、瑞安市大鹏印刷机械有限公司、德阳市利通印刷机械有限公司、温州戴氏印刷机械有限公司、浙江华岳包装机械有限公司等厂商的设备裁切精度都达到了±0.01mm 的世界先进水平，尤其国望的高速自动裁切线（如图 5-6 所示）已赶超欧美品牌，走出了一条具有中国特色的高端裁切设备创新发展之路。

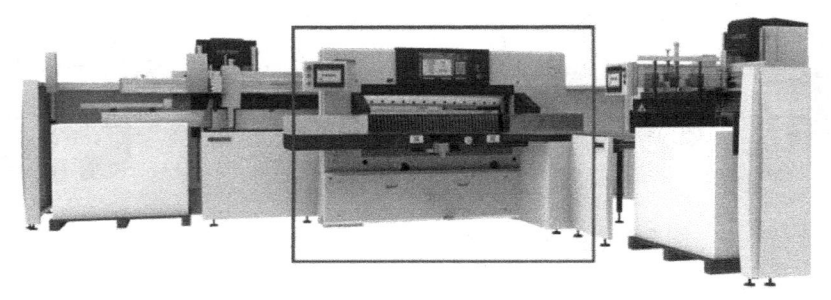

图 5-5　国威 115F1 程控切纸机

图 5-6　国望高速自动裁切线

另外，值得一提的是，在卷筒纸裁切领域，全球范围内的主要专业卷筒纸切纸机制造商几乎都来自中国。国望、国威、浙江豪盛智能装备有限公司等都带来了具有国际先进水准的高精度双螺旋分切机，其中，国望 D150 智能双螺旋分切机（如图 5-7 所示）采用整体铸件底座（24 吨），以确保机器的稳定运转；反曲机构使裁切出的纸张十分平整；采用上层纠偏系统、下层过纸辊，保证了裁切精度误差小于 0.1mm；3 把自动带吸尘中分刀，传动面独立走台，裁切速度达到 500 张 / 分；原纸架 4 个刹车均采用创新的 RE 气动刹车技术，可不停机出纸换托盘，耗电量仅为 15 度 / 时；裁切后的纸张无毛边，可直接上机印刷，引领了新一代卷筒纸分切技术的发展方向。

图 5-7 国望 D150 智能双螺旋分切机

二、折页机

从我国折页机的发展现状来看，我国折页机技术水准同步于世界先进水平，且在模块化、智能化、联动化上已完全处于领先地位。当前，我国折页机的主流机型有两种，分别为循环式折页机和龙门架折页机。循环式折页机 [如图 5-8（a）所示] 是一款连续输纸、不间断生产、效率最高的折页机；龙门架折页机 [如图 5-8（b）所示] 是东莞市浩信精密机械有限公司（以下简称"浩信 CP"）面向智能化生产而开发设计的，其可以通过 AGV 小车把待折页活件直接装载到输纸平台上，将员工从繁重的装纸操作中解放出来，节省了原来上纸、理纸必需的停机时间，实现了快速生产，不仅为一人多机奠定了基础，也为折页机智能化连线生产创造了条件。同时，浩信 CP 的折页机都留有接口，可通过物联网对接 ERP 及 MES 系统，实现在线智能监控等功能。值得一提的是，浩信 CP 智能折页联动线能将多台浩信 CP 龙门架折页机并联生产（如图 5-9 所示），实现同一本书不同书帖的同时、同速、同量生产，改变了传统折页机需凑齐全部书帖再生产的方式，缩短了出书周期，也彻底解决了折页后道工序中混帖、缺帖、多帖的问题。

（a）循环式折页机　　　　　（b）龙门架折页机

图 5-8　浩信 CP 高速折页机

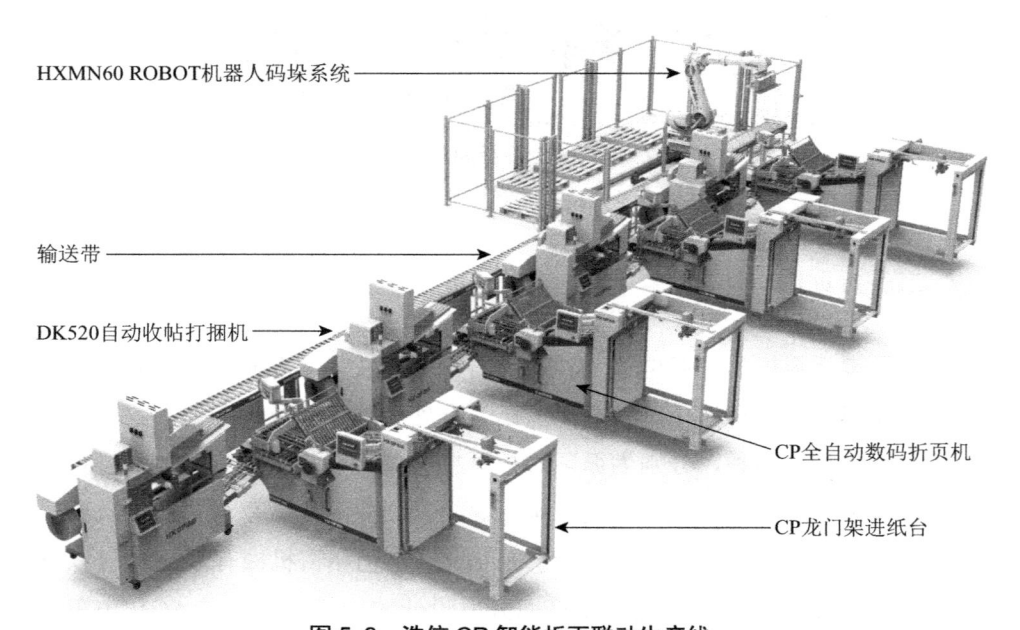

图 5-9　浩信 CP 智能折页联动生产线

三、锁线机

锁线机具有联结牢固、装订结实、持久耐用、易于摊平、使用寿命长等优点，常用于平装和精装书芯的订联加工，是书刊加工中不可缺少的设备之一。随着短版、小批量、按需印刷活件的日益增多，市场对锁线机的自动化、智能化也提出了新要求，快速设定、短时换版成为非常重要的衡量指标。

本届展会马天尼（马天尼 VENTURA MC200 锁线机如图 5-10 所示）、阿斯特书刊装订贸易（深圳）有限公司、浩信 CP（浩信 CP HX220 全自动锁线机如图 5-11 所示）、东莞市雅思机械设备有限公司等都带来了可自动设置活件的高速自动锁线机，各种生产数据的设定都由触摸屏以图像方式进行自动调整。只要在触摸屏上输入锁线书帖的长度、宽度、折页数和帖数，计算机系统就能对锁线机的分帖、搭页、记数打孔、定位输送、割线分本、产量统计和中央控制润滑等进行自动调整，实现快速响应及高效率、高质量的锁线生产。

图 5-10 马天尼 VENTURA MC200 锁线机　图 5-11 浩信 CP 的 HX220 全自动锁线机

目前，锁线机主要向配锁智能生产线（如图 5-12 所示）方向发展，配页机出来的书芯通过传送带传送至锁线机输送台，协作机器人把书芯喂入锁线机卧式进料口，经高速锁线后输出到堆书台，码垛机器人对书芯进行顺序堆垛。配锁智能生产线采用双通道输出，既能独立配页，又能实现配锁联机生产，节省了场地、减少了人员、提高了劳动生产率，优点十分明显，体现了快速、简便、高效、灵活的新发展理念。

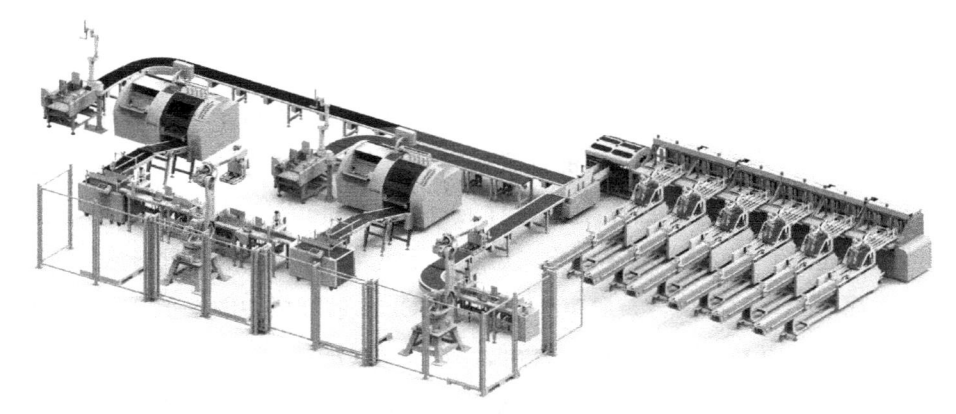

图 5-12　浩信 CP 配锁智能生产线

四、骑马订联动线

由于骑马订工艺具有装订工序少、生产周期短、成本较低等优势，因此一般不需要长期保存的期刊、作业本、说明书等都采用价格低廉的骑马订方式。从本届展会上可以清晰地看出，骑马订联动线正在向数字化、网络化、印刷一体化及按需加工的方向发展。

马天尼带来了霹雳马型 Primera PRO 高速骑马订联动线。作为印后六联盟之一的全球骑马订设备制造"领头羊"，浩勒带来了多款骑马订作业解决方案，其中专门针对数字印刷后道的 DIGI-Finisher 和 DIGI-FS9 骑马订机组，能与各大品牌数字印刷机无缝对接，操作者可从主控屏上输入生产数据，也可从网络上调入生产数据实现自动调整，同时还可通过屏幕窗口菜单进行实时生产控制、动态跟踪和可视化调整，使骑马订机组与前端数字印刷机做到最佳的生产衔接。

浩勒带来的 HHS-Futura 模块化骑马订联动线（如图 5-13 所示），整线由进料单元、折搭机组、订联机组、裁切机组和堆积机等模块组合而成，最大亮点是增加了进料输入端口，客户可以根据需求自由选择 5 种不同的模块化进料通道，这些通道单元可以根据不同产品的需求进行优化配置，所有机组都能单独或联线工作，使骑马订联动线的灵活性、适应性、功能性得到了拓展与增强。这种模块化设计提供了不受限制的可扩展功能的配置理念，同时还考虑到了多品种、小批量的生产趋势。

图 5-13　浩勒 HHS-Futura 模块化骑马订联动线

从国内市场来看，近年来骑马订产品的总量处于下降趋势，大众生活类杂志、大卖场 DM 促销广告、作业本等传统订单的销售市场都出现了负增长。虽然骑马订是最便宜的装订方式，但存在铁丝易生锈、不利于长期保存等缺点，为此被折叠喷胶、胶订、车线订等装订方式取代的不在少数。随着骑马订产品总量的不断减少，国内设备制造商在设备创新研发上投入欠佳，毫无积极性可言，反观物美价廉的二手机市场，销售量远超新机装机量。从国内市场中骑马订联动线装机量来看，马天尼、芳野（芳野骑马订联动线如图 5-14 所示）、淮南市新起点机械设备制造有限公司、海门市紫光印刷机械有限公司、深圳精密达智能机器有限公司（以下简称"精密达"）等都有一定市场份额。不可否认，马天尼设备的高速稳定性、芳野设备独有的防爆角装置（如图 5-15 所示，专门针对厚本骑马订裁切爆裂的解决方案）都给笔者留下了非常好的印象。目前，国外品牌占据着我国高端市场，国内品牌占据着中低端市场，而且国内品牌设备的关键核心部件——订书机头仍大多选择德国的浩勒订头。骑马订产品虽然总量收缩，但仍有一定的市场适性和需求基础，为期刊、本册类印刷提供了最低成本的选择。"躺平"不可取，期盼民族企业在骑马订联动线设备制造领域能有所创新和突破，占领高端市场。

图 5-14　芳野骑马订联动线　　图 5-15　芳野设备的防爆角装置

五、胶订联动线

胶订联动线是全球胶订设备品牌竞争的主战场，胶订设备制造巨头纷纷登台亮相，国内胶订设备制造头部企业也纷纷走出国门，积极拓展海外市场、争夺市场份额，与国外大品牌同台竞技。"硝烟四起"的角逐加快了胶订联动线技术创新与升级换代的步伐。

1. 传统胶订联动线

传统胶订联动线是书刊印后加工中最主要的装订设备，一直承接着大批量书刊的装订加工，随着市场需求的不断变化以及无线胶订技术的日趋完善，传统胶订联动线已具备调整简便、换版迅速、高速生产等优点。

马天尼收购 Hunkeler 后，本届联合展位面积达 1400m² ［如图 5-16(a) 所示］，马天尼现场搭建的自动化智能工厂展示了创新的书芯加工＋高速胶订联动线 ［如图 5-16(b) 所示］，观众从起点舱中央深入马天尼数字创新核心，可沉浸式体验 Connex Line Control JDF 革命性工作流程，以数字工作传票来实现全流程生产启动，数秒后实现全线快速生产。

(a)"drupa 2024"马天尼展位 　　　　(b)书芯加工+高速胶订联动线

图 5-16　马天尼高速胶订联动线

纵观国内制造商，精密达、平湖英厚机械有限公司（以下简称"英厚机械"）、深圳市高登设备有限公司（以下简称"深圳高登"）、新乡市布瑞克斯机械有限公司（以下简称"新乡布瑞克斯"）、大连天泰紫光智能装备科技有限公司（以下简称"大连天泰紫光"）等都推出了自动化、数字化、智能化的最新机型，给印刷企业带来了不同需求、不同层次、不同价位的选择。其中，精密达主打产品是新研发的数字化、全伺服 Newbridge 全自动高速胶订联动线（如图 5-17 所示），其最快速度可达 13000 本/时，只要将生产订单的数据采集到控制系统中，系统就会自动生成数据信息，并将数据信息传输给配页机、胶订机、三面切书机、堆积机等生产控制模块，仅数分钟就能完成全线作业调整，其让全自动、全伺服、数字化控制做到了一键快速启动，实现了胶订、分本堆积、打包、码垛全流程一站式出书。

图 5-17　精密达 Newbridge 全自动高速胶订联动线

英厚机械的 GALAXY（银河）8000e 智能胶装联动线既可以选择通过自

带的数据采集装置来独立采集书芯厚度数据，又可以通过 MES 系统来接收 ERP 和 APS 系统下达的印制生产任务，并在数分钟内自动快速完成不同规格尺寸的快速生产转换。

后起之秀——深圳高登推出的 15000 高速胶订联动线（如图 5-18 所示），速度达到 15000 本 / 时，2024 年初，在多家新华印刷企业春季教材的生产中发挥出色，其高速度、高效率倍受企业青睐。

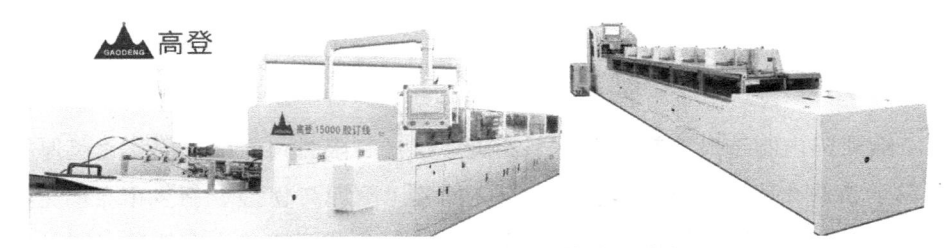

图 5-18　深圳高登 15000 高速胶订联动线

新乡布瑞克斯（新乡布瑞克斯 KBN-16 试卷高速胶订联动线如图 5-19 所示）和大连天泰紫光等开发的试卷胶订联动线，拥有我国自主知识产权，最大的亮点为帮助印刷企业彻底摆脱了过去六开、八开等大尺寸试卷依靠人工作业的窘境，节省了大量人力、物力，大大提高了试卷的胶订质量和生产周期，同时两用机型既能做书刊、又能做大尺寸试卷，应用范围广、生产效率高，试卷生产速度达到 7500 本 / 时，满足了试卷装订市场需求，深受喜爱。

图 5-19　新乡布瑞克斯 KBN-16 试卷高速胶订联动线

2. 数码胶订联动线

伴随着数字印刷的快速发展，数字印后设备也迎来了发展机遇。本届展会全球最有影响力的印后胶订设备制造商均携最新设备集体亮相，数字印后胶订设备展位也成为"短兵相接"的竞技场，正面交锋体现了品牌竞争加剧、产品差异化、技术升级和市场整合等多种态势，为图书出版、商务广告、文件印刷、安全印务等市场提供了全方位、面向未来的多种智能印后解决方案。

国外著名厂商马天尼、沃伦贝格、博格（C.P.bourg）、好利用等都带来了满足不同需求的数码短版胶订生产解决方案。马天尼的安塔洛型 Antaro 数码胶装机［如图 5-20（a）所示］，书夹采用创新活动臂夹紧书芯［如图 5-20（b）所示］，配有循环封面输入装置［如图 5-20（c）所示，不同品种封面可以预先放入进封器上顺序待用，循环往复实现不停机作业］，专门针对书籍和小册子的按需短版活件，可实现 2000 本 / 时不间断、不停机循环生产。

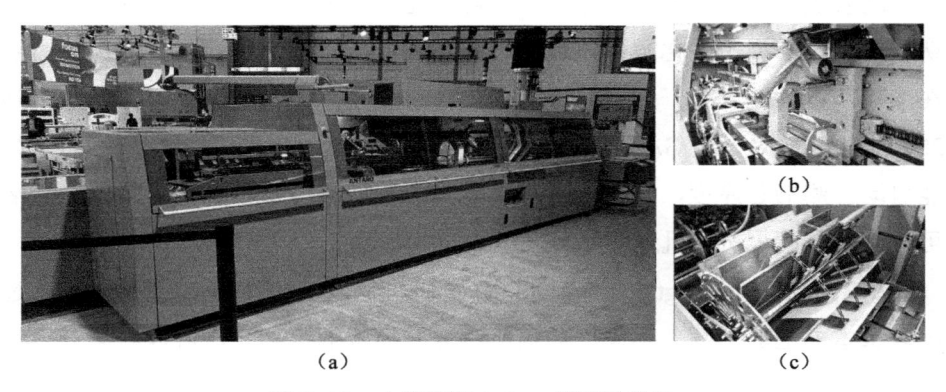

（a）　　　　　　　　　　　　　　　　（b）

（c）

图 5-20　安塔洛型 Antaro 数码胶装机

博格带来了升级版的 BB3202 数码短版胶订联动线（如图 5-21 所示），在不到 6 分钟的时间内，操作人员可将 120 种以上不同开本、不同厚度的书芯装入进本机（BBL）后并自动测厚，进本机通过扫码智能识别该书芯并将其喂入胶订机进行订联，封面和书芯将根据扫码数据完全自动匹配。同时，博格 CMT-330TC 三面切书机通过扫码系统读取裁切数据，进行自动设置、快速换版，在不停机情况下连续对不同开本、不同厚度的书本进行裁切，实现自动化、数字化、智能化按需生产，其无须人工干预，把数码胶订联动线生产作业做到了极致，特别适合与多台数字印刷机连线生产。

图 5-21　博格 BB3202 数码胶订联动线

英厚机械、精密达、温州锐光机械有限公司（以下简称"温州锐光"）等国内设备制造商也都携带最新研发的数码胶订联动线参展。英厚机械携带了两款国内顶尖明星般的数码胶订线闪亮登场，其中，ECOBINDER（百德）智能胶装机（如图 5-22 所示）是其最新推出的一款高度智能化、面向未来的全自动胶装机，可单机独立运作，也可以连线 BOSSA（博萨）50e 数码三面切书机形成小型个性化数码短版胶订联动线，全自动进本除了封面尺寸需要在触摸屏手动输入外，书本厚度数据均由自动测厚装置采集完成，速度达到 2000 本/时。另一款 GALAXY（银河）MAX 智能胶装机（如图 5-23 所示）能自动检测书芯厚度，快速完成不同开本、不同厚度书本的快速转换，前端可与 Y450e 配页机联机运行，速度达 2500 本/时。

精密达展出的 Digtal Robot 2000C 数码机器人（如图 5-24 所示），通过读取每本书上的不同条形码，全伺服 2 分钟换版调整到位，可以将同一尺寸的不同书芯进行连续生产，实现一键启动出书，速度为 1600 本/时。

图 5-22　ECOBINDER（百德）智能胶装机

图 5-23　GALAXY（银河）MAX 智能胶装机

图 5-24　精密达 Digtal Robot 2000C 数码机器人

温州锐光展出了 TBT50/5FE 智能全自动胶装机，该设备具有单独贴背条或大封面＋背条同时使用功能，速度为 2100 本/时，适用于图文快印后道胶装、法式精装等产品。

从 3 家制造商的设备来看，当前，我国数码胶订联动线的胶订主设备与国际品牌相比毫不逊色，后端三面裁切机的自动化、智能化换版调整上还存在一定差距（调整时间略长），但这并不会影响国产数码胶订联动线追上国外数码胶订联动线的步伐，从技术上看也毫无障碍可言。

六、精装联动线

众所周知，精装联动线是图书装订中工序最多、工艺流程最长、组合机组最多、加工最复杂的系列成套设备，其制造难度可想而知，从紧凑型到标准型仅零部件就有 5 万～10 万个，从某种意义上讲其也是国家制造业综合实力的体现。

1. ASJ 卡书裱卡生产线

无论在我国还是在欧美图书市场上，童书始终是销售量位居前列的图书类型，发挥着重要作用，其中儿童裱卡书的销量超过了平装本的销量，市场前景光明。在批量对裱联动线设备领域，浩信 CP 的 ASJ 卡书裱卡生产线（如图 5-25 所示）始终处于领先地位。该生产线能自动生产洞洞书、字谜书、揭页书等儿童类卡书，一站式完成配页、涂胶、对裱、压平订联等工艺。ASJ 卡书封面上壳机定位精准、上壳牢固，独有的设计适用于软硬封面的套合，滚筒局部上胶工艺保证了飘口无胶，自动压槽清晰、美观，是儿童裱卡书和蝴蝶精装本批量生产不可缺少的核心设备。

图 5-25　浩信 CP 的 ASJ 卡书裱卡生产线

2. 精装联动线主要设备

在我国图书市场中，精装书占比约 10%，而欧美图书市场中精装书的占比高达 30% 左右，这是因为，在欧美地区新书都是精装本首发，平装本在后。精装常用于各种工具书、画册、文学名著等，其装帧美观、用料考究、护封紧固、装订结实牢固，具有较高使用价值、艺术价值及长期保存价值。精装书制作工艺主要分为书芯造型、书封造型、套合造型，对应的生产设备也分为书芯过胶机、精装联动机、制壳机。

（1）书芯过胶机

当今书芯过胶机的主流机型具有前压、双衬、过胶、双通道烘干、后压等功能，其中双衬功能不同于传统的书帖上粘衬，而是创新性地改为书芯连线粘衬，避免了衬纸的弓皱，同时又整合了离散的沿寸工序步骤，节省了人力、物力，提高了效率，保证了书芯质量。浩信CP的HX-6000全自动高速过胶机既可以做传统锁线精装书芯，又可以胜任法式精装书芯加工。

（2）精装联动机

精装联动机是精装联动线的主设备，承担着扒圆、起脊、三粘、套合、压槽、压紧等工作。精装联动机有紧凑型和标准型两种，在细分市场中紧凑型主要承担精装笔记本的生产，而标准型承担着平脊、圆脊精装书的生产。无论是紧凑型还是标准型，浩信CP可提供浩信CP经典680高速精装生产联动线（如图5-26所示），无论是2mm厚的超薄本精装，还是80mm厚的超厚本精装都能胜任，可实现以60本/分的速度的高质量生产。

图5-26　浩信CP经典680高速精装生产联动线

（3）制壳机

浩友夫（上海）机械有限公司（以下简称"浩友夫"）、浩信CP、东莞市晟图印刷设备有限公司等都带来了2023年在中国国际全印展上的首发产品。其中，浩友夫的BDM数码制壳机（如图5-27所示）操作简便，触摸屏换版时间控制在30秒以内，具有连线纸板分切和排废功能，相当于将制壳工艺上一道分切工序集成在一起完成，同时还配备了BDM Digital内置系统，在工作流程中能进行数据直连，与MES系统无缝衔接，从而实现生产作业数据的连接与贯通。

操作屏　　　　　　纸板分切　　　　　　自动排废

图 5-27　浩友夫 BDM 数码制壳机

浩信 CP 的 HX60 PLUS 高速制壳机（如图 5-28 所示）作为经典机型，满足了印刷企业的各种需求，标准配置能够经济、高效地制作多种类型常规皮壳，产品包括精装书封壳、文件夹、台历架、书型盒、折叠盒等。该制壳机最新升级后的功能更加丰富，能高速完成各种复杂工艺的皮壳产品，比如，相拼式封面装置、7 块板装置、圆角装置、异形边板装置、超薄纸板装置（0.6mm）、针对 PU 等特殊封面材料的包角器、超小尺寸装置（60mm×60mm）、双通道皮壳褙衬、单侧夹心板装置、PP 文件夹装置、封面消除静电装置、冷胶粘内衬装置等，已成为一款具有灵活性、多功能的百变金刚。目前，浩信 CP 的制壳机作为其全线智能精装生产线的完整标配，市场份额正在不断扩大，也给国内外制壳机制造商带来了一定压力。

图 5-28　浩信 CP HX60 PLUS 高速制壳机

3. 精装系列辅助设备

精装工艺比平装工艺复杂得多，需要许多配套设备来辅助生产，这些工艺过去完全依赖于手工操作，费时费力、效率低下。

（1）精装联动线配套辅助设备

浩信 CP 在深入了解印刷企业需求后，围绕精装辅助设备进行了研发和攻关，成功试制出了切圆角机（如图 5-29 所示）、丝带机（如图 5-30 所示）、笔记本绑带机（如图 5-31 所示）等重点辅助设备，并以模块化组件形式加入精装联动线，实现同步联机生产。上述设备拓展了精装联动线的功能，减少了中间环节和差错，以速度、产能、质量提高为目标，为国内外印刷企业提供了高性价比的全线精装生产联动线完整配套辅助设备。

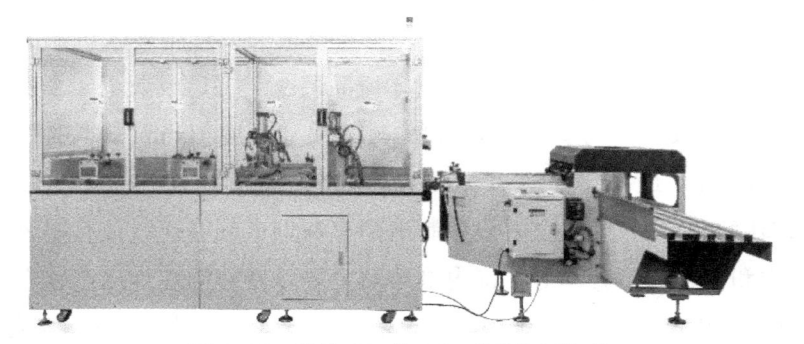

图 5-29　浩信 CP 的 ASJ 书芯切圆角机

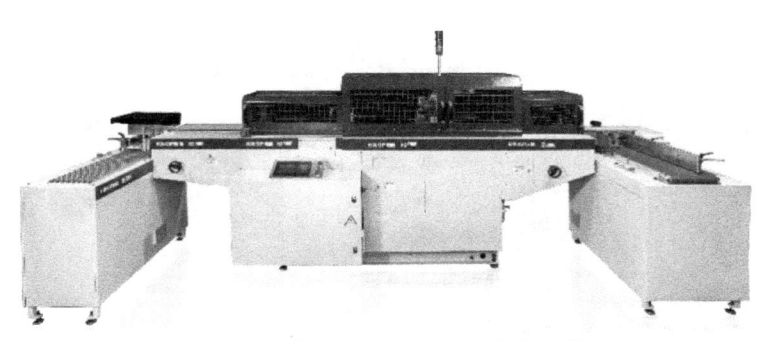

图 5-30　浩信 CP 的 HX2000 书芯丝带机

图 5-31　浩信 CP 的 HX36B 笔记本绑带机

（2）书口喷印设备

书口喷印作为精装书表面整饰新技术，近年来热度不减。本次展会书口喷印领域品牌商瑞士 durrer 和捷克 KOMFI 都带来最新设备。其中，瑞士 durrer 书口喷印机（如图 5-32 所示），可将整堆书或纸张载入机器的书夹装置进行全自动书边喷印，一次性可喷印成品书 3 个书边或散页 4 个面，厚度达 200mm，可实现一分钟内快速转版，A4 尺寸厚度 10mm 书本的喷印速度达 1000 本 / 时，最大尺寸达 720mm×720mm，最小尺寸为 50mm×50mm。我国书口喷印起步较晚，主要设备制造商有深圳市创赛捷科技有限公司、北京至一中和科技有限公司等，国内制造商主要以良好的性价比占领中国书口喷印市场，但喷头仍受制于国外，这也是我国书口喷印制造商的痛点之一。

图 5-32　瑞士 durrer 书口喷印机

（3）精装函套设备

德国柯尔布斯（Kolbus）曾是老牌的书刊设备制造商，主要生产书刊胶装和精装设备，2018 年被马天尼收购后，一直致力于开发函套、书型盒、瓦楞箱等包装新设备，本次展会其带来了创新产品 BOX BLW200 无模具书本函套制盒机（如图 5-33 所示），该制盒机可将贴角、上胶、定位贴合、成型等工艺步骤全部整合在一起，在不更换成型模具（相当于无模具）的情况下能生产不同尺寸的函套或天地盖盒，并采用热胶涂布、快速干燥，能连续包合盒子 4 个侧面，每个侧面还可以单独优化处理，同样为全自动触摸屏控制（转版快捷），速度为 40 个 / 分，既能做盒长 56mm ～ 570mm、盒宽 56mm ～ 360mm、盒高 20mm ～ 170mm、纸板厚度 1mm ～ 3mm 的书壳、函套，又能做笔盒、表盒、包装盒等产品，机器结构紧凑、占地小。无模具创新技术给天地盖盒生产工艺带来了颠覆性的变化，也给其他厂商带来了可移植、可借鉴的新思路。笔者认为，这项技术将给印后加工技术带来革命性的突破和质的飞跃。

图 5-33　德国柯尔布斯 BOX BLW200 无模具书本函套制盒机

4. 小型精装线

小型精装线常用于文印中心、小型数字印刷工厂、图文快印门店等场所的精装本后道加工，虽看似小众，但是承接车线精装、锁线精装、蝴蝶精装等活件的利器，常见的产品有婚纱相册、毕业相册、纪念册、个性化台历、样本书、家谱、高档菜谱等，数量范围从一本到数百本。本届展会上，著名小型精装设备制造商德国 Schmedt 带来了最新升级版的小型精装线（如图 5-34 所示）。该设备具有小型化、多功能、操作简便、适应性强等特点，每本书都可以按需生产（不同开本、不同厚度），所有生产数据无须手动输入，都可以通过条形码传输到机器上。同时，根据需要能灵活地添加各种附加模块，每小时可生产 200 本左右，完全满足个性化生产需求，如果出书周期允许，大批量生产也不在话下。

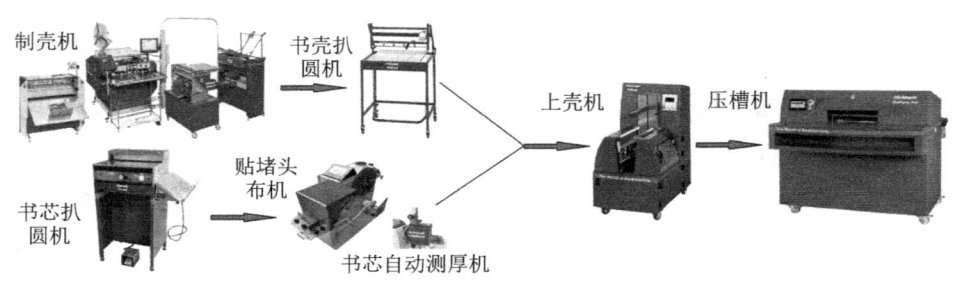

图 5-34　Schmedt 小型精装线

Schmedt 的精装辅助设备（如图 5-35 所示）非常经典和秀气，"只有想不到的，没有做不到的"，如字母烫金机采用组合件，既可以装烫印版，又可以装组合后的不同字号英文字母或汉字（实现可变文字烫印），文字的换版非常简便，可实现即时烫印、压凹凸、花纹等集一身的表面整饰工艺；书口喷印机的印刷分辨率为 1200dpi，每小时最多可处理 300 本书的三个书边喷印，还可以对木材、织物、纸板等吸水材料进行喷印。另外，Schmedt 在历史书籍的修复、保护领域也颇有建树，并能提供不同的解决方案和修复设备。

图 5-35　Schmedt 精装辅助设备

5. 铁圈精装设备

铁圈精装具有成本低、使用方便、精致美观等特点，常用于笔记本、菜谱、标书、台历及商务文本类产品的活页装订，市场需求不可小觑。铁圈精装（如图 5-36 所示）又可分为铁圈外精装和铁圈内精装，而其最重要的设备就是圈装机。

（a）铁圈外精装　　　　　　　　　（b）铁圈内精装

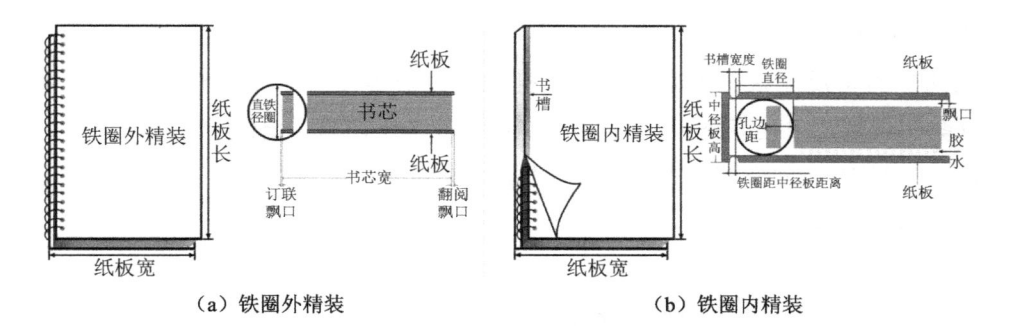

图 5-36　铁圈精装

本届展会德国 Mehring GmbH 带来了全系列多款最新铁圈精装设备，如 Magnopro BIND 580 S 全自动打孔穿圈一体机（如图 5-37 所示），其把线圈成型、自动打孔、自动穿圈、自动输送 4 个流程全部整合在一起，触摸屏设置作业参数快速简便，整线速度达 1500 本/时，与传统单机生产相比节省人工 5 名以上，可提高效率并降低成本。东莞恒博在该领域是国内第一品牌，其生产的双线圈打孔装订一体机的技术水准同步于国际先进水平，在国内市场的出货量为第一。

图 5-37　Magnopro BIND 580 S 全自动打孔穿圈一体机

6. 书刊封面整饰设备

Multigraf 展出了 CPC375-XPRO 多功能智能裁切压痕一体机（如图 5-38 所示）、得宝 DuSense DDC-8000 数字增效机（如图 5-39 所示）等多款创新产品。CPC375-XPRO 多功能裁切压痕一体机实现一次走纸就可完成"横向＋纵向"的正反压痕、折叠、打孔、打拢、裁切等任务，并具有条形码读取（条码识别，张张可变）、快速转版、超声波多张控制、全自动刀具识别等功能，是封面正反压线预定位以及法式软精装封面、腰封、护封、卡片等产品制作的好帮手。

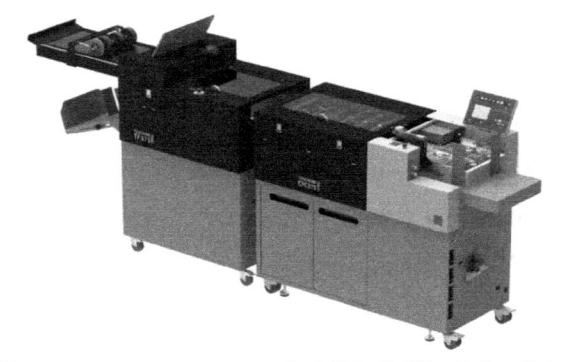

图 5-38　CPC375-XPRO 多功能智能裁切压痕一体机

图 5-39　得宝 DuSense DDC-8000 数字增效机

得宝 DuSense DDC-8000 数字增效机是一款集封面 UV 涂布、烫印、压凹凸功能于一体的组合设备，通过透明聚合物数字涂层和未数字涂层表面的相互作用，经过压凹凸、UV 上光和烫印的结合，呈现具有视觉冲击力的 3D 增强效果，是书刊封面、精装函套、商业印刷、包装盒等高档产品表面整饰的理想选择。

七、"drupa 2024"带来的三点思考

1. 智能制造将推动书刊印后加工转型升级

本届展会上，无论骑马订联动线、胶订联动线、精装联动线，还是其他辅助设备，都标配快速换版、一键启动、自动生产、自动检测等功能，这就为打造印刷智能工厂奠定了基础。与此同时，国外印后设备制造商也开始使用机械臂或机器人。实际上，早在2021年第十届北京国际印刷技术展览会上，浩信CP精装联动线就开始使用码垛机器人，与国外相比成熟许多。过去印后环节大都应用协作机器人[①]，主要应用在印后生产过程中的喂料、搬运、码垛等简单重复工作中。近年来，随着人工智能的发展，机器人已能满足一些复杂的动作需要，开始承担起独立的设备生产操作，如baumannperfecta裁切机器人等。目前，国内书刊码垛大都使用六轴机器人，主要制造商有北京嘉鸿汇众、浩信CP、深圳高登等。码垛机器人如图5-40所示。

嘉鸿汇众码垛机器人　　浩信重载码垛机器人　　六轴码垛机器人　　高登7轴轻负载机器人

图 5-40　码垛机器人

众所周知，印后加工是印刷生产中使用人力最多的环节。过去书刊印后加工一直沿着传统生产模式发展，劳动密集、高强度作业、离散型生产、工作效率低等因素一直制约着我国印后加工的发展。随着我国人口红利逐步消失，劳动力成本上升，传统工艺后继无人（梯型断层）等，这倒逼印刷企业对传统产业结构进行升级换代，自动化、数字化、智能化成为印后可持续发

---

① 协作机器人是指可以在协作区域内与人直接交互的机器人，具有简单易用、灵活、较低综合成本等特点。

展的必然选择。智能工厂还有一个好处是在标准化条件下，产品质量可以提高一个台阶，从而使印刷企业能承接更高端、更高附加值的活件，如苏州工业园区美柯乐制版印务有限责任公司（以下简称"苏州美柯乐"）的智能工厂（如图5-41所示）中，成品和半成品流转全由AGV小车或地轨进行输送，把工厂交给机器，未出现过生产脱节现象，还杜绝了缺书补版问题，这就是当代智能工厂带来的本质飞跃。

图5-41 苏州美柯乐智能工厂

2. 印后工业软件加速应用

印后工业软件是印刷企业智能生产管理和控制的核心，是推动企业转型升级、打造智能工厂、提高生产效率及印刷品质的重要支柱，具有重要的现实价值和战略意义。本届展会上，大量印后工业软件的应用，简化了印后工艺流程、改变了传统印后生产方式，从过去生产数据手工录入，转换成如今通过CIP4直接采集JDF格式文件的生产数据，实现快速一键启动。

例如，海德堡印通生产管理系统是一个印刷中央控制平台，可将订单、业务流程和生产流程完美地集成在一起，提供了丰富的相互独立但可灵活组合的软件模块，其通过网络接口直连印后设备，可自动计算来自印前阶段的裁切、折页和订联等程序的数据，确保正确设置印后裁切、折页、订联生产数据。

好利用展出的iCE LiNK（如图5-42所示）是一款云端的印后工作流程

管理系统，可通过 CIP4 连接所有印后设备，实现一体化的自动操作流程以及先进的自动化、智能化、网络化功能，并可以通过电脑、平板、手机等进行近程或远程操控。

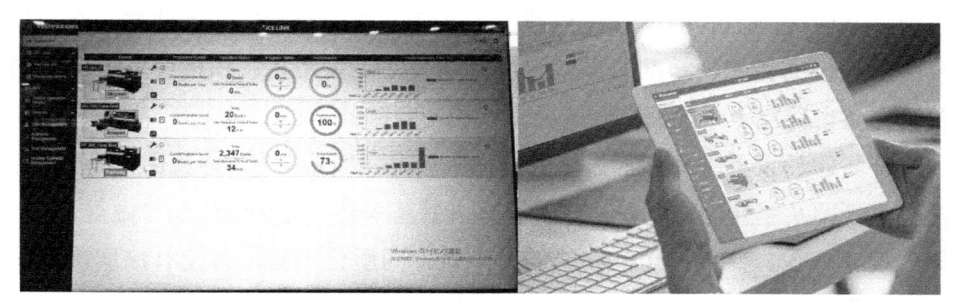

图 5-42　好利用 iCE LiNK

英厚机械展示的 BindEx 云平台（如图 5-43 所示）具有实时远程监控设备产量、状态的功能，采集的大数据可为印刷企业提供联网设备全方位的数据展示和分析，可为印刷各部门的产值绩效管理提供及时可靠的数据支撑，同时支持印刷数字化工作流程，无须人工干预即可对印刷和印后设备发送工单指令，并可与主流 ERP、MES 系统集成。

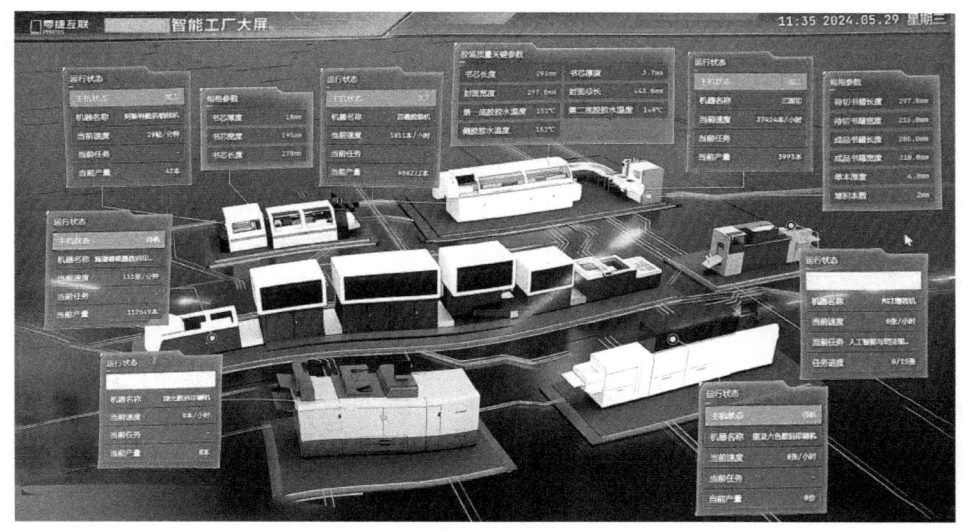

图 5-43　英厚机械 BindEx 云平台

111

3. 创新驱动中国品牌扬帆出海

本届展会，中国书刊印后参展商都是行业的佼佼者，多年来，这些中国品牌依靠创新驱动，以过硬的产品质量和性价比，从深耕国内市场到扬帆出海，从中国制造到中国智造再到中国创造，成功的背后并无偶然，而是依靠企业敏锐的目光、精准的市场定位、强大的研发团队、积极进取的创新精神，当然也受益于中国拥有全球最完整的产业链。

许多印后设备制造商都只做大众需求产品，"我造什么你就用什么"，并没有真正顾及差异化的存在，着重于解决最基本的"怎么做"和"做得了"，导致设备外观、性能相仿，创新能力不足，同质化严重，并没有深层次地解决"做得好"的问题。实际上在书刊印刷加工中，最重要的是品质，能从设备上解决问题是设备制造商"做得好"的能力体现和应有职责。许多遗留至今的"老大难"瓶颈问题，只有通过科技创新才能破解。

总之，在全球印刷盛宴——"drupa 2024"中，书刊印后加工设备亮点爆棚，展示的创新智能设备创历届之最，从书刊印后加工大型联动设备到小微型设备都充满了自动化、数字化、智能化和网络化元素，给书刊印后产业注入了蓬勃发展的新生机。极致印后、完全自动化是本届展会书刊印后加工设备的两大趋势，这是追求大批量活件的刚性生产需求的结果，也是通过快速换版以适应个性化、小批量、多品种兼容的柔性化按需生产的结果。

"drupa 2024"上数字印后增效技术的变化和发展趋势

张粤芳

历时 8 年重磅回归，为期 10 天的印刷界盛宴——"drupa 2024"在德国杜塞尔多夫圆满落下帷幕，笔者作为数字印后增效领域的印刷从业者，既是参展商，又是观展人，在和众多同行以及来访者面对面交流中，感受到数字印后增效技术的不断创新，以及印刷人对这一细分领域热情的持续高涨。总体而言，"drupa 2024"上数字印后增效领域呈现出以下特点。

一、从技术创新角度来看

1. 主流玩家纷纷亮相，制造商数量不断增加

这次亮相 drupa 的制造商，除了大家耳熟能详的视高迪、MGI 外，还有来自中国的上海彩之酷科技有限公司（以下简称"上海彩之酷"）、日本的 Duplo 和捷克的 KOMFI，其中视高迪基本稳居数字印后增效领域头部地位，其他品牌同台竞技，上海彩之酷和捷克的 KOMFI 则是初次亮相国际舞台。

2. 技术创新不断更迭

"drupa 2024"，各大参展商厉兵秣马，尽全力展现自己的技术进步。技术的更新迭代体现在印刷精度、应用范围、操作软件的智能化等方面，设备外观工业化设计也有了提升，更具科技时尚感。

首先，印刷精度的提高。在保留数字印后增效立体感的同时，印刷精度进一步提高，最高精度已经达到 2540dpi，国产制造商的高精度设备预计于

2024年9月亮相市场。

其次，艺术纸的应用范围进一步拓宽。这主要依靠涂布原理，即先喷一层油墨作为涂布液，再进行数字印后增效，虽然不能完全解决艺术纸的油墨吸收问题，但在一定程度上有所改善。

最后，软件的智能化水平也在不断提高。各大制造商在软件方面持续突破，例如，优化终端处理设计、采用多界面操作窗口或集成窗口等。上海彩之酷旗下品牌酷闪最新推出的PDF工作流程和多语种操作界面也达到了国际先进水平。

值得一提的是，数字印后增效设备在不断"练内功"的同时，外观形象也开始优化。这次众多国产小型数字印后增效设备亮相drupa，如酷闪CS330，其亚面黑灰色高级搭配加上时尚流畅线条，赢得了现场观众的驻足欣赏和赞美，认为中国制造现在不仅性能上达到要求，还在外观设计上颇具时尚科技感。在笔者和一位台湾朋友的交谈中，他提到，新一代印刷人在厂房布置时，更加注重自己的品位，从设备外观到厂房墙面和设备的色彩搭配，都面面俱到。

3. 品类不断丰富，各幅面的竞争者不断增加

从全球来看，数字印后增效设备按幅面大致分为B1、B2和B3幅面3类。不同幅面专注于不同的市场，应用领域也不尽相同：B1幅面侧重于卡盒、礼盒类包装应用；B2幅面兼顾各种类型应用；B3幅面则更专注于商务印刷和图文快印。MGI和Duplo均推出B3幅面设备，部分国产设备厂商也于2024年4月推出新研发的B3幅面设备，并携设备参加"drupa 2024"。目前，B2幅面似乎仍是主流，各大厂商都拥有B2幅面的生产线。B1幅面由于研发门槛相对较高，目前仅有视高迪、MGI和上海彩之酷推出。

本次展会，从天岑展位的参观情况来看，B3幅面热度较高。笔者分析，对于初次体验数字印后增效技术的设备厂家来说，B3幅面入局门槛低，投资风险可控，而对于广大的中小型印刷企业来说，他们更为关注小巧灵活的设备。

二、从市场热度来看

以往浮于表面、以观望为主的部分印刷企业，这次也借助"drupa 2024"深入考察技术细节，打算真正启动市场应用。在数字印后增效技术应用的十余年间，数字印后增效设备厂商少、设备应用面窄，集中服务于高端商务和包装印刷市场，并且使用成本高，使得众多印刷企业驻足观望，但"drupa 2024"上，包括很多主流印刷企业纷纷表态：已经到了进入数字印后增效市场的时刻。一方面，短版订单数量不断增多；另一方面，更多数字印后增效设备厂商的竞争也使得设备投入和使用成本降低，应用面更加广阔。

三、从国产设备的竞争力来看

以上海彩之酷为代表的国产龙头数字印后增效设备厂商在本次展会期间也相互交流，积极构建全球如东亚、南亚、欧洲、中东、非洲等地区的代理商体系，建立全球印刷市场链接网络，并在和终端客户的深入交流中获取市场信息，为后续打造更具竞争力的产品奠定基础。伴随着代理商体系的不断完善强大，相信国产数字印后增效设备定能扬帆远航，越走越远。

四、从配套服务供应链来看

从配套服务供应链来看，电化铝的销售网络和渠道不断延伸，数字印后增效设备商在全球搭建销售渠道架构，配套产业链深入发展。随着数字冷烫全球版图的不断扩张，中国的数字电化铝生产厂家也积极研发并进入国际市场，如佛山市龙源镭射科技有限公司、浙江弘晔包装材料有限公司（以下简称"弘晔包装"）等本次也来到 drupa 参展。与此同时，各地代理商的库存种类也更加丰富，如弘晔包装欧洲代理商表示，他们常年库存的电化铝的颜色种类在 10 种以上，可有力支持数字冷烫的应用拓展。

未来，数字印后增效技术还将继续突破。随着技术的不断进步和市场需求的日益多样化，数字印后增效技术将在全球范围内迎来更加广阔的发展空间和应用前景。让我们共同期待这一技术的持续繁荣与创新，从而为印刷行业高质量发展贡献力量。

第三部分

应用篇

创新技术必须投入实际应用，才能推动技术更迭升级、引发产业创新变革。印刷企业作为创新技术的应用主体，在技术更迭升级中不可或缺，因为创新技术的发展不是一蹴而就的，往往需要创新技术的主体——技术供应商与印刷企业相互促进、共同推动，才能不断完善创新技术，使其发挥最大的价值。

本部分收录了近三年来部分具有实际指导意义的创新技术应用案例，对印刷企业实际应用创新技术具有一定的参考价值。

第六章　印前技术

色彩管理，管什么？

唐小兴

色彩是颜色的呈现，于人类社会而言却又不仅是颜色的呈现。色彩源于天地万物、体现在衣食住行中，古人既重视植物色和矿物色的呈现，颜色的功用，又在经史、礼仪、文学、艺术中表达色彩、美学价值，但这些色彩的表达都相对抽象。随着现代科技的发展，为更好地运用颜色，科学家对颜色的表达体系进行抽象和提炼。人类对于色彩的认知、表现以及运用和管理逐步趋于科学化。为实现这样的目的，色彩管理应运而生。

何谓色彩管理？在笔者带领雅昌印刷技术团队的过程中，经常听到这个问题。笔者的抽象概念性回答是：保证颜色在输入、处理、输出的整个过程中始终一致，也就是我们耳熟能详的"所见即所得"。具体到应用上概括描述为"5M1E"。人们对于"5M1E法则"的认知，更多源于其在质量管理领域的普遍应用。事实上，"人、机、物、法、环、测"六大要素也是印刷色彩管理的关键因素，想要实现色彩管理系统的可预测性、可控制性、稳定性，这六大要素缺一不可。

色彩管理中的"5M1E"具体是指人员（Man）：技术员、操作者甚至是销售人员对色彩的认识、色彩技术的熟练程度等；机器（Machine）：印刷机、打印机等进行色彩表现的机器设备、工具的精度和维护保养状况等；材料（Material）：承印物的材料成分、印刷适性、物理性能和化学性能等；环境（Environment）：印刷生产车间的温度、湿度、照明条件等是否符合标准；方法（Method）：包括色彩管理的工艺方法、印刷或输出精度的选择、色彩管理操作规程等；测量（Measurement）：颜色测量或管理过程中，采取的方法是否标准、正确。

一、人员（Man）

大自然创造了色彩，但人是色彩管理的源动力。企业要想在色彩管理上有所建树，构建一支训练有素的技术团队是必不可少的。他们必须对企业所属行业领域内的主要 ISO 标准了然于心，更要知道何为 G7、FOGRA、UGRA，这些标准更新到了什么版本，GMI 应该如何进行认证等，并通过赋予技术团队在创新方面的使命，让其保持对行业前沿技术发展的跟踪与研究，特别是对于新出现的色彩管理技术，要结合企业的业务特点进行及时的商业化应用，以确保企业色彩管理技术体系的自我迭代和与时俱进。如果你是胶印企业经营者，可以用以下问题来考验你的技术人员或色彩管理专家。

① FOGRA 和 ISO，哪个是鸡，哪个是蛋？② G7 是标准吗，它的颜色管理逻辑是什么？③ FOGRA 的色彩特性文件序号排到多少了，都存在什么差异？

如果你的技术人员或色彩管理专家能准确回答出以上 3 个问题，那就说明企业具备研究构建优秀色彩管理标准体系的能力。

二、机器（Machine）

机器是进行颜色批量复制的主要工具，涉及颜色复制的主要是印前和印刷环节的设备。对于色彩管理，无论是在印前环节还是在印刷环节，设备保持持续稳定的标准化状态，是颜色可持续稳定复制的基础。屏幕要定期进行校正，且各屏幕之间应保持极小甚至不可感知的误差范围；打印机每日要进行状态确认，查看喷头是否堵塞、颜色输出结果是否发生波动或变化等。只有在这些条件均符合标准的前提下，才可以进行打样生产作业。印刷机更是庞大的精密仪器，包含数量众多的零部件，要求滚筒在高速运转时能做到微米级的供纸精度和毫克级的油墨供应量等。所以对于印刷机，必须严格进行日保养、周保养以及月保养，特别是牙排、墨键、胶辊、走纸部等关键部位，一定要按照厂家的保养制度进行深度的维护与保养。只有这样，印刷机才会处于相对稳定的状态，否则在后续印刷生产的追色过程中，"云谲波诡"的印刷颜色匹配体验将不可避免。

三、材料（Material）

材料是颜色表现的载体或素材。原稿、印版、油墨、承印物、印刷机是传统印刷的五大要素，其中材料就占据了三席（印版、油墨、承印物），可见材料是影响印刷品颜色复制的决定性因素。材料印刷适性的好坏，决定了印刷品颜色表现所能达到的高度；而材料各批次质量或特性是否一致，则影响批量印刷品颜色复制结果的持续稳定性。因此，企业在对印版、油墨、承印物以及其他原辅材料的管理上，一定要制定相应的质量或特性标准，严格管控各批次原辅材料的质量稳定性，表 6-1 所示为 ISO 12647-2 新版定义及雅昌定义的承印物分类。对于工艺复杂的产品，还需要在关键的半成品环节制定质量检验与管理标准，做到全流程质量管控。

表 6-1 ISO 12647-2 新版定义及雅昌定义的承印物分类

ISO 12647-2 新版定义的 8 种承印物	
PS1：优质涂布（115g/m^2）	PS2：改善性涂布（70g/m^2）
PS3：标准光泽涂布（51g/m^2）	PS4：标准哑光涂布（54g/m^2）
PS5：非涂布化学浆（120g/m^2）	PS6：超砑光非涂布（56g/m^2）
PS7：改善性非涂布（49g/m^2）	PS8：标准非涂布（45g/m^2）
PS1 和 PS5 用于平张胶印，其余六种承印物均仅用于热固轮转胶印	
雅昌定义的 6 种承印物	
优质涂布（white）	优质涂布（yellow）
标准涂布（white）	标准涂布（yellow）
非涂布（white）	非涂布（yellow）

四、环境（Environment）

环境主要分为两大部分，即温/湿度环境和色评价环境。前者影响的是材料和设备的印刷适性。对于温度标准，一般要求是（25±3）℃，但要实现对颜色的高水平一致性，温度要尽量控制在（24±1）℃；对于湿度则要求控制在40%～60%，且纸张在上机印刷前，尽量先放在车间内进行约12小时的含水量调节。色评价环境主要影响的是与客户之间的颜色评价条件差异，企业除了必须安装符合ISO 3664标准的D50标准光源外，在条件允许的情况下，还应尽量引导客户使用与企业一样品牌型号的标准光源，从根本上杜绝因颜色评价条件差异而造成的客户颜色投诉问题。

五、方法（Method）

方法决定了色彩管理效果。在印刷色彩管理领域，行业主流的色彩管理工具相对比较单一，方法也大致相同。关键是企业要结合自身产品、材料以及设备的特点，构建一套自主的色彩管理体系，并且要和主流的国际标准相匹配，即既突出自身特点，又可与国际接轨，这样企业在标准上可游刃有余地应对不同客户群体。构建色彩管理体系，务必要结合企业自身特点，例如企业的产品类型、使用的材料类型、采用的设备条件和印刷方式、企业面向的客户群体的标准倾向等。制定色彩管理标准前，务必要将这些条件梳理清楚。通过这样的梳理，雅昌将承印物和油墨的颜色表现力进行了极大的改善，如表6-2所示。只有这样，最终制定好的标准才有可能达到"源于国际标准而又高于国际标准"。

表6-2 ISO 12647-2和雅昌的涂布纸颜色标准

颜色	ISO 12647-2 标准 CIELAB 值（coated）			雅昌标准 CIELAB 值（coated）		
	L^*	a^*	b^*	L^*	a^*	b^*
青（C）	54	−36	−51	52	−35	−53
品红（M）	46	75	−4	45	77	−5
黄（Y）	89	−4	93	86	−4	96
黑（K）	16	0	0	13	0	0
叠印红（M+Y）	48	68	47	46	69	50
叠印绿（C+Y）	50	−65	26	48	−68	28
叠印蓝（C+M）	25	20	−46	21	21	−47
叠印灰（C+M+Y）	23	0	−1	20	0	0

六、测量（Measurement）

测量是准确确定"标准是否符合标准"的唯一手段。理想的标准状态是相对静止的，但实际的标准运行过程是动态的，要在动态中保持标准的稳定性，定期的标准测量、工具校正以及材料检测管理等过程测量与监控工作必不可少，否则色彩管理将会难以达到标准，颜色"所见即所得"的目标也就不复存在。当然，测量的前提是要有合适的参照标准和允差标准。根据笔者经验，当前，国际标准在颜色一致性和稳定性上的允差范围太大，并且是基于 ΔE_{00} 的色彩计算方法。该算法给予了颜色更多的允差范围，实际上不太适于高质量产品的颜色控制要求，建议企业采用 ΔE_{76} 标准进行色彩控制，并适当缩小允差范围，表6-3为G7、FOGRA、雅昌规定的颜色允差标准。

表 6-3　G7、FOGRA、雅昌的颜色允差标准

颜色	ΔE_{76} 允差范围		
	G7	FOGRA	雅昌
承印物	3.0	3.0	1.0
青（C）	3.5	5.0	2.5
品红（M）	3.5	5.0	2.5
黄（Y）	3.5	5.0	2.5
黑（K）	5.0	2.5（ΔH）	2.0
叠印红（M+Y）	4.2	6.0	4.0
叠印绿（C+Y）	4.2	6.0	4.0
叠印蓝（C+M）	4.2	6.0	4.0

总而言之，5M1E 六大要素是决定印刷品颜色表现效果的根本因素，任一要素不稳定或变化时，在印刷品颜色与目标颜色之间就会形成一种与标准相背离的张力，变化越强则张力越强；反之则越弱。因此要控制或管理好一套标准体系，要有"愚公移山"般的精神和矢志不渝的执行力，这也是印刷颜色复制实现"所见即所得"的重要保障。所以，色彩管理实际管的是 5M1E。

（原载于 2023 年第 6 期《印刷技术》杂志）

色彩管理实操"三步曲"

何诚

近期,笔者接到了一个任务,有一台印刷机需要应用色彩管理。在前期沟通中,笔者了解到这台印刷机曾经做过色彩管理,但由于种种原因,在实际应用中,原色彩管理方案的适用性不断下降,导致现在机台追色越来越困难。随后,笔者对机台的样张进行了随机抽检,通过 PressSIGN 软件评出了较低分数。毫无疑问,这肯定是机台的各项指标条件发生了变化。

笔者检查了原色彩管理方案中的 CIP3、NPDC 曲线,认为基于原有曲线做修正已经不太可靠,最好是重新对机台进行完整的色彩管理。根据经验,笔者重新制定了色彩管理方案。第一步"印":制定标准,定义 CIP3、NPDC 曲线;第二步"测":根据标准,进行样本测量、判断;第三步"调":根据判断,优化调整方案。下文,笔者将分享如何通过三大测试标准来检验设备的色彩管理效果以及各项指标是否达到要求。

一、50% 平网版

图 6-1 所示的 50% 平网版是每个印刷机台都无法避免的测试,其看似简单却有很多容易忽视的细节,能暴露很多问题。

1. 基本要求

① 50% 平网版测试文件版面的组成要素包括测控条、星标、50% 平网(占可印刷幅面 80% 以上)。

② 印刷时的油墨密度应以原色油墨的 Lab 值作为参考,当色差值处于最佳状态时取样检查平网样张的印刷效果。

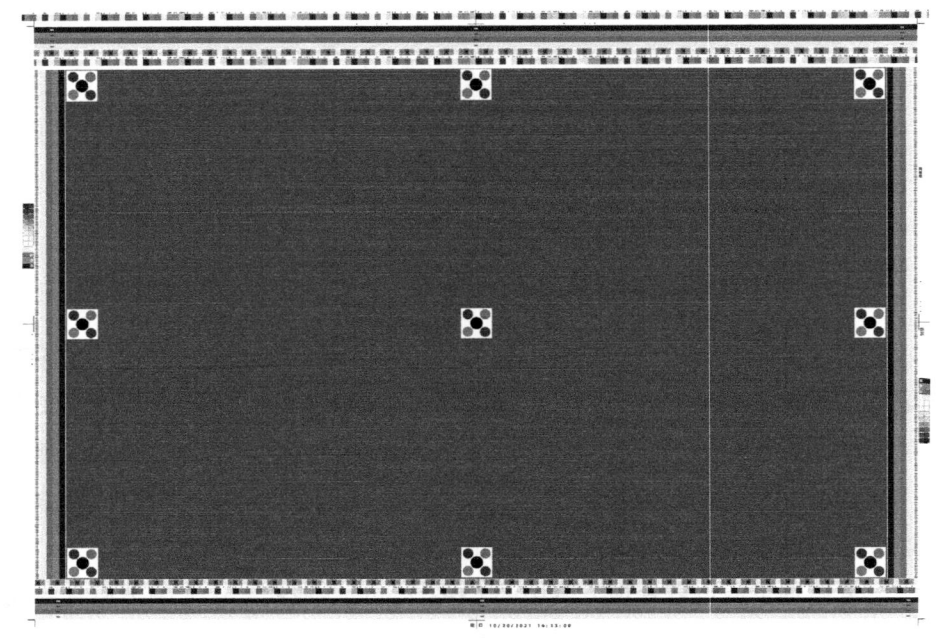

图 6-1　50% 平网版

2. 印刷条件

①印刷压力符合设备标准。

②水墨平衡系统稳定。

③润版液条件正常。

3. 样张判断

①水辊杠。

②墨辊杠。

③网点增大 & 网点变形。

按照印刷标准化要求来说，设备稳定性是首要的，在进行色彩管理时，设备的稳定性是在日常工作中由机台操作人员进行标准化管控的。但现实工作中往往会出现在测试过程中因暴露过多印刷设备缺陷而频繁停机，重新调校设备的情况，从而严重影响测试进度。这与 50% 平网版的测试有一定的相悖，该测试版更多是用来验证设备的调校结果，而不是在印刷测试时花费大量的时间、精力来调校设备。这不仅会耗费大量的时间、精力，还不能保证测试出的效果完全合格，从而造成后续工作的困难。所以在制定色彩管理方案时，一定要根据实际情况来考虑设备在日常运行中出现故障的频率和可能发生的故障时间，而不是仅考虑色彩指标达到标准要求的概率。

二、油墨预置曲线校正版

现阶段，很多印刷机都具备油墨预置功能（基于 CIP3/CIP4 标准的预放墨技术）。在辅助放墨方面，传递预放墨信息的最主要作用是帮助印刷操作者避免手动放墨的不一致性和减少时间浪费，所需的放墨资料可直接由印前的数据文件取得，经过简单的转换后传送至印刷机的墨控台做预放墨的调整，这种辅助放墨方式大大节省了时间，提高了效率。

无论是海德堡的 Tar 格式还是小森的 PQ4 格式，抑或是第三方品牌的其他格式，都是在印前环节根据拼大版内容先输出标准的 PPF 格式文件再进行转换，而 PPF 格式中包含的色值信息（CMYK）会再通过所匹配的品牌软件进行对应墨区的赋值，从而得到印刷机台上直观显示出的墨键值。

其实每台印刷机在出厂时会包含一条或多条"默认"的油墨预置曲线，并且这些曲线还具备学习功能，可以根据使用者日常工作中的使用习惯进行微调，从而使其具备长期适用性。虽然曲线的学习功能确实如它所设计的一般，具有一定的优化能力，但该优化能力具有两面性。因为与学习功能相匹配的还有闭环系统，其可通过扫描测控条进行样张的颜色控制，但不是每台印刷机都具有这套系统，即使具有，是否能很好地运用，都是未知数。另外，每位使用者的习惯不同，印刷机台往往采用"歇人不歇机"的方式运行，并且在印刷过程中会由于纸张幅面等原因频繁导致机台脱离数据控制，一些不恰当的设定就会被"学习"，而这个学习就不能带来正面作用。

油墨预置曲线校正版（如图 6-2 所示）的运用，其实就是用于检验油墨预置曲线的准确性，并提供校正后的数据。这里需要的软件为 PressSIGN，硬件为 IntelliTrax 自动扫描系统或类似的可接入 PressSIGN 的扫描设备。此外，建议再根据印刷机台的墨键数量制作一个表格以方便记录数据，并存档作为今后校正时的参考。

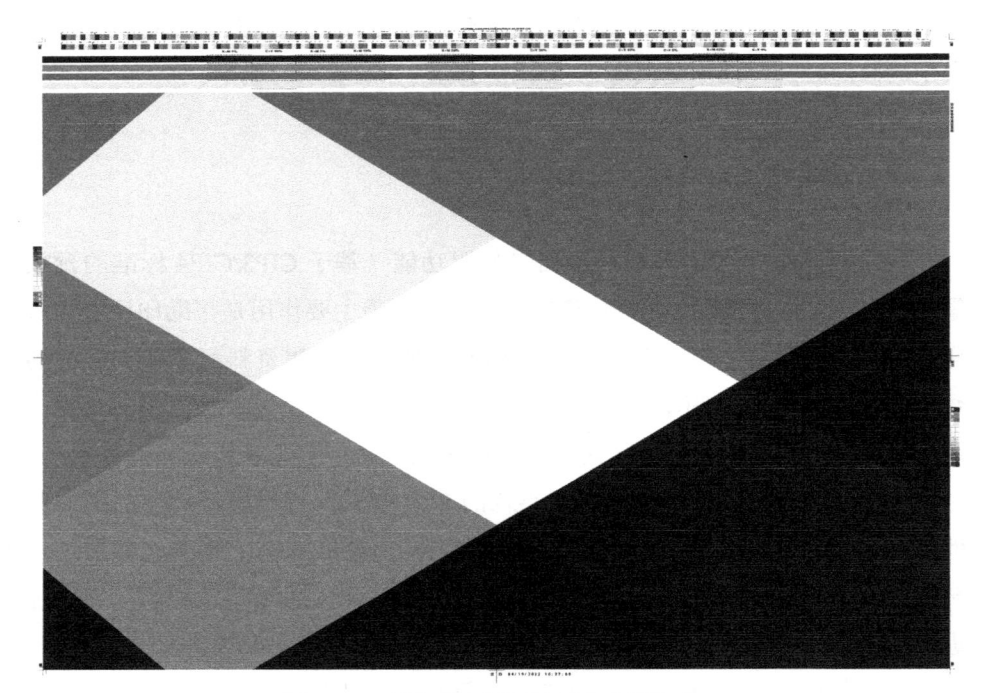

图 6-2　油墨预置曲线校正版（彩图 1）

三、无曲线测试版

当前面两个步骤完成后，就轮到无曲线测试版（如图 6-3 所示）上场了。对于该测试版，笔者比较推荐以图表形式为主，所以笔者会把 IT8.7-4、ECI2002、P2P51x 这 3 个色表都放入图表中。由于笔者公司执行的是 G7 的方法，因此近几年公司就把 IT8.7-4 色表更新成了 TC1617 色表。

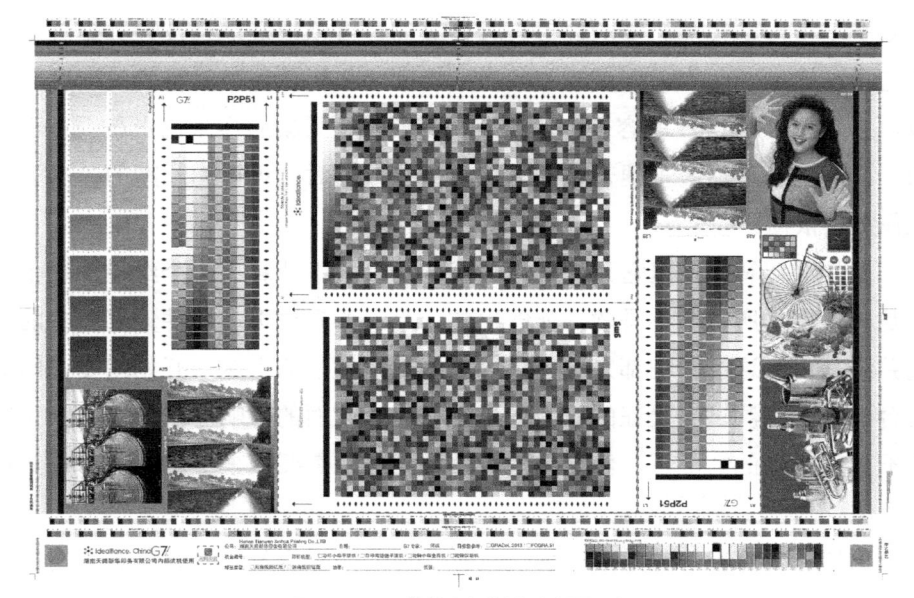

图 6-3　无曲线测试版（彩图 2）

取这 3 个色表出于几个考虑：一是 P2P51x 色表是做 NPDC 灰平衡曲线必需的数据来源；二是 TC1617 色表是 G7 认证的检验色表；其三是 ECI2002 色表对接了公司采用的 GMG 色彩管理系统。有了这 3 个色表，再结合前面两套测试版取得的结果，就可以得到一个有效的色彩管理数据来支持印刷反补偿曲线的计算。

以上 3 个测试完成后，就可以用采集的样张来测量色表。笔者习惯在测试版上同步采集 P2P51x 色表和 ECI2002 色表，不言而喻，P2P51x 色表是用于 Curve 软件生成 NPDC 灰平衡曲线，而 ECI2002 色表则是应用在 GMG 软件中，可以同步给出机台色域信息，为另外一套完全基于色差值计算从而改变文件颜色配比的模拟色彩管理模式提供数据。

对于这些用于数据采集的样张，如果收集到 6 张，应将其中的 1 张存档保管，另外 5 张裁切之后用于数据测量。此时，需要对这些信息进行分析和互相验证，因为在印刷过程中用到了 PressSIGN 这一软件，这个检测结果是基于测控条计算的，其位置相对而言靠近版边（拖梢或咬口），而 Curve 软件则是基于印刷幅面居中的位置进行计算的，可以很好地将几种数据进行对比考量。比如，印刷时测量控制条得到的密度与测量色表时得到的密度不一致，并且超过了 0.05 的容差范围，这时需要验证采集的样张色彩是否上下不匀，或者是否是油墨干褪带来的影响，这些数据对比可以为长期的色彩管理工作提供依据。

软件看似智能，但它只能在用户指定的参数下计算出一个结果，这个结果是否是用户所需并不是软件能解决的。笔者看到过很多软件计算出来的曲线并级严重，这一影响都来源于印刷的不确定性，这也是一开始就要在印刷机台进行大量测试、验证的原因。当出现这一方面的影响时，若要做到能够在不重新印刷的情况下，修正这些异常数据，就需要积累更多经验和收集反馈意见。

正如很多色彩管理专家所说，色彩管理入门很容易，完成色彩应用也很容易，难的是做好管理。这个管理，笔者认为应是系统的管理，从源头到结果的管理，其中大量的工作是要静下心来分析数据，而数据的收集与整理正是色彩管理非常重要的一环。

色彩管理，管理的是过程，得到的是色彩，并不是一个以结果做论断的方法，其能做到锦上添花，能够在过程中发现不稳定情形，但是不能消除所有不稳定情形。色彩管理的目标不应是一味的数据至论或者去追求印前样张达到印刷样张效果，而应是需要在准确还原文件以得到数据都达标的客观评判条件后，再考虑做到前后工序的输出样张趋于一致的主观评判。

（原载于 2023 年第 6 期《印刷技术》杂志）

闭环自动色彩校正技术助力印刷色彩一致性

苏小燕

对于印刷企业和设备商来说，存在一个长期的挑战，即从数码打样到印刷机、印刷机到印刷机以及印刷工厂到印刷工厂之间的颜色匹配如何保持一致性。设备商仅追求货架一致性，而印刷企业面临不同设备、不同操作人员甚至不同生产基地带来的颜色稳定性挑战。因此，在当今快节奏、高要求的生产环境下，开发工作流程并构建可靠的管控方法以在多地或多设备之间实现色彩匹配，提升印刷工厂的生产品质、效率，显得尤为重要。

一、色彩管理的应用与现状

过去十年是国内色彩管理技术快速发展的十年，笔者企业从不了解 G7 认证到培养三十多名内部驻厂 G7 专家，使每个生产基地都具备独立完成 G7 认证和年度续证的能力；从不熟练使用单点密度仪到每台印刷机配备色彩扫描系统可追踪印刷色彩，从而引导量产；从色彩管理仪器购买后被"束之高阁"到离开色彩管理仪器像是离开导航仪一样迷路。即便十年来相关的生产管控流程逐渐复杂，辅助工具和方法日益增多，色彩不稳定性的挑战依旧存在。

笔者尝试连续印刷 4000 张样张，每 100 张进行抽样，分别追踪监测两个不同位置的灰平衡色块并记录测量值，色差值偏移趋势如图 6-4 所示。色彩扫描系统可以追踪印刷色彩变化，从而引导机台操作人员相应地调整墨键以纠偏颜色，虽然在一定程度上满足了生产要求，但由于人工调整的滞后性以及准确性的限制，导致整个印刷过程中色彩一致性控制并未达到理想效果。

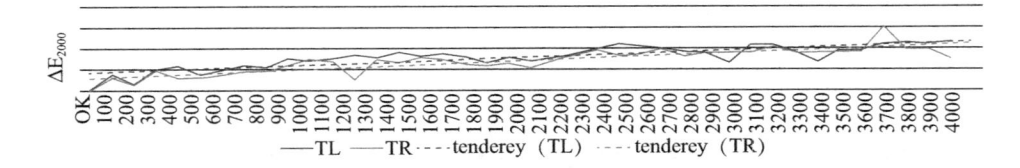

图 6-4　颜色偏移趋势（彩图 3）

在过去几年里，为应对印刷颜色不稳定的固有现状，减少操作人员的主观性对生产过程管控的影响，通过数字化实现生产过程的自动化和智能化，笔者企业开始着手闭环自动色彩校正技术的开发应用。

二、闭环自动色彩校正技术的开发与应用

当前，业内有不同的闭环自动色彩校正方案可选，包括印刷机原装配置或第三方技术方案。第三方技术方案的具体细节设计相对比较符合人机工程，可根据用户需求进行更新迭代，但印刷机系统的兼容性较差，尤其是较新的印刷机系统；虽然原装配置不存在系统兼容性问题，但价格高、市场使用率较低，系统交互界面等功能设计未经用户检验与更新优化，使用起来总是不尽如人意。技术方案没有好坏之分，企业应选择适合自己的优选方案。值得强调的是，闭环自动色彩校正系统与其他色彩管理软硬件设备不同，其并非购买安装后就能发挥作用。闭环自动色彩校正系统具有自我学习功能，会在使用过程中根据印刷机状态以及承印物类型自行调节修正控制曲线，还可以优化 CIP3 数据，使墨量预置更加准确。如果使用得当，闭环自动色彩校正系统的准确性和效率会越来越高；但如果使用不当，非但不能正常发挥作用，还可能会在系统自我学习阶段就被操作人员弃用。

闭环自动色彩校正系统主要分为两个部分，印刷颜色扫描追踪和印刷色彩闭环校正。印刷颜色扫描追踪这个功能，笔者企业十年前已经实现，几乎所有印刷机台都配备自动色彩扫描系统，可自动读取印张颜色信息后，由机台操作人员根据读数指引手动调整墨键，在整个量产过程中进行颜色纠偏。

目前，笔者企业已经实现第二部分，即印刷色彩闭环校正。闭环自动色彩校正系统工作步骤如图 6-5 所示。

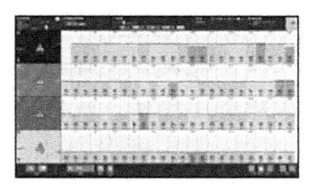

①扫描仪读取色带数据

②闭环系统根据扫描数据自动计算

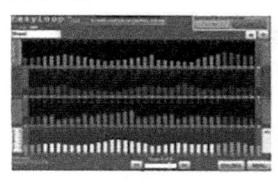

④再次扫描，颜色回归稳定

③闭环系统根据计算结果自动调整相应墨键

图 6-5　闭环自动色彩校正系统工作步骤

①印刷开始前，系统基于印前 CIP3/CIP4 预放墨数据，对印刷机墨斗进行活件初始墨量预置。准备就绪后开始运行印刷机，墨量到位后抽取印张，扫描仪读取色带数据并显示各墨区对应的颜色密度数据，识别部分墨键密度数据超出的容差范围。

②闭环自动色彩校正系统获取扫描颜色数据，并根据目前密度与设置目标之间的差异，分别计算各色组每个墨键对应的调整量。

③闭环自动色彩校正系统根据计算结果生成墨控信息并传递到印刷机系统，分别自动精准地调整各色组相应的墨键开合度，进而调整下墨量，以控制各色墨的密度。

④闭环自动色彩校正系统完成墨键自动调整后，再次运行印刷机，墨量到位后抽取印张，扫描仪读取色带数据并显示各墨区对应的颜色密度数据，结果显示各色墨区数据回到容差范围内，颜色回归稳定。

以上为经过简化后的步骤，实际生产中有时需几个循环才能让颜色回归稳定，这与闭环自动色彩校正系统的自我学习状态、系统曲线准确性、物料稳定性等因素相关。

作为对比，笔者使用闭环自动色彩校正系统重新印刷4000张样张，每200张进行抽样，分别追踪监测两个不同位置的灰平衡色块，记录测量值，色差值偏移表现如图6-6所示。可见，相比机台操作人员手动调整墨键，在闭环自动色彩校正系统的自动控制下，批量生产颜色偏移表现极佳，色彩波动小，批量色彩稳定性大幅提升。

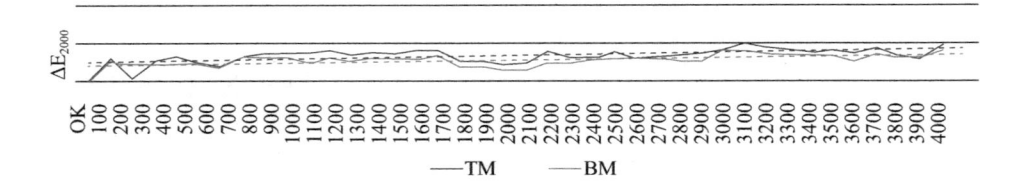

图6-6　闭环自动色彩校正系统控制下的颜色偏移表现（彩图4）

传统印刷过程中需要手动抽取印张检查颜色并调整墨键，经过数据与智能优化后的印刷过程，减少了人为影响的因素，在实现印品颜色稳定性控制的同时，缩短了印刷准备时间，提高了生产效率，并在整个印刷工作流程和包装供应链中实现了颜色沟通的统一性。

印刷术作为中国四大发明之一，经过历代前辈们的智慧沉淀发展至今，技术传承是印刷人的首要任务和重要使命，而在科学技术高速发展的今天，在传承基础上结合科技力量来发展技术，精益求精、智能制造，才是长久之计，期待印刷行业有更多的智能制造方案成功应用。

（原载于2023年第6期《印刷技术》杂志）

CIP3 油墨预置的使用心得

董铭广

在数字化融入传统印刷的今天,油墨预置技术已经基本普及,用好这个印前辅助系统对每家印刷企业来说都会产生最直接的经济效益。然而油墨预置技术在使用过程中经常会出现这样的状况:上个印刷产品刚调试补偿好的 CIP3 数据,在下个印刷产品使用时却偏差很大;或者在印刷机开机初期,油墨开度符合下墨量的情况下,提高印刷速度后墨色变化很大,严重时直接导致印品报废。如何让 CIP3 数据与实际生产过程完美配合,在最短的时间内达到水墨平衡?笔者将根据日常使用经验进行深入分析与探讨。

一、油墨预置的原理和应用

油墨预置并不是"一置就准"的印刷工具,可以将其理解为包含"预"和"置"两个过程。"预"是指可以预先根据版面信息在开机前对印刷机墨键进行准确设置,这个过程需要有印前数据支持、墨量运算和修正软件进行运算,以在开机之前得到墨量的相对信息,大致相当于 CIP3 技术中的 CIP3 导出软件和印刷机 CIP3 油墨预置工作站所做的工作,但是一般运算出来的油墨覆盖率与实际墨键量的准确性只有 40%。"置"是指根据上述信息对墨键、墨辊进行手动调整,大致相当于将墨量预置信息导入有数据接口的调墨台的过程。油墨预置重在"预",为印刷机提供预先且准确的调整支持,"置"则是根据不同印刷版面信息,提前调整墨键开闭与墨辊转速的配合。经过每台印刷机的专用属性修正后,可以使油墨覆盖率与实际墨键量的准确性提高到 80% 左右。

二、CIP3 油墨预置实际使用中遇到的问题及分析

每台印刷机都会受保养方法、耗材、使用年限等外部因素的影响，印刷适性各不相同，如何摸准每台设备的"脾气"，需要相关人员在油墨预置中"置"的方面做好功课。面对一台大修后或新上手的印刷机，通过以下几个步骤，可以协调好这台设备的输墨系统与油墨预置。

1. 统一开机的初始速度

每个机型的印刷机都有自己的工作合压速度，到达设定速度后，各色滚筒与水墨胶辊相继合压，开始正常印刷工作。以笔者印刷厂的西研 65 型印刷机为例，合压速度是 2.7 万张 / 时，最高速度是 15.0 万张 / 时，建议把印刷初始速度设定为 5.0 万张 / 时，这样做的好处是印刷机水墨不平衡的初期，在相对较慢的印刷速度时段来检查和调整版面效果，可达到减少废报产生量的目的，并且每次都以相同的速度开机，对后续墨色调整会有个统一的基准。

2. 按照版面的油墨使用量，提前设定好输墨装置补偿

开机前，通过观察油墨预置的数值或印版上网点分布的实际状况，可以大概判断出该印刷品不同颜色所需的下墨量，含大版面照片或整版广告的印刷品则需要提前把输墨装置页面内相应颜色的油墨补正值打开，提高墨源辊与印刷机之间的转速比；反之则降低。图 6-7 为输墨装置页面。

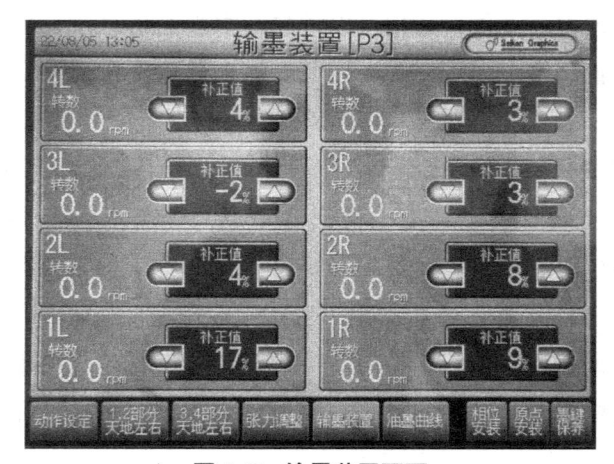

图 6-7　输墨装置页面

印刷机下墨量主要从两个方面进行控制：一个是通过墨键控制墨刀开闭，改变墨源辊上的墨层厚度；另一个是控制墨源辊转速，从而达到控制油墨供给量的目的。通常情况下，墨刀开闭只能起到小区域精确控墨的效果。在大版面实地着色的情况下，则是通过改变墨源辊转速来调整墨色。在这里有个调整技巧，就是先通过输墨装置页面来调整墨源辊转速，使供墨量可以满足版面最大用墨量的区域（用墨源辊转速满足大墨量），然后再通过控制墨键来调整其他小墨量的版面（用墨刀控制小墨量），而且尽量避免出现墨键开到最大的情况。一般调整到下墨量合适的情况，墨键最大开度不超过 90% 为宜，以为后续精确控墨留出调整空间。

3. 根据机器速度设定油墨曲线，达到调整墨色的效果

通过以上两个步骤，在机器速度控制在 5.0 万张/时，墨源辊速度能够满足供墨量要求的情况下，利用墨键把版面墨色调整均匀。这时，按照油墨曲线页面标注的速度来提升印刷机速度（如 5.0 万张/时、7.5 万张/时、10.0 万张/时、12.5 万张/时），每提升一级速度，应保持一段时间，以观察版面的实际印刷效果，如出现油墨的浓淡变化，则调整油墨曲线内相应速度对应的墨源辊转速，达到补偿效果。图 6-8 为油墨曲线页面。

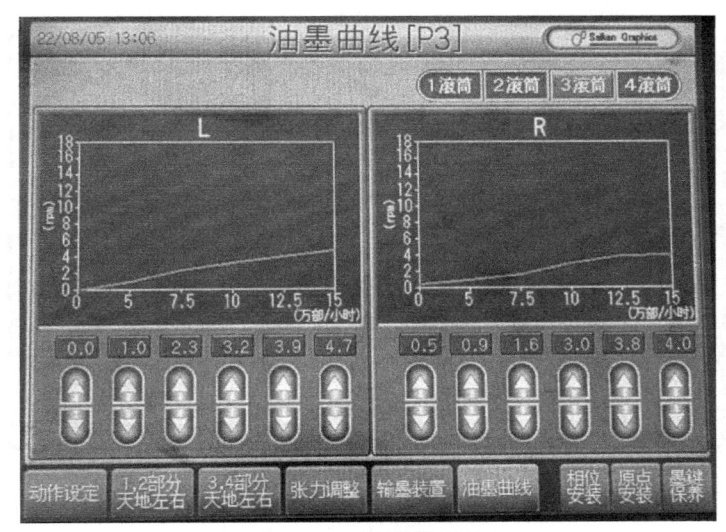

图 6-8 油墨曲线页面

这里笔者谈一下输墨装置页面与油墨曲线页面调整的区别。因为都是通过调整墨源辊转速来控制供墨量大小，所以在印刷过程中，操作人员对这两项调整会模糊不清。输墨装置补偿是在印刷机转速的基础上乘以相应百分比，调整的是全部印刷速度范围内的补偿；而油墨曲线补偿是在相应印刷机速度的范围内乘以百分比，调整的是一定范围内的补偿。所以，通常情况下，油墨曲线调整好后是不需要频繁更改的，只要在大保养（清理墨槽、更换胶辊）后按照方法设定好，后面在实际印刷任务中就无须调整了。而输墨装置补偿则需要在每次印刷前，按版面实际用墨需求进行调整，这是印前准备的必备项目。

4. 保存记忆油墨预置数值，为下次印刷做参考

通过以上调整，机器在提升到 12.5 万张 / 时的正常印刷速度后，油墨补正、油墨曲线以及墨键控制都调整到符合印刷要求，这时就可以打开油墨预置的补正页面进行补正，对比在线数据的初始值与实际印刷的调整开度值（在线数据 − 调整开度 = 补正量），并保存、记忆适合这台印刷机的油墨预置数值。图 6-9 为开度补正页面。

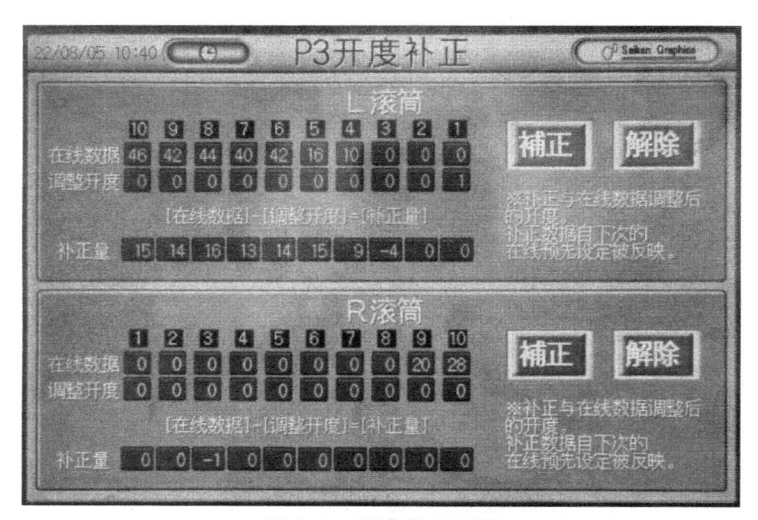

图 6-9　开度补正页面

通过以上几个步骤，就可以保存一组适合该印刷机的油墨预置数值，实现油墨补正符合版面下墨量、油墨预置数值符合墨键精确开度、油墨曲线符合增减机速要求的预置流程，从而最大限度地实现短时间内的水墨平衡，减少开机废报的产生量。

（原载于 2024 年第 1 期《印刷技术》杂志）

第七章　印刷技术

胶印连线冷烫先印后烫工艺的应用

熊长友

传统胶印因工艺结构单一，在竞争日益激烈的市场洪流中，逐渐失去了竞争力。而胶印连线冷烫技术，凭借胶印机连线冷烫工艺效率高的优势，以及冷烫效果独特且美观的金属质感，可提升产品附加值，满足客户的个性化需求，从而提高企业的市场竞争力。目前，国内已有少部分印刷企业在烟包、高端化妆品包装上使用该技术进行批量生产。

自"drupa 2004"上曼罗兰首次推出胶印连线冷烫技术以来，截至2022年已有18年。由于当时该连线技术的冷烫设备不具备跳步功能，且相配套的冷烫箔、胶黏剂技术也不够成熟等多方面原因导致该工艺成本居高不下，影响了其在市场中的推广应用。随着近年来冷烫设备技术的不断完善与优化，设备跳步功能、多卷独立控制技术等的应用极大地提高了冷烫箔的利用率，同时相配套的冷烫胶黏剂、冷烫箔技术也不断升级，解决了以往因不易干燥导致的粘脏、烫印剥离不全或飞金等技术难题。

目前，行业内主流的几大胶印机品牌中，配置连线冷烫装置的胶印机都采用先烫后印工艺，其加装方式为冷烫座放在印刷机第2座和第3座之间，第1座通常为冷烫胶黏剂印刷座，第2座进行冷烫压印转移烫印图案，第3座作为收卷机构进行废膜的收集，如图7-1所示。而笔者所在公司的印刷承印物主要以光栅、透明光面胶片为主，根据柱镜光栅的特性，产品都是采取镜像制版、背面印刷的方式进行生产，若增加冷烫工艺，需要改变传统胶印连线冷烫装置的加装位置，由先烫后印工艺改为先印后烫工艺。

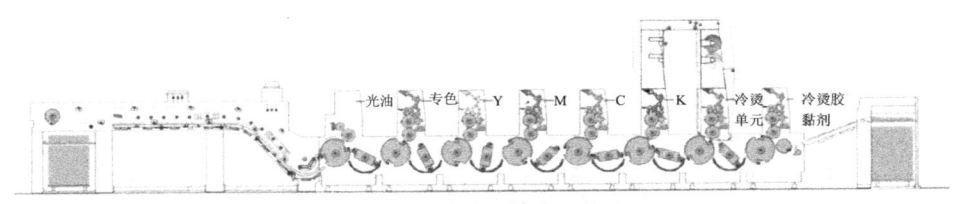

图 7-1 胶印机连线冷烫装置安装示意

一、胶印连线冷烫先印后烫工艺的可行性论证

经与多家胶印机厂商工程师进行技术交流，他们均表示目前国内同行业中没有通过加装冷烫机构来实现胶印连线冷烫先印后烫工艺的先例，只能进行离线冷烫，即对产品进行二次上机来完成。而要改变冷烫机构的加装位置，除了要将设备及控制线路、软件进行更改外，还需要结合冷烫工艺特点，考虑多方面因素，如在前面印刷完且未完全干透的四色墨上（中间座四色后仅有一支 UV 灯管进行预固化）再印刷冷烫胶黏剂，因胶黏剂的黏度很高，经过冷烫座压印时整体墨层是否会被反拉破坏，冷烫箔剥离是否完整，冷烫胶黏剂的透明性是否会对四色图案的透底产生影响等都未知。为对后续设备配置成先印后烫工艺提供可行性依据，笔者针对以上问题实施了以下验证。

1. *冷烫安装位置调整后对烫印效果的影响*

模拟先印后烫工艺，需要在未完全干透的四色油墨上进行冷烫胶黏剂的印刷并连线完成冷烫测试。测试时联机安装一台简易覆膜机，将传送带置于收纸台下方，并将印刷完四色及冷烫胶黏剂的印品由输送带逐一送入简易覆膜机，与冷烫箔进行贴合压印，在冷烫箔剥离处安装一支 UV 灯管，用于对冷烫后的胶黏剂进行固化。经过测试，覆膜机压印后，印品未发生油墨层被反拉或破坏的现象，冷烫后的金属层图案完整、结实。

2. *冷烫胶黏剂对先印后烫的适应性*

印品完成四色印刷后，由于通过一支 UV 灯管进行了预固化，最后一色组黄墨层表面处于半固化状态，在其表面再进行高黏性的冷烫胶黏剂印刷，黄墨层未发生被反拉现象，冷烫胶黏剂能很好地附着在四色油墨表面。为模拟后续真实的设备配置状况，中间过程不再开启UV灯管，冷烫胶黏剂印刷完后直接传送到收纸部输送带上，再通过覆膜机压印作用贴合冷烫膜。经测试发现，冷烫图案大、实地平整、线条及文字清晰。

通过以上验证，冷烫效果完美，说明该连线配置方案切实可行。图7-2为胶印机先印后烫冷烫装置安装示意。

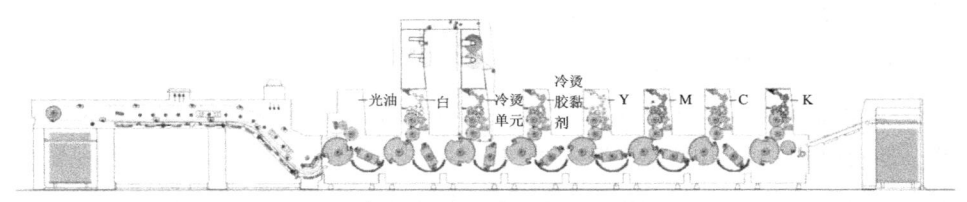

图7-2 胶印机先印后烫冷烫装置安装示意

二、胶印连线冷烫配套材料的选用及注意事项

1.冷烫橡皮布的选用

由于胶印机生产速度较快，胶印连线冷烫生产时冷烫座需要使用专用橡皮布进行贴合压印，并完成包括大面积实地、线条、网点等图案的烫印。目前，行业内胶印连线冷烫使用较为普遍的是德国进口的Liro系列橡皮布，根据需要烫印的图案结构，该系列橡皮布分为黑色、蓝色、白色3个型号，其中，黑色橡皮布偏硬，适合烫印大面积实地图案；蓝色橡皮布硬度适中，适合烫印实地兼网点图案；白色橡皮布偏软，适合烫印大面积网点、线条及文字。

2.冷烫胶黏剂的选用

冷烫工艺可分为干覆膜式冷烫工艺和湿覆膜式冷烫工艺两种，通常胶印连线冷烫工艺采用湿覆膜式冷烫工艺。湿覆膜式冷烫工艺是在印刷UV冷烫胶黏剂后，先烫印，再对UV冷烫胶黏剂进行固化。其用自由基型UV冷烫胶黏剂替代传统的阳离子型UV冷烫胶黏剂，特点一是UV冷烫胶黏剂的初黏力强，固化后不再有黏性；特点二是烫印箔的镀铝层具有一定的透光性，可保证 UV 光线能透过烫印箔到达胶黏剂层，引发 UV 冷烫胶黏剂的固化反应。

由于胶片需要采用背面印刷的特性，冷烫后的胶黏剂夹在冷烫箔和承印物之间，而印品成型后需要从正面（非印刷面）来展现图文及冷烫效果，此时若冷烫胶黏剂的遮盖性强，则透过胶黏剂层再看底下的彩色印刷图案，势必会暗淡无光，将大大影响冷烫及图案展现的效果。因此，采用胶印连线冷烫先印后烫工艺时，必须采用专用的高透明性 UV 冷烫胶黏剂。

3.冷烫部位的图文设计及拼版注意事项

胶印连线冷烫工艺可采用大面积实地、线条、文字等图案，将冷烫箔的金属反光层与胶印网点阶调的柔美相结合，使印品产生与众不同的视觉效果。但在实际应用中，并非所有冷烫图案都可以随意搭配。根据烫印图案不同，冷烫箔有区分适用于烫印网点或适用于烫印大面积实地的不同型号。如在胶印机辊筒周向的冷烫图案旁出现大面积网点和大面积实地时，要想大面积实地部分烫印平整、无砂眼，网点部分就会出现糊版不清的现象；要想网点部分清晰完整，实地部分则会出现砂眼不平实现象，影响整体烫印效果。因此，在图文设计布局上应充分考虑该问题。拼版时也可以根据图文布局，在辊筒周向将不同类型图案分区域拼版，利用多卷机构分别上料，不同图案类型对应使用不同型号的冷烫箔，来完成整版烫印生产，如图 7-3 所示。

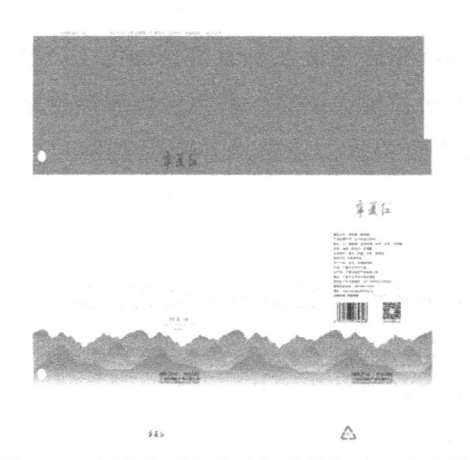

图 7-3　左边大面积实地与右边渐变网分开使用不同类型的冷烫箔（彩图 5）

胶印连线冷烫工艺属于印刷包装行业内较新的一种技术，而将其由常规的先烫后印变为先印后烫，更是在新技术的基础上再创新。任何新工艺、新技术都不能盲目开发，需要在确定新工艺、新技术方案前，深入了解其可能出现的问题，并逐一进行充分论证，为公司购置设备提供可行性依据，避免投资失误。

（原载于2022年第6期《印刷技术》杂志）

胶柔结合改善浅底色产品印刷墨色不均的问题

余强　蒋迎春　郭镇洪

随着印刷方式的更新换代，传统烟包印刷工艺也在不断创新，常用的烟包印刷方式有胶印、柔印、凹印、网印等，几种印刷工艺在产品效果呈现上各有特点。传统胶印对印刷品的墨色浅淡、印刷网点层次、细节信息等诸多方面再现性能好，但是对大版面底色产品的墨层厚度很难把控，尤其是浅底色大版面的印刷产品，在印刷过程中容易出现颜色不稳定、墨层不均匀等质量问题，导致产品废品率增加，浪费资源且不可持续利用，给企业带来损失。虽然色差不稳定可以通过机台操作人员实时监控调整，但对操作人员的要求较高，产品颜色批量的一致性仍然很难得到保障。

传统柔印通过网纹辊传递油墨，能够很好地控制大版面底色的墨层厚度，对操作人员的要求相对较低，对墨层厚度控制更加方便，尤其是对大版面浅底色印刷产品，通过墨层厚度的稳定转移可把控产品墨色均匀性。笔者所在公司现有罗兰8+2胶印机，是一台胶柔结合的生产设备，可将柔印墨层厚实、墨色均匀稳定的特点与胶印网点层次清晰、细节信息再现性好的特点结合起来。柔印负责大版面浅底色的颜色稳定，胶印负责产品图文细节的明确再现，从而使印刷产品实现色差稳定、层次清晰、细节丰富，真正实现遵从于原稿、忠实于标准的效果。

本文笔者以某中烟公司产品为例进行介绍。该产品主色为整版浅黄底，产品生产过程中受操作人员水平、调墨人员技术经验、设备运行状态、材料稳定性等影响，色差稳定性不高。结合该产品特性，研发小组从网纹辊、油墨粗细及黏度、印刷纸张、印刷工艺分析改进等方面出发，进行工艺测试、记录分析，并多次上机验证以上指标对产品质量的稳定性和上机适应性的要求，已取得阶段性成果。对此，笔者将从以下几个方面探讨通过胶柔结合工艺，实现大版面浅底色产品色差稳定、墨色均匀的过程。

一、纸张、油墨、版辊的选择

1. 承印材料性能分析

该产品使用的单面涂布白卡纸是在底纸的基础上，单面涂上白色涂料后，经过压光装饰加工制成。

如果纸张涂布不均或未经涂布，那么纸张表面就会存在纤维交错，底材表面粗糙凹凸不平，纸张纤维间隙比印刷网点直径大的问题，导致网点恰好在纤维间而无法将油墨转移到纸张表面，使图像无法再现。产品在印刷过程中会因为纸张表面凹凸不平而出现墨色不均、网点丢失、印刷表面流平不良等现象。印刷纸张表面的平整度以及涂层对油墨的吸收性是影响产品印刷性能的重要因素。因此在底纸选择和表面涂布的要求上，研究小组除了与纸厂进行深入的技术交流外，还在自身的印刷设备条件下进行了工艺改善，最大限度地实现纸张表面平实，提高印刷适应性。

第一，选择平整度较好的底纸，比如森博博旺 SBS（白芯白卡）或红塔仁恒 SBS（白芯白卡），它们的表面平整度稳定性较高，可以分作不同的方案进行测试比对，选择其中较好的一个。

第二，从纸张涂布设备调试、压光、涂布刮刀等各方面来改善涂层效果。

第三，通过调整涂层配方来改善涂布纸张的油墨吸收性能，保证纸张涂层牢固，无气泡、无条痕、无杂质；保证纸张表面平滑度在 400s 以上，使白卡纸能与印版紧密接触，清晰还原印刷网点。

第四，为了保证该产品在印刷过程中不出现网点印刷不实、墨色不均、网点丢失等印刷质量问题，设备第一座可在纸张表面上满版 UV 撤淡剂，防止 UV 柔印油墨渗透并能有效去除墨皮、平整纸坑、改善烟用纸张表面平整度。

2. 印刷油墨选择与控制

其一，在印刷油墨的选择上，水性油墨在印刷过程中容易堵塞网纹辊，必须使用专业清洗剂清洗，导致印刷中断且不可持续利用，从而影响颜色的稳定性；而环保型 UV 固化柔印油墨在 UV 光照射下墨层能够实现瞬间固化、不粘脏，不容易堵塞网纹辊，同时能使网点增大现象得到有效控制且质量稳定、生产效率高，可保持墨层的牢固、油墨黏度的稳定和印刷颜色的一致性，也能更好地保护生态环境。

其二，油墨颗粒粗细和油墨黏度对印刷效果也有着很大的影响。印刷过程中如果油墨颗粒粗细及油墨黏度没有把控好，将会导致印刷品网点边缘发毛、网点变形、网点增大，还会影响油墨转移量；甚至产品后加工烫印适应性差，成品出现掉金、糊版、爆墨等问题，因此测试过程中应严控油墨颗粒粗细和黏度。

3. 版辊特性和适应性

在柔印底色印刷过程中，陶瓷网纹辊由于耐印力高、耐腐蚀、耐高温、网孔规则、网壁光滑、快速释墨、清洗容易且对刮刀损耗小等特点，不仅单次使用时间长，相应印版的使用寿命周期也长；采用激光雕刻技术生成的网点穴更深、更光滑，比较有利于印刷传墨的均匀性。同时，陶瓷网纹辊最重要的参数是网线数和网穴墨量，网线数越高，可以形成更薄、更均匀的墨层，网点表达层次和细节越丰富，在印刷过程中能减小网点增大，保持恒定均匀传墨量。如果在印刷过程中出现浅色网点印刷油墨转移量不足、纸张表面平整度限制、印刷实地不实、网点丢失以及掉粉掉毛等产品质量问题时，就需要根据承印材料的特性对合适的网纹辊线数和网穴涂布量进行选择和测试，常用柔印项目网纹辊线数和网穴涂布量如表 7-1 所示。

表 7-1 常用柔印项目网纹辊线数和网穴涂布量

纸箱直接印刷	网纹辊线数（lpi）	网穴涂布量（BCN/in^2）
柔版网点印刷（大于 85lpi）	400～660	3.2～5.6
柔版网点印刷（小于 85lpi）	300～550	4.1～7.9
柔版网点与实地混合版（刮刀刮墨）	330～550	4.1～7.4
柔版网点与实地混合版（橡胶辊刮墨）	250～400	4.0～6.9
线条与文字（刮刀刮墨）	300～500	4.7～7.9
线条与文字（橡胶辊刮墨）	250～360	4.5～6.9
线条与实地（刮刀刮墨）	300～400	5.6～7.9
线条与实地（橡胶辊刮墨）	220～300	5.5～7.7
满版实地与上光（刮刀刮墨）	250～330	7.4～9.9
满版实地与上光（橡胶辊刮墨）	150～250	6.9～9.6
标签/商标	网纹辊线数（lpi）	网穴涂布量（BCN/in^2）
柔版网点印刷（175～200lpi）	900～1200	1.2～2.4
柔版网点印刷（150lpi）	800～900	1.4～2.5
柔版网点印刷（120～133lpi）	600～800	2.0～2.6
柔版网点与实地（混合版）	500～600	4.0～6.0
柔版网点与文字	500～700	3.0～4.0
线条与文字	440～550	3.5～4.5
线条与实地	360～500	4.0～5.5
实地	280～400	5.0～7.5
实地与上光	250～400	5.0～8.0
薄膜和金属箔	网纹辊线数（lpi）	网穴涂布量（BCN/in^2）
柔版网点印刷（大于 150lpi）	700～900	1.4～2.5
柔版网点印刷（120～150lpi）	500～800	2.0～2.6
柔版网点印刷（85～120lpi）	440～700	2.5～4.0
柔版网点与实地（混合版）	440～700	4.0～6.0
柔版网点与文字	360～500	3.5～5.0
线条与文字	300～440	4.0～6.0
线条与实地	250～400	5.5～7.8
实地	200～330	6.5～9.0
实地或白版	180～250	8.0～11.5

二、产品上机试印和工艺验证

通过前期策划和准备工作，产品已具备上机测试条件，此次上机分阶段进行测试，确保每个测试都达到预期目标。根据笔者公司检测中心实验室多年来对不同纸厂的单面涂布白卡纸平滑度的数据对比分析，不难看出，较进口涂布白卡纸，国产涂布白卡纸在平整度技术处理方面日趋完善。在对国产不同供应商的材料进行检测数据比对，结合其在不同印刷产品中的应用实际检测结果对比，选择森博博旺 SBS（白芯白卡）以及红塔仁恒 SBS（白芯白卡）作为本次实验的测试纸。考虑到环境温/湿度对测试效果的影响，印刷环境温度过高或过低将会导致油墨黏度发生变化，影响产品油墨转移性，因此试验将测试环境温度控制在（23±5）℃，湿度控制在 45%～60%。

第一阶段，上机测试涂布墨量为 $13g/m^2$ 的蜂窝性陶瓷网纹辊，采用正六边形网点 60°排列方式，其特点是传墨性好、压印小、留痕少，但在测试过程中纸张表面出现麻点、墨层堆积太厚、反拉现象，甚至印刷品表面出现满版流星雨现象，如图 7-4 所示。

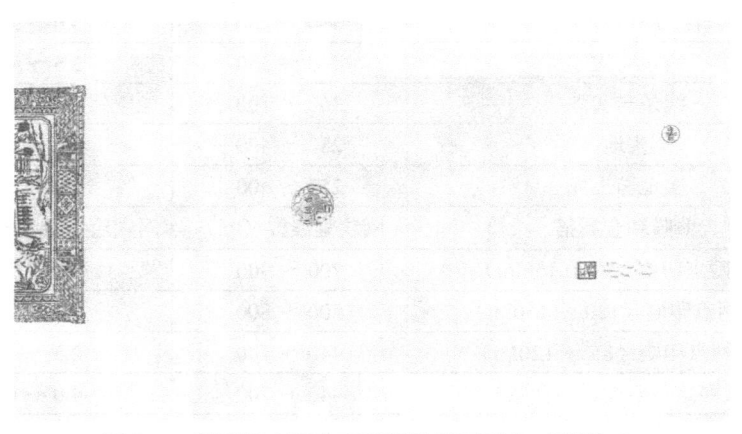

图 7-4　印刷品表面出现满版流星雨现象（彩图 6）

根据现场分析，出现满版流星雨现象的原因有以下几点：其一，网纹辊的蜂窝形状导致油墨压印不好，墨层不平；其二，雕刻网穴的深浅把控不一致，导致墨层堆积厚薄不均。因此，通过更改网纹辊的网穴形状、墨量、网点线数等再次上机测试，最终确定陶瓷网纹辊工艺参数为网穴墨量 $9g/m^2$ 的斜线性网纹辊，网点形状为螺旋三角形，网点线数为 100lpc（250lpi），上机测试后墨层厚实平整、无拉条、无掉墨现象出现。

第二阶段，测试不同油墨供应商的浅底色油墨，部分方案的承印物表面出现油墨附着力差（如图 7-5 所示）、印刷品表面出现深浅团状斑点、印刷品光泽度差的现象。由于胶印墨层薄，对油墨成分中颜料颗粒粗细的要求极高，颜料的颗粒度偏大是印刷品表面粗糙、斑点、光泽度差的主要原因，因此通过供应商对油墨细度的选择，或调整油墨研制工艺从而调整油墨细度，再次上机测试后承印物表面油墨附着力及印刷品表面光泽度大有改善，如图 7-6 所示。

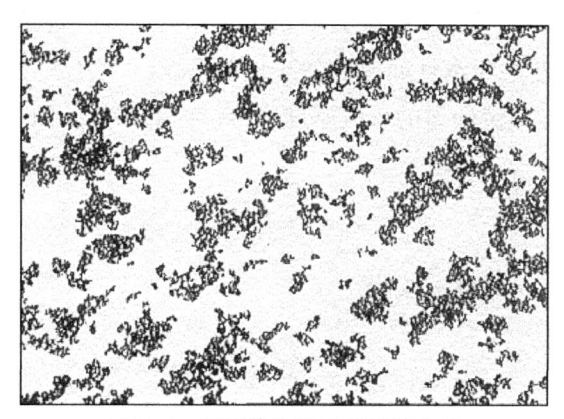

图 7-5 承印物表面油墨附着力差

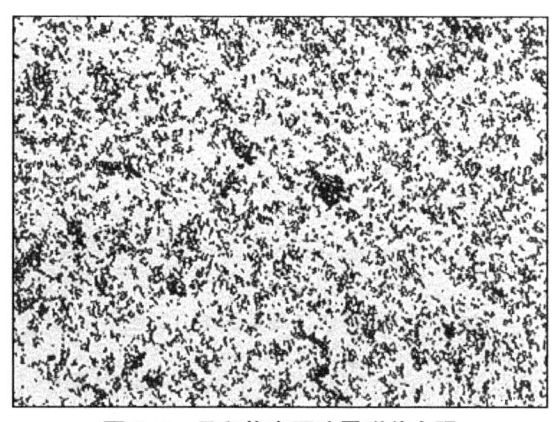

图 7-6 承印物表面油墨附着力强

第三阶段，油墨反拉问题主要是印刷品表面油墨干燥性不良导致的。现场处理方式是，罗兰 8+2 胶印机有剩余机组，将柔印机组后面两座机组空出来，一方面，可延长油墨干燥时间；另一方面，可通过空余滚筒之间的压力控制，辅助提升印刷品表面油墨附着力。上机测试后，墨层干燥以及反拉现象明显改善。当然，在测试过程中不应该忽略油墨黏度对印刷效果的影响。通过调墨技术人员与机台操作人员多次调试上机验证后，确认 UV 柔印底黄黏度为 21s，同时配套的水性联机光油黏度为 27s，这样能保证印刷品墨色均匀，大版面平整，墨层耐磨保护力强。

与此同时，可以就产品浅底色色差稳定性和浅底色与其他专色油墨叠印之间的兼容性，在柔印水性底黄油墨及柔印 UV 专底黄油墨之间做一个比较，得出的结论是柔印水性底黄油墨表面颜色暗、光泽度不高，如图 7-7 所示；而柔印 UV 专底黄油墨的墨层厚度平整，色彩明亮，如图 7-8 所示。

图 7-7 柔印水性底黄油墨（彩图 7）

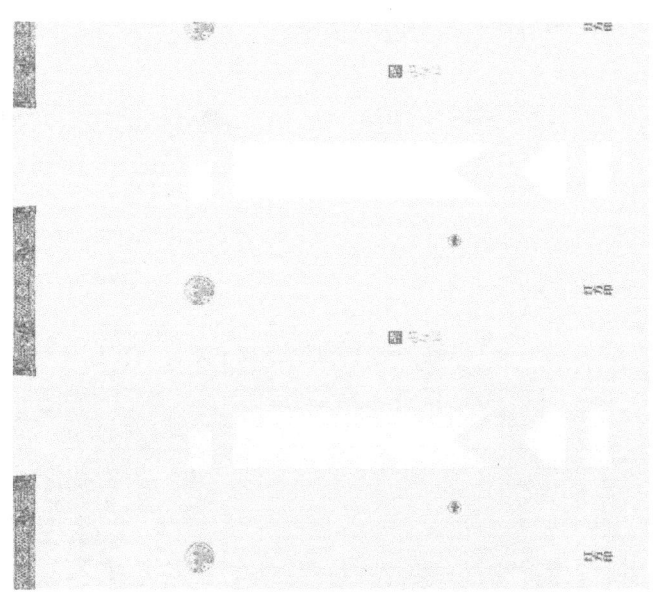

图 7-8　柔印 UV 专底黄油墨（彩图 8）

在达到上述目的后，还应考虑如何提高其稳定性和后加工适应性。稳定性指其牢固程度是否受外界因素如光、热、机械摩擦、压力、湿度等影响而有所变化；后加工适应性指产品进入后续加工环节如网印、烫印、凹凸、压纹、模切等再加工时，是否产生新的风险和隐患，因此需要同时进行表面改性测试。测试方案为通过在印刷品表面上清漆，可以改善印刷品表面平整度，增加产品表面保护力度，从而提高墨层耐磨性，改善后加工烫印效果，如图 7-9 所示。

众所周知，纸张的表面涂布难以做到均一稳定，这就会给印刷品的最终效果带来影响。在稳定底色色差、网纹辊参数、工艺改进测试基本确定的情况下，因为部分纸张表面涂布不平整，纸张可能会出现底色拉条、拉毛的现象，这时可以考虑，在设备第一机组给纸张表面现预涂满版 UV 撒淡剂打底，并与无 UV 撒淡剂打底方案进行比较，效果不言而喻，如图 7-10、图 7-11 所示。

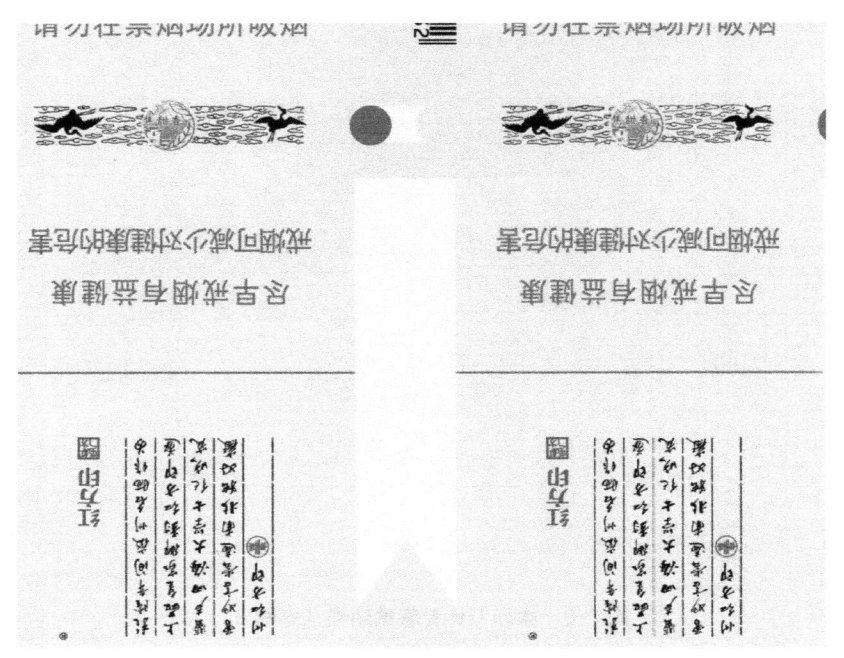

图 7-9　印刷品适烫性效果（彩图 9）

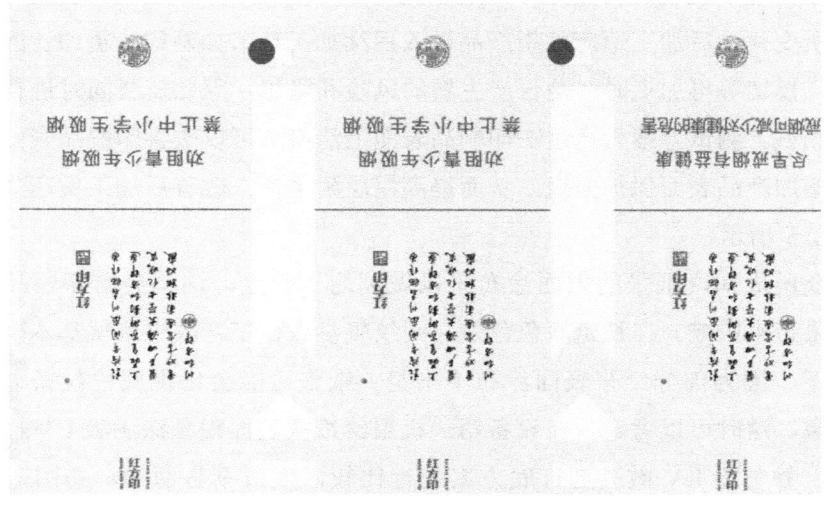

图 7-10　纸张表面无 UV 撒淡剂打底（彩图 10）

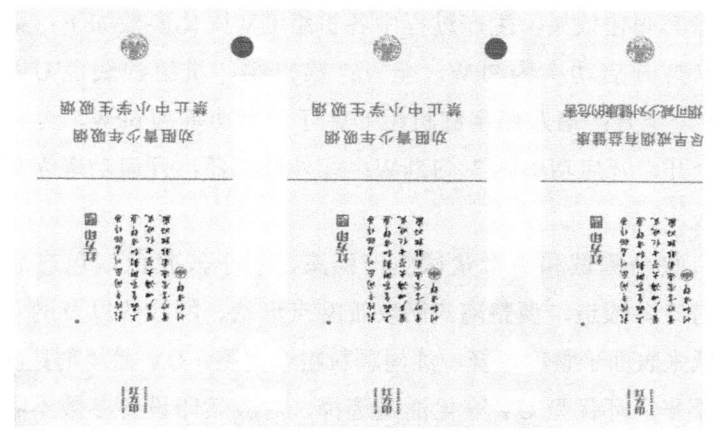

图 7-11 纸张表面有 UV 撒淡剂打底（彩图 11）

第四阶段，进行小批量试生产，需注意合理安排印刷色序，严格控制生产过程中的工艺参数以及合理调节陶瓷网纹辊、印版滚筒、压印滚筒之间的平行度和三个滚筒之间的两端压力，印刷纸张从第一机组上满版 UV 撒淡剂，然后到第二柔印机组，机台操作人员通过观察印刷图文表面的传墨情况来调节陶瓷网纹辊、印版滚筒以及压印滚筒之间的压力，保证印刷品表面的清晰程度。印版采用铝底树脂版，其优点是套印精度较好、耐压耐印、变形量小等。罗兰 8+2 胶印机柔印机组工作示意如图 7-12 所示。

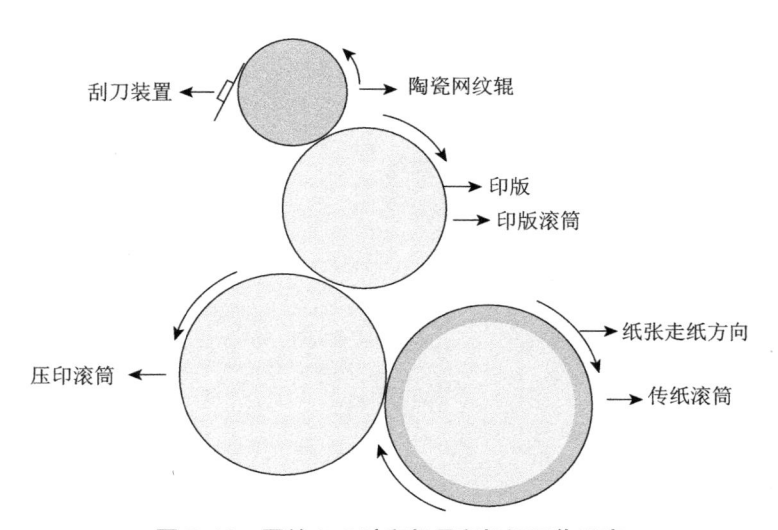

图 7-12 罗兰 8+2 胶印机柔印机组工作示意

为保障其固化效果，生产过程中各机组 UV 固化参数如下：第一机组上撤淡剂 UV 灯开启功率为 7kW，全开；第二柔印机组浅底色 UV 灯开启功率为 12kW，全开；第八座字红机组 UV 灯开启功率为 6kW，全开；车尾三盏 UV 灯全开，开启功率为 3×15kW；红外灯三盏，开启功率为 90%，热风全开。

至此，整个测试和小批量试生产结束，对于浅底色烟包产品，研发组通过对现有设备改造，调整陶瓷网纹辊网点形状、网线数以及网穴墨量等参数，经过纸张表面平整度选择、油墨颗粒粗细调整，UV 撤淡剂打底改善纸张表面凹凸不平，环保型 UV 固化油墨选择，对胶柔印设备参数不断调试，最终实现了浅底色产品批量生产。

当然，胶柔结合的应用也适用于其他同类型的浅底色产品，本文所述具有很好的借鉴意义。笔者抛砖引玉，盼望更多新材料、新工艺、新技术不断涌现，在质量改善、绿色环保、节能降耗等方面出一分力。

（原载于 2023 年第 2 期《印刷技术》杂志）

水洗柔版及制版工艺

魏明红

近年来，国家对环保柔印技术给予了大力支持，使其得到迅速发展。柔性版材有溶剂显影、水显影、热显影三种显影方式。其中，水显影已成为第二大主流显影方式，其使用的版材名为水洗柔性树脂版（以下简称"水洗柔版"），具有在显影过程中不需要溶剂，显影速度快，环保等优势，发展前景不可估量。

一、水洗柔版的介绍

水洗柔版相对普通柔版的开发有较高的难度，因而造成了一段时间的研究瓶颈期。随着水洗柔版被开发，其优势逐渐显现，越来越被行业认可，在柔印中逐渐成为被频繁使用的版材。

1. 水洗柔版的分类

水洗柔版种类繁多，可根据制版方式的不同、主体树脂的不同、基底的不同等进行分类。

2. 水洗柔版的结构

水洗柔版的结构与平常用的版材结构大同小异，只有防黏层和黑膜有些许差别。水洗柔版结构如图 7-13 所示，包括版材基底、遮光树脂、遮光黑膜、PET 保护膜 4 部分。

```
┌─────────────────────────────────────┐ → PET保护膜
├─────────────────────────────────────┤ → 遮光黑膜
│                                     │
│                                     │ → 遮光树脂
│                                     │
├─────────────────────────────────────┤ → 版材基底
└─────────────────────────────────────┘
```

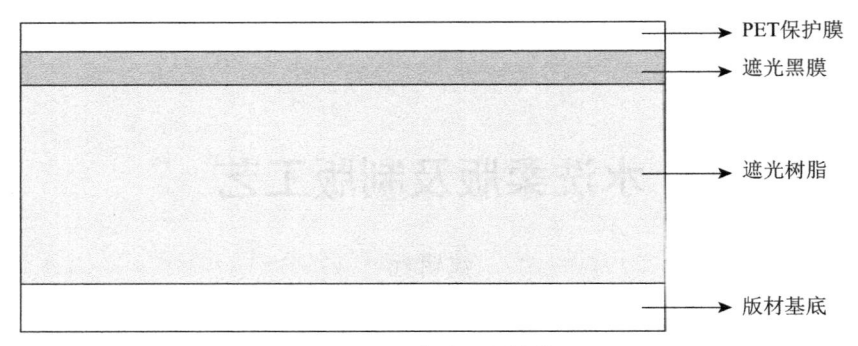

图 7-13　水洗柔版结构

3. 水洗柔版的保管

水洗柔版应保存于通风阴凉的场所，保存温度应在 5～35℃，保存湿度应低于 75%，若长时间置于高温环境下（50℃以上）有可能自然聚合并硬化。水洗柔版应平放在合适的位置，且开盒后的水洗柔版要用黑色薄膜包好存放。

二、水洗柔版制版机的组成

下面以 AWP 2530 水洗柔版制版机为例进行介绍。

1. 洗版部分的功能及作用

AWP 2530 水洗柔版制版机的洗版部分包含洗版液过滤系统单元、背曝光、主曝光、洗版、烘干后曝光及除粘。

制版机上盖可以打开呈一定的角度，上盖安装有毛刷和洗版电机等部件；洗版槽用于存放洗版液，粘版的粘贴片也安装在水槽内；主显示屏掌握所有制版工序的操作和数据的设定；总电源开关可控制总电源以及横向数据的设定；急停开关遇到紧急情况时朝内摁压即可关闭运行中的设备；蜂鸣器用于提示运行结束；主曝光抽屉用于水洗柔版背曝光；二次曝光抽屉用于版材的除粘和二次曝光，平时为锁紧状态，在有故障或更换灯管时打开；烘干抽屉用于将洗好的柔版进行干燥处理；主曝光电器抽屉平时为锁紧状态，在有故障或光源部件时打开。

2. 过滤系统的功能及作用

洗版液槽是存放洗版液的容器；水冲洗龙头用于洗版完成后版材表面的清洗；新液冲洗龙头用于洗版完成后版材表面的新液冲洗；气枪用于去除洗版完成的柔版表面水分；新液位用于显示新液的液位；洗版液位用于显示洗版液的液位；压力表用于显示一次过滤器的压力；气压开关用于切换和关闭压缩空气；过滤泵用于水洗版的过滤；循环泵用于洗版液在洗版时的循环。

3. 制版机操作过程

首先，打开吸尘器和制版机电源开关，制版机操作页面如图 7-14 所示。登录 flexo 账号（等待一分钟使主机与制版机相连），双击启动 Exposer 软件，然后在弹出的"启动时必须校准 CDI"窗口中单击"现在校准"，等位置处显示为 1.0mm 时，再进行下一步。

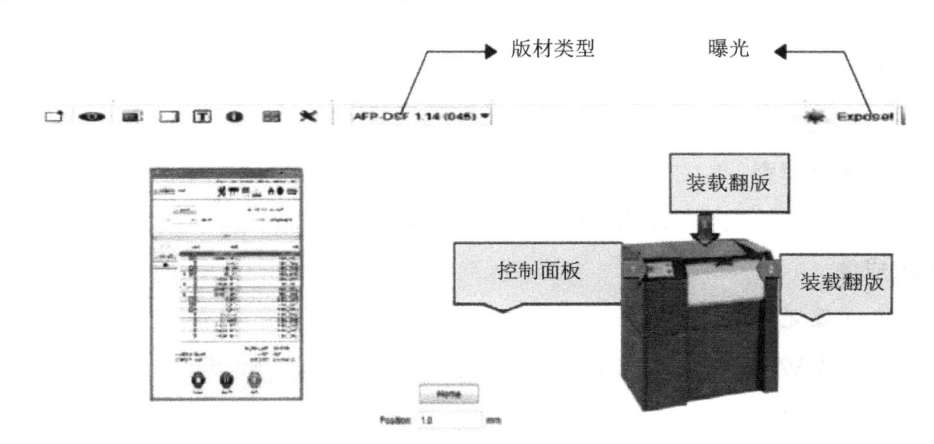

图 7-14 制版机操作页面

其次，双击启动 Merger File Mod 软件，将作业文件拖入内部进行排版，之后右键单击查看文件尺寸，按文件尺寸裁版（注：每边预留 15mm）。接着背曝光，左手按住控制面板中的"Cover OPEN"，右手打开装载翻版，将背曝光好的柔版上的膜一气呵成撕掉，放到滚筒红色三角形标识处（对齐红色三角形标识底部），按左侧控制界面中的"START/TEST VACUUM"（绿色按钮），打开真空吸住柔版，右手用螺丝撬棍向右转动，将版夹口全部打开，拿住撬棍向前微微推动，将版夹口与柔版边缘齐平，螺丝撬棍向左转动，夹紧柔版，拿下螺丝撬棍，左手轻轻拿住柔版，右手向下转动滚筒贴胶带查看曝光起始位置，关闭制版机机盖。在 Merger File Mod 软件中选择版材并单击右上角的"曝光"按钮，在弹出的对话框中输入档案名，单击"确认"按钮，如若前面曝光版材不是选择的全包，则会弹出一个对话框，再根据实际选择版材覆盖类型。打开"Exposer"软件窗口，找到前面设置的档案名称，在"位置"后面填写制版起始位置，单击"开始"按钮，进行制版工作。

三、水洗柔版的制版顺序

1. 制版准备

从版房取出所需版材，按要求放置在曝光台上。

2. 背曝光

按要求对版材进行背曝光，以形成要求的版材固化厚度。

3. 图像雕刻

用制版机进行成像，版材表面的保护膜装入前要揭去，并迅速放入制版机内成像。

4. 主曝光

通过 UVA 紫外线光源对所要形成的浮雕进行曝光，使其固化。

5. 洗版

在洗版溶液的作用下，通过毛刷将固化树脂从印版上洗刷下来，使版材形成浮雕。

6. 烘干

将洗好的印版的表面水分吸干后放入烘箱，按要求进行烘干，以去除多余水分使其充分干燥。

7. 除粘和后曝光

将烘干完成的印版进行表面除粘和二次曝光固化。

四、水洗柔版的制版特点

水洗柔版制版时间短、干燥快，网点更加均匀，印刷品质高于普通印版并且可以使用多种油墨，最重要的是比普通制版更加环保。

值得一提的是，旭化成水洗柔版除了网点更加均匀、套准更加准确，还采用清洁转印技术，可以有效避免油墨堆积造成的印品消耗问题，并且可以减少印刷机清洁时间，提高生产效率和印品质量。

表7-2是普通溶剂版的印刷试验数据采集，印刷长度为37368m，共需要173min。其中因清洗印版而停机的时间较长，产生的废弃物长度也比较长；表7-3是采用清洁转印技术的印版所得到的印刷试验数据采集，相同的长度印刷完所需时间短，因清洁机器而停机的时间更短，废弃物也更少。

表7-2　普通溶剂版的印刷试验数据采集

项目	数据
运行时间（min）	173
机器准备时间（min）	4
午休或短暂休息（min）	0
停机时间（min）	47
设备印刷速度（n/min）	300
印刷长度（m）	37368
浪费的材料（m）	1025

表7-3　清洁转印印版的印刷试验数据采集

项目	数据
运行时间（min）	140
机器准备时间（min）	2
午休或短暂休息（min）	0
停机时间（min）	8
设备印刷速度（n/min）	300
印刷长度（m）	38000
浪费的材料（m）	450

通过数据对比,更加证明了水洗柔版印刷质量更好、生产效率高的特点。水洗柔版最大的优势就是环保,无须使用刺激性溶剂,并且制版过程中的水可循环利用,除去聚合产生废渣,不会产生其他废物。

水洗柔版在发展应用过程中趋向于更加方便和精细,能更有效地解决环保问题:一是对废液进行处理;二是提高版材精度,能够更好地还原原稿;三是提高对油墨的兼容性。目前,水洗柔版凭借生产效率高、环保的优势在市场上稳定增长,同时因其产品独特、应用范围广的优势,影响力不断扩大。

（原载于 2023 年第 5 期《印刷技术》杂志）

烟包高速凹印水性油墨的研究与应用

曾凡齐　王凯　李强　刘健书　周宏

中国烟草行业正在加速推进烟包环保化，国家政府对企业的环保要求也越来越严格。如何降低烟包溶剂残留量和改善大气环境，是当下烟印企业亟待解决的问题，而凹印水性油墨具备环保特性，所以凹印油墨水性化成为烟印企业主体工作的重中之重。

常德金鹏印务有限公司（以下简称"常德金鹏"）联合油墨厂和制版厂，开展了主打品牌"芙蓉王（硬）"烟包全套凹印水性油墨的研发与应用。技术研发团队通过近3年时间，逐步攻克了透明黄、银、光油、黑、红、花黄、白共7色水性油墨的印刷适性和包装适性问题，实现了该品牌全套凹印水性油墨印刷工艺，凹印生产速度达到220～230m/min。2023年7月，常德金鹏采用全套凹印水性油墨生产了4.6万大箱烟包，烟厂反馈使用情况良好。本文将重点探讨凹印水性油墨在应用过程中出现的问题及解决方案，旨在为烟包凹印油墨水性化研究与应用提供借鉴。

一、印刷工艺简介

"芙蓉王（硬）"烟包凹印工艺方案为"3色芙蓉花＋白色＋2色大面积实地印刷＋上光"，其中，"2色大面积实地印刷＋上光"的面积占产品总面积的90%以上。为尽快推进烟包环保化，并结合当时凹印油墨技术状况，常德金鹏决定该烟包凹印油墨实现全水性化按两步走：第一步，2021—2022年实现透明黄、银、光油部分油墨的水性化，解决当时产品VOCs残留量的对标问题；第二步，2023 年实现全套水性油墨印刷，全套水性油墨生产成品样如图 7-15 所示。

图 7-15　全套水性油墨生产成品样（彩图 12）

在凹印水性油墨的研发与应用过程中，既存在行业反馈的共性弊病，如印刷图案扩散、油墨气泡、凹版堵网、印刷水纹、橘皮、干燥速度慢、实地暗纹等，又出现了一些超出行业认知的特性，如印刷拉条少、文字笔画清晰、生产中溶剂添加量少、印刷效果稳定性高等。

二、凹印水性油墨研究与应用的技术方案

1. 凹印制版技术及改进方案

在"芙蓉王（硬）"烟包由酯溶型油墨转化为水性油墨之前，首先要做的工作就是确定水性油墨凹版的制版工艺参数，这需要关注两个方面。

（1）文字扩张程度和图案层次变化

试验版设计思路：根据"芙蓉王（硬）"烟包外观效果，印刷工艺需验证黑叠银、黑叠透明黄，红叠银、红叠银卡、红叠透明黄等叠印效果。验证各色文字和图案在不同底色上的扩散情况，将"芙蓉王（硬）"烟包上的各印刷元素分解到相应区域，采用各元素集中验证效果的方式进行设计。可以根据需要设计 1～5 种不同雕刻参数，再通过上机打样确定最终雕刻参数。打样

时，需注意控制好印刷工艺参数的正常值，避免误导雕刻参数的选取。

（2）实地部分雕刻参数设置

试验版设计思路：结合水性油墨印刷适性特点，即水性油墨干燥较慢、转移好，版辊网穴雕刻深度较浅，一般情况下，凹版雕刻深度均比相应溶剂型凹版要浅 14～22μm。相对溶剂型凹版而言，水性油墨凹版需提升印版表面光洁度，如果印版表面光洁度不高，容易导致刮墨不净，形成拉条现象。

2. 全套凹印水性油墨试验方案

第一阶段（适性测试）：2022 年 9 月 19 日—2022 年 9 月 22 日，完成了 4000 大箱烟包试验。在试验过程中，技术团队测试了电雕白版，出现了白墨遮盖力不强、生产中白墨拉条频繁不易处理的问题；测试了激光白版，白墨印刷厚实，但银墨与白墨的叠印处印刷不实，水性白墨测试停止，后换溶剂白墨完成批量测试。其他各色均为水性油墨，但油墨存在稳定性问题，试验中出现了黑色文字偏粗、容易发虚，花黄呈现橘皮状，红色饱和度不够等问题。由于多种问题的存在，此次试验产品合格率为 89.56%，产品质量处于较低水平。

第二阶段（质量提升）：2023 年 2 月 27 日—2023 年 3 月 4 日，技术团队完成了 12000 大箱烟包测试。水性白墨使用过程中有细拉条现象，现场添加慢干剂后有所改善，但干燥不好，印刷 11 卷后换成溶剂型白墨完成测试。其他各色水性油墨在本次试验中印刷适性较稳定，产品合格率提升至 95.43%，产品质量接近目标值。

第三阶段（全面推进）：2023 年 3 月 23 日—2023 年 4 月 12 日，技术团队完成了 25000 大箱烟包的扩量测试，水性白墨在本次试验中解决了拉条、刀丝或刮不净等质量问题。由于白墨消耗量少，长时间印刷后，白色块表面侧光观察有轻微泛红现象，需要调整油墨添加方式，按照多次少量的方式进行油墨添加。其他各色水性油墨在本次试验中印刷适性较稳定。第三阶段终于实现了全套水性油墨印刷工艺，产品合格率达到 97.20%。图 7-16 为全套水性油墨生产烟包成品 VOCs 检测结果。

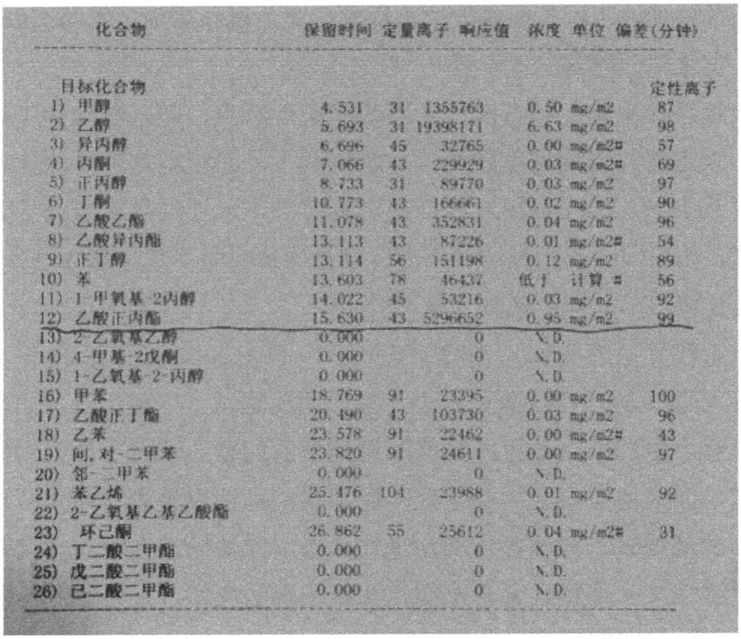

化合物	保留时间	定量离子	响应值	浓度	单位	偏差(分钟)
目标化合物						定性离子
1) 甲醇	4.531	31	1355763	0.50	mg/m2	87
2) 乙醇	5.693	31	19398171	6.63	mg/m2	98
3) 异丙醇	6.696	45	32765	0.00	mg/m2#	57
4) 丙酮	7.066	43	229929	0.03	mg/m2#	69
5) 正丙醇	8.733	31	89770	0.03	mg/m2	97
6) 丁酮	10.773	43	166661	0.02	mg/m2	90
7) 乙酸乙酯	11.078	43	352831	0.04	mg/m2	96
8) 乙酸异丙酯	13.113	43	87226	0.01	mg/m2#	54
9) 正丁醇	13.114	56	151198	0.12	mg/m2	89
10) 苯	13.603	78	46437	低于	计算 #	56
11) 1-甲氧基-2丙醇	14.022	45	53216	0.03	mg/m2	92
12) 乙酸正丙酯	15.630	43	5296652	0.95	mg/m2	99
13) 2-乙氧基乙醇	0.000		0	N.D.		
14) 4-甲基-2戊酮	0.000		0	N.D.		
15) 1-乙氧基-2-丙醇	0.000		0	N.D.		
16) 甲苯	18.769	91	23395	0.00	mg/m2	100
17) 乙酸正丁酯	20.490	43	103730	0.03	mg/m2	96
18) 乙苯	23.578	91	22462	0.00	mg/m2#	43
19) 间,对-二甲苯	23.820	91	24611	0.00	mg/m2	97
20) 邻-二甲苯	0.000		0	N.D.		
21) 苯乙烯	25.476	104	23988	0.01	mg/m2	92
22) 2-乙氧基乙基乙酸酯	0.000		0	N.D.		
23) 环己酮	26.862	55	25612	0.04	mg/m2#	31
24) 丁二酸二甲酯	0.000		0	N.D.		
25) 戊二酸二甲酯	0.000		0	N.D.		
26) 已二酸二甲酯	0.000		0	N.D.		

图 7-16　全套水性油墨生产烟包成品 VOCs 检测结果

三、凹印水性油墨研究与应用的技术探讨

在对水性油墨影响因素进行全面分析后，技术团队在凹印水性油墨的应用过程中，主要研究和探讨了以下 3 方面的内容。

1. 凹印水性油墨温度与印刷适性的关系

在高温情况下，水性油墨印刷适性的变化是水性油墨的一个未知领域。为研究两者之间的关系，常德金鹏设备动力部为配合测试工作，专门设计了一种“凹印水性油墨冷却装置”，并获得了国家发明专利。技术团队主要测试了小墨量水性油墨在长期运转中油墨温度变化对印刷适性的影响。

冷却装置关闭、开启时油墨温度情况如表 7-4 和表 7-5 所示。从表中数据可以看出，冷却装置有明显的降温效果。对于油墨温度与印刷适性的关系，技术团队分 3 个月进行了 3 个批次的对比测试。在第一次试验中，当开启冷却装置时，水性花黄墨的泡沫量有所减少，此时无须使用消泡剂或添加少量酒精消泡，测试表现为油墨冷却有抑制油墨泡沫产生的作用，但其他色墨并未出现气泡问题。考虑到冷却装置保养难度以及降低能耗和维护成本，与油墨专家沟通后，油墨专家认为可以调整油墨配方，达到降低泡沫的目的。通过水性油墨消泡改进后，各色水性油墨印刷适性良好，均未发现油墨因温度问题导致的印刷适性波动情况。

表 7-4　冷却装置关闭时油墨温度情况　　　　　　　　　　　　单位：℃

时间	温度			
	白（未冷却）	黑（未冷却）	红（未冷却）	黄（未冷却）
8：35	33.6	33.8	34.5	35.1
10：33	36.8	38.1	38.8	39.1
12：37	37.6	37.6	39.5	38.9
14：42	38.5	36.3	39.9	39.4
16：26	37.3	37.2	39.8	39.0
温度范围	33.6～38.5	33.8～38.1	34.5～39.9	35.1～39.4
印刷适性	印刷速度 220m/min，图文印刷效果满足产品质量标准要求			

表 7-5　冷却装置开启时油墨温度情况　　　　　　　　　　　　单位：℃

时间	温度			
	白（冷却）	黑（冷却）	红（冷却）	黄（冷却）
19：03	23.7	24.5	25.7	27.1
21：07	21.3	23.1	24.1	26.1
23：12	22.5	22.6	24.5	24.2
1：11	23.5	21.7	23.9	25.4
3：03	22.3	22.2	23.8	24.7
温度范围	21.3～23.7	21.7～24.5	23.8～25.7	24.2～27.1
印刷适性	印刷速度 220m/min，图文印刷效果满足产品质量标准要求			

2. 凹印水性油墨 pH 值与印刷适性的关系

根据水性油墨行业原有认知，在长时间印刷过程中，水性油墨的 pH 值会随着使用时间的推移而发生变化，进而影响水性油墨的溶解性。研究水性油墨 pH 值与印刷适性的关系，将为水性油墨长时间正常使用提供印刷工艺参数支持。因此，在"芙蓉王（硬）"烟包批量生产过程中，技术团队对全套水性油墨的 pH 值进行了跟踪测量，在印刷几天后，随机抽取 3 个班次按每 2 小时检测 1 次的频率得出数据取平均值，如表 7-6 所示。

表 7-6　全套水性油墨 pH 值

凹印色	透明黄	白	银	黑	专红	专黄	光油	班次
水性油墨 pH 值	9.0	8.1	7.4	7.5	7.6	7.4	8.0	甲班
	8.9	8.3	7.3	7.3	7.6	7.4	8.0	乙班
	8.7	8.0	7.4	7.2	7.4	7.1	8.0	丙班

通过水性油墨在使用过程中的 pH 值和印刷适性来看，凹印水性油墨 pH 值的变化量很小，而且基本处于正常范围。经过多批量生产验证，凹印水性油墨在使用过程中的 pH 值几乎无变化，因此操作人员无须对油墨的 pH 值进行测量和监控，这切实降低了机台操作人员的工作强度。

3. 凹印水性油墨溶剂水质与印刷适性的关系

目前，凹印水性油墨的溶剂水主要来源于市政自来水，水里面的漂白粉等化学物质以及杂质是否会对油墨印刷适性产生影响尚不可知。在凹印水性油墨的研发过程中，多个油墨厂对市政自来水作为溶剂水也提出了质疑。

针对此问题，技术团队多方咨询凹印水性油墨专家，专家一致认为，市政自来水中的漂白粉等化学物质含量极低，不足以影响水性油墨的印刷适性，使用洁净的自来水便可。鉴于此观点，技术团队在全套水性油墨中均使用市政自来水作为溶剂之一，在印刷过程中并未发现因使用市政自来水而导致的印刷质量问题。通过多次批量生产实践得出，市政自来水只要洁净就不会对水性油墨的印刷适性产生不良影响。

上述只是"芙蓉王（硬）"烟包在批量生产过程中表现出来的印刷适性，它们并不一定会适应所有品牌油墨和烟包产品的需求，对于凹印水性油墨的温度控制、pH 值控制以及水质保障的取舍，需要结合烟包印刷工艺要求和外观效果特点，具体问题具体分析。

四、凹印水性油墨应用中的主要问题及解决方案

1. 油墨串色问题

当印刷一段时间后（大约生产 5000 大箱烟包），白色块表面侧光观察会呈现轻微泛红现象，此时白色油墨中可见轻微橙红色浮墨，这是印刷速度太快，透明黄墨干燥不彻底导致的。在高速（220m/min）印刷下，透明黄墨处于半干状态进入白色单元，在白版表面残留溶剂的作用下发生轻微复溶现象而串入白墨，当累积到一定程度后就会出现白色泛红问题。最直接的办法就是加快透明黄墨的干燥速度，但是容易出现印刷实地堵版问题，处理起来不好把握尺度，机台控制难度大，不利于产品规模化生产要求。

解决方案：

①缓解方案。采用少量多次添加水性白墨的办法，当白色效果达不到标准要求时，在不停机情况下更换一部分旧墨，但容易造成水性白墨消耗量增加，不利于成本控制。

②终极方案。利用水性油墨复溶性差的特点，油墨一旦彻底干燥后就不容易再次被溶解，在透明黄与白色之间空一色组作为专用干燥单元，用于强化透明黄墨干燥，使其达到彻底干燥状态，杜绝白色洗色问题的发生。

2. 白版耐印率问题

水性油墨对印版的磨损强度相对溶剂型油墨大一些，目前使用水性白墨 2 天左右（80 万～100 万印）就需要更换印版，而使用溶剂型油墨 4 天左右（150 万～200 万印）才需要更换印版。白版更换的原因在于：当白版实地网穴磨损降低到一定程度时，白墨的遮盖力就会达不到产品质量要求，此时提高油墨黏度会出现迎刀面干版问题，降低油墨黏度则会出现实地印刷不实和水波纹问题。

解决方案：

①优化油墨制造工艺。选用优质钛白粉以降低大颗粒比例，选用爽滑度好的树脂以提升树脂对钛白粉的包裹能力，通过一系列的优化措施，降低水性白墨对凹版的磨损强度。

②优化印版制造工艺。针对水性白墨对凹版磨损强度大的问题，进一步优化印版雕刻深度。通过实践得出，水性白版雕刻深度超过溶剂型白版雕刻深度3～5μm，仍可以正常印刷，而且印版耐印率有所提升。这一新特性刷新了制版行业对水性油墨凹版雕刻深度的认知，经过优化后目前白版耐印率已达到100万～130万印。技术团队将继续从水性油墨和凹版制造工艺出发，争取早日实现白版耐印率达到150万印的目标。

五、凹印水性油墨在应用中表现出来的亮点

在"芙蓉王（硬）"烟包多批次生产过程中，凹印水性油墨除环保特性外，还表现出了以下几个亮点。

①白墨和黑墨的印刷适性均优于溶剂型白墨和黑墨，印刷拉条和拖尾问题相对较少，印刷质量有提升。

②溶剂添加频次明显降低、使用量减少，基本无溶剂挥发，有时候一个班次下来基本不用添加溶剂，油墨黏度稳定性好，色相稳定性高。

③黑色和红色文字笔画粗细稳定性好，不易出现溶剂型油墨经常发生的断笔和发虚的质量问题，印刷质量稳定性好。

④经过印版和黄墨通透性优化后，水性花黄印刷再没有出现溶剂型油墨经常发生的橘皮问题，这是由于油墨相似相溶，水性花黄墨强于溶剂型花黄墨在水性透明黄墨表面的铺展性能。

⑤使用全套水性油墨后，溶剂配比相对单一，完全避免了因溶剂混用造成的油墨报废风险。

六、凹印水性油墨使用要领

1. 油墨调配要求

因水性油墨的复溶性较差，在水性油墨调好色相和黏度后，若暂时不使用，需用桶盖盖严实，避免因长时间暴露在空气中造成表面干燥结皮而影响印刷适性。

2. 溶剂使用要求

水性油墨使用酒精和水稀释，其比例按具体要求调配。部分水性树脂不能直接接触高浓度酒精，所以需将酒精和水混匀后再添加，不能将酒精或水分开先后单独加入。

3. 油墨添加要求

针对印刷面积较小，即单位时间内用量较少的水性油墨应依据少量多次的原则添加，以保障油墨体系稳定。这是由于油墨长时间循环会使大量助溶剂等物质挥发或消耗，从而导致油墨体系的稳定性发生变化。

4. 油墨黏度控制要求

在刚开机加墨使用时，小墨量水性油墨的初始黏度要比正常值稍高一点，一般控制高 2～3 秒，随着设备运转油墨温度升高，水性油墨的黏度会很快下降至正常值。

5. 印版清洁要求

因堵版或其他原因停机需要清洗凹版时，需使用调配好的水性溶剂或专用清洗剂洗版，有条件的企业可以购置专用凹版清洁设备，以减少因堵版造成的凹版报废，禁止使用强酸、强碱溶剂清洁印版。

6. 停机操作要求

因水性油墨结皮后复溶差，故中途短时间停机时，需及时抬起刮刀让油墨包裹凹版保护网穴；节假日长时间停机，需彻底清洁印版网穴和墨槽。

7. 油墨更换要求

不同水性树脂混合后会有絮凝、增稠的风险，所以切换不同体系或不同厂家油墨时，需把色组的墨桶、墨槽、版辊彻底清洗干净，防止出现不可逆转的堵版和化学反应。另外，如需使用旧墨，必须使用 150～200 目的过滤网过滤后才可使用。

8. 油墨安全特性要求

以水性银墨为代表的水性金属墨均含有铝银粉等金属颜料，在正常条件下油墨是安全的，但因铝粉在强酸、强碱或高温环境下会与水发生化学反应，产生氢气，具有安全隐患。

七、凹印水性油墨的运输、储存和报废要求

1. 运输要求

避免长时间在日光下暴晒，避免强烈碰撞，运输车辆需采用厢式货车，车辆休息或等待下货时应停靠在阴凉处。

2. 储存要求

①应储存在阴凉通风干燥处，远离火源，防止爆炸，仓库温度保持在 5～30℃。

②包装必须完整，无溢出现象，避免接触火源及强酸、强碱、强氧化性、强还原性物质，防止意外情况出现。

③普通水性色墨和光油存放 1 年左右可正常使用，水性金银墨存放不要超过 6 个月，当水性油墨超过存放时间时，需要重新检测合格后才能使用。

3. 废墨处理要求

①普通水性色墨和水光废墨可以混合统一回收处理。

②水性金属墨需单独使用回收桶回收，不能与其他非金属废墨混合，桶身需标注"水性金属废墨专用"标识，同时避免与强酸、强碱接触发生化学反应而引发安全事故。

随着国家烟草行业环保政策的强制实施，国家政府的环保力度逐步加大，凹印水性油墨未来在烟包领域的应用将会越来越广泛，将替代凹印溶剂型油墨步入发展快车道。凹印水性油墨将朝着高速印刷、更环保、更安全的方向发展，今后，烟包市场的竞争将是水性油墨应用能力的较量。烟包凹印水性油墨的发展，未来可期！

（原载于 2023 年第 6 期《印刷技术》杂志）

高速喷墨印刷助力报业印刷转型

李颖

西安报业传媒集团（西安日报社）成立于1953年，内设的印务中心部门主要承担《西安日报》《西安晚报》的印刷任务。印务中心90%的资产和人员是为完成两报印刷而配置。现有的爱克发紫激光CTP、罗兰70机、高斯宽幅75报业轮转印刷机等，专业化程度都非常高，但只能印刷报纸，无法印刷其他产品。

笔者现将印务中心的高速喷墨印刷探索历程以及高速喷墨轮转数字印刷设备使用过程中的一些心得和各位同人分享。

一、选择高速喷墨印刷的原因

1. 印务中心发展遇到瓶颈，不得不探索转型发展之路

在报纸印刷的辉煌时期，为确保西安日报社的出版时效，印务中心引进高斯宽幅报业轮转印刷机，关停了所有对外代印业务，报纸印刷生产能力和质量在西安地区首屈一指。

为了打破印务中心只能印报纸的单一产业结构，2008年，西安日报社申请了文化产业发展专项资金，引进了一台生产型单张纸彩色数字印刷机，成立了数字印刷图文输出中心，开展平面设计、图书排版、样书制作、个性化定制等业务。

然而从2013年开始，《西安日报》《西安晚报》的发行量和广告量断崖式下滑，印量也持续下降，印务中心工作量严重不足，导致单张报纸的印刷成本持续攀高，印务中心成为西安日报社的负担。同时，报纸印刷市场严重萎

缩，加之宽幅报业轮转印刷机比小滚筒轮转印刷机的用版量多4倍，开机费用高，成本居高不下，无法适应市场竞争，代印报的业务寥寥无几，传统报业印刷市场逐年萎缩。

与此同时，印务中心唯一的非报业经营项目——数字印刷图文输出也面临着巨大挑战。数字印刷图文输出中心的主要服务对象是西安市各大出版社，核心业务是图书排版、样书制作、自主出书、个性化定制等，主要使用单张纸激光数字印刷机进行传统印前打样，以及200册以内的图书、画册印刷。随着出版业向多种类、零库存出版方式转变，这类按需印刷业务越来越多，激光数字印刷机的生产效率和加工成本已经无法满足客户需求，大量按需印刷业务流向北京，印务中心不得不寻求新的发展方向。

2. 高速喷墨印刷带来新希望

高速喷墨印刷不仅具备卷筒纸印刷的高效、快捷特点，而且无须制版，即可实现可变数据印刷。其有效结合了最快的印刷方式和最灵活的印刷技术，为印刷业的发展带来了一场新技术革命，也给印务中心的转型发展带来了新希望。

经测算，印务中心认为高速喷墨印刷无论从生产效率、生产质量还是加工成本来看都能满足目标客户的需求，可用于100～1000册按需印刷品的加工。

当印量在100册以上时，激光数字印刷成本高于传统胶印，因此激光数字印刷主要用于传统印前的样书制作和100册以内的小批量印刷。而高速喷墨轮转数字印刷机使用的墨水成本远低于激光数字印刷机使用的碳粉成本，且卷筒纸成本也略低于单张纸成本，还能实现不同规格书籍的拼版印刷，生产模式也更灵活。

由于大型报纸印刷设备对人员数量的要求不因印量的减少而减少，而报纸印刷工人的收入跟印量直接挂钩，当报纸印量持续减少，人员数量却没有少，这不仅使单张报纸印刷的人工成本居高不下，还严重影响工人的收入。为控制成本，提高工人收入，企业还需要给工人提供更多的工作任务。

经过充分的调研论证，高速喷墨印刷不仅能为印务中心降低报纸印刷的人工成本，还能使一线工人安心工作、后顾无忧。

高速喷墨轮转数字印刷机与传统报业轮转印刷机同为卷筒纸印刷，在进纸方式、张力控制、套印调整、拼版方式上都很类似，传统报业轮转印刷工人经过简单培训，很容易转岗为数字印刷工人。高速喷墨轮转数字印刷机的自动化程度高、用纸幅面小、结构相对简单，对操作人员的体力要求相对较低，非常适合只会印刷报纸，却因年龄偏大、体能稍差无法继续在报纸印刷生产的一线员工转岗。

2017年，根据市场需求，西安日报社再次申请文化产业发展专项资金，引进了一台进口喷墨轮转数字印刷机及配套的书芯加工系统，以及印后装订设备，开展按需印刷业务。经过7年发展，印务中心目前拥有两条高速喷墨轮转数字印刷生产线，涵盖了覆膜、骑马订、胶装、锁线、精装、塑封等完备的印后装订设备，实现了从一本到上千本图书的数字化按需生产，满足了陕西地区出版业发展的需求，年产值达上千万元，取得了不错的成效。

二、高速喷墨轮转数字印刷设备与书芯裁切设备的连接方式

在高速喷墨轮转数字印刷设备的选择过程中，需要注意其与书芯裁切设备的连接方式。目前，市场上高速喷墨印刷单元与书芯裁切部分的连接方式有两种，连线方式和离线方式。在选择设备连接方式时，主要考虑生产需求。

1. 连线方式

连线方式即喷墨生产线的喷墨单元和裁切单元通过缓冲器进行连接，喷墨与裁切同步运行，中间省去了收卷单元和放卷单元。喷墨印刷完成后直接裁切成书芯，方便灵活，便于检查和临时加单。国产机连线方案相对成熟，国内大多数用户采用连线方案。但连线方案中的喷墨和裁切两个部分互相制约与影响，其中一个环节降速则整个系统减速，一个系统故障则整个系统停机，实际生产速度很难达到最高，适合种类相对较多、单品数量较少的活件。

2. 离线方式

离线方式即喷墨生产线的喷墨单元和裁切单元是两个相对独立的系统。

喷墨印刷完成后通过收卷单元收集纸卷，然后再通过放卷单元进入裁切系统分切成书芯，喷墨和裁切两个部分相互独立，互不影响，便于发挥设备的最大产能，缺点是必须印刷完一个整卷后才能裁切，灵活性较差，适合印刷单品数量相对较多的活件。

印务中心第一条生产线选择了离线方式。当时，主要考虑服务出版社的图书按需印刷，这类活件的印刷要求相对统一、单本印刷数量在500册以上，且淡旺季特别明显，需要旺季时设备产能得到最大发挥。同时，考虑到只有一台设备，一旦发生故障就只能停产。为避免这种情况发生，印务中心选择了离线方式。这条生产线在图书出版旺季时，基本可以做到一个月全速印刷不停机。

印务中心第二条生产线选择了连线方式。考虑到这条生产线是对第一条生产线的补充，不要求产能，主要用来印刷社会活件，这类活件种类繁多、印数较少、要求不一、随机性强，需要生产方式灵活、快捷，选择连线生产方式，可以随时调整订单顺序，满足客户不同需求。

三、应用探索

印务中心作为一个专业的报纸印刷厂，在使用高速喷墨轮转数字印刷机开展图书按需印刷的同时，也在积极探索小批量黑白报纸领域的印刷。

考虑到未来报纸的按需印刷需求，引进设备时选购了加长裁切尺寸，最大裁切长度为590mm，印刷幅面为520mm，完全能满足普通四开报纸的印刷需求。印务中心利用高速喷墨轮转数字印刷机印刷出来的报纸为单张四开小报，还需要使用传统折页机进行折页，但传统折页机不能进行报纸存页折页，只能折单页报纸，因此只能印刷定量为$60g/m^2$书刊纸的单张四开小报。据调研，国内外知名的高速喷墨轮转数字印刷机及其配套设备已经能够完全满足各类报纸的印刷、折页需求。

印刷成本方面，印务中心也进行了精确测算。虽然高速喷墨轮转数字印刷机使用的水性颜料墨水比传统油墨每公斤贵80元左右，数字印刷专用纸比普通新闻纸每吨贵约 1000 元，但是高速喷墨印刷几乎没有开机废报，也不用制版、调试。经测算，在印刷 5000 份以内的单色四开小报时，高速喷墨印刷成本比传统宽幅报业轮转印刷成本略低。目前，印务中心主要使用高速喷墨轮转数字印刷机印刷印量在 5000 份以内的高校校报、医院院报、企业内部报等，时效、成本和质量完全能满足客户要求。未来，当高速喷墨印刷墨水技术闸门打开时，报纸印刷将迎来第三次技术革命。

四、存在问题

在使用喷墨轮转数字印刷机印刷报纸的过程中，印务中心遇到的最大障碍就是新闻纸的透印问题。

传统报纸印刷使用的新闻纸定量一般为 $48g/m^2$，含有大量的木质素和其他杂质，纸张较脆，抗水性能差。而高速喷墨轮转数字印刷机使用的墨水多为水性颜料墨水，需要经过高温定影。为了确保印刷质量，喷墨轮转数字印刷机一般要求使用表面进行特殊涂布的数字印刷专用纸。印务中心在测试过程中发现，由于报纸图文密集、字号较小、印刷墨量较大，在使用国产 $48g/m^2$ 新闻纸进行喷墨印刷时，双面印刷透印情况比传统报纸印刷严重很多，无法满足质量要求。

经过反复测试，印务中心发现使用 $60g/m^2$ 本白数字印刷专用纸印刷报纸时，透印现象有很大改善，且比普通新闻纸的光滑度、定量、质量都要略胜一筹，因此客户很乐意接受采用高速喷墨轮转数字印刷机印刷的报纸。希望在不久的将来，在墨水厂和纸厂的共同努力下能彻底解决高速喷墨印刷的透印问题。

截至 2023 年，印务中心的转型之路虽然已经走了 16 年，但仍未通过印刷图书来反哺西安日报社，转型目标还没有完全达到，探索之路仍在继续……

随着报纸印量的不断减少和高速喷墨印刷成本的不断降低，报纸印刷即将走向按需化、数字化。高速喷墨印刷的应用不仅能为报纸印刷提高出版时效、降低人员成本，还能为纸质报纸赋予新功能。高速喷墨印刷的数据可变性也为报纸分类广告、定向投递、区域化办报等市场拓展提供了技术支持，使报纸可以承载更多的功能，如彩票、抽奖等。相信随着科技的发展以及报纸采编方式、发行量的变化，报纸印刷必将走向高速喷墨印刷之路。

（原载于 2023 年第 4 期《印刷技术》杂志）

新法规框架下食品包装用 UV 油墨的开发研究

沈剑彬　刘晓鹏　马志强　王伟民　张昊

2020 年国家卫生健康委员会和国家市场监督管理总局发布《食品安全国家标准 食品接触材料及制品用油墨》（征求意见稿）〔注：正式版《食品安全国家标准 食品接触材料及制品用油墨》（GB 4806.14—2023）已于 2023 年 9 月 6 日发布，将于 2024 年 9 月 6 日起实施。本研究课题始于 2020 年，持续推进中〕，印刷食品接触材料及制品用油墨，其安全风险可能来源于印刷基材、选用的油墨及印刷过程等多个方面。为了全面用规避油墨带来的安全风险，印刷后的食品接触材料，除了需要满足印刷基材的安全性要求外，还要避免油墨带来的安全风险。标准还要求间接接触食品用油墨也应符合《食品安全国家标准 食品接触材料及制品用添加剂使用标准》（GB 9685—2016）及相关食品安全国家标准和公告中受限物质的限量要求。

紫外光（UV）固化油墨具有接近 100% 的固化体系，目前，食品包装用紫外光（UV）固化油墨中常用的光引发剂都不在 GB 9685—2016 许可列表内。不过，GB 9685—2016 附录 A.13 规定"我国允许用于食品接触材料及制品的分子量大于 1000Da 的聚合物"。本文，笔者通过寻找和测试分子量大于 1000Da 的新型大分子光引发剂，试开发成膜组分符合 GB 9685—2016 要求的低迁移 UV 油墨。

一、综述

开发油墨前，首先要对低迁移有一个概念。通常情况下，"低迁移"包装指整个包装结构中使用的材料、含有的化学物质不会从外包装迁移到内包装产品中。为了符合低迁移包装的标准，包装结构中含有的材料（包括油墨）不得含有任何影响产品外观、气味或内部安全的迁移性化学品。油墨印刷在基材上的固化过程中，如果未能 100% 交联固化，油墨中未反应或不参与交联反应的小分子物质，可能会通过接触或渗透而转移到食品接触面，在包装食品后造成污染，这称为油墨迁移性污染。如 2005 年，欧洲雀巢婴儿配方奶粉中检测出微量的异丙基噻吨酮（ITX），就涉及 UV 油墨的迁移污染问题。迁移可以分为释放迁移和渗透迁移，释放迁移风险：印刷和堆叠存放过程中，印刷面同材料背面直接接触，小分子量光引发剂有可能通过接触而迁移到最终的包装食品中；渗透迁移风险：印刷油墨层中的小分子量物质穿透材料阻隔层，最终迁移到包装食品中。

国家卫生和计划生育委员会 2016 年颁布的《食品安全国家标准 食品接触材料及制品用添加剂使用标准》（GB 9685—2016），其附录 A.13 中说明除附录中列出的物质外，"我国允许用于食品接触材料及制品的分子量大于 1000Da 的聚合物（微生物发酵生成的大分子物质除外），其使用符合相应聚合物的限制性规定"。同年，国家卫生和计划生育委员会颁布《食品安全国家标准 食品接触材料及制品通用安全要求》(GB 4806.1—2016)，其中 3.6 说明 "对于不和食品直接接触且与食品之间有有效阻隔层阻隔的、未列入相应食品安全国家标准的物质，食品接触材料及制品生产企业应对其进行安全性评估和控制，使其迁移到食品中的量不超过 0.01mg/kg。致癌、致畸、致突变物质及纳米物质不适用于以上原则，应按照相关法律法规规定执行"。这明确了非直接接触食品的包装油墨印刷品中油墨相关成分物质也需要满足迁移量小于 0.01mg/kg 的要求。

国家卫生健康委员会和国家市场监督管理总局 2023 年 9 月正式发布《食品安全国家标准 食品接触材料及制品用油墨》（GB 4806.14—2023），其中对油墨添加剂的直接要求是 "间接接触食品用油墨所使用的添加剂应符合 GB 9685—2016 及相关公告的要求"。GB 9685—2016 许可列表中用于油墨的添加剂种类总共有 189 种，包括 UV 油墨用光引发剂在内的多数油墨材料均不在列表中，常用光引发剂的分子量也远低于1000Da。受到各方面条件的制约，现有检测机构也无法全面提供许可清单物质以外的光引发剂等物质在食品包装中的特定迁移检测服务。

部分欧美食品包装印刷企业，在关注中国食品接触材料相关法规进展的同时，要求油墨企业参照欧美现有的法规体系，提供合规油墨产品。针对食品包装等接触材料用油墨材料，德国、瑞士等国家，欧洲油墨行业协会（EUPIA）以及雀巢等企业，经历多年的数据积累，依托强大的实验室分析、检测能力，形成了相对系统化和行之有效的正面清单、负面清单、检测方法、基础数据库，规定了包括光引发剂在内的特定迁移限量（SML），其中涉及光引发剂的正面清单中，均包含了部分常规光引发剂，其特定迁移限量大多在0.05mg/kg。研究团队也针对性开发了符合上述标准的UV低迁移油墨（下文简称"欧规低迁移UV油墨"）。不过，瑞士质量测试服务中心（SQTS）等专业检测机构也无法提供小于0.01mg/kg的特定迁移限量的检测服务。

随着新规的发布，检测机构针对UV油墨组成和非有意添加物质的检测能力将需要一定时间的提升，一方面，需对现有UV油墨印刷品的特定迁移性进行确认，非CMR物质但不在GB 9685—2016许可列表内的成分，是否能够符合≤0.01mg/kg；另一方面，从UV油墨配方组成和固化特性考量，需要使用分子量大于1000Da的大分子光引发剂或可参与交联聚合的树脂型光引发剂。本文研究开发了合规UV低迁移油墨，克服了两个难点。

①油墨配方不参与交联固化反应的组分均需要符合GB 9685—2016，印刷成品涉及油墨组分的迁移性需要符合GB 4806.1—2016。

②克服大分子光引发剂引发效率低的限制，采用氨基改性助光引发剂减少固化过程的氧阻聚的影响提升干燥能力，筛选更合适的蜡粉提升耐磨性能，印刷性能同欧规UV低迁移油墨保持一致。

二、实验过程

实验室收集十多种分子量在1000Da以上的光引发剂，筛选出3款组合使用下引发效率相对良好的光引发剂，在实验组配方中使用，分别是二苯甲酮聚合衍生物（光引发剂 A）、硫杂蒽酮聚合衍生物（光引发剂 B）、氨基苯甲酸酯聚合衍生物（光引发剂 C），实验材料如表 7-7 所示，对照实验组的 3 款常规光引发剂分别为 TPO、DETX 和 EHA。后者已经广泛使用，且在常规销售的 UV 油墨产品中发挥良好的光引发作用。实验配方中的原材料除了光引发剂以及 DPHA 丙烯酸多元醇酯外，其余物质均在 GB 9685—2016 油墨附录列表内。

表 7-7 实验材料

试剂	等级	产地	GB 9685—2016 符合性
松香改性预聚物	工业级	进口	分子量 >1000Da
光引发剂 A	工业级	进口	分子量 >1000Da
光引发剂 B	工业级	进口	分子量 >1000Da
光引发剂 C	工业级	进口	分子量 >1000Da
TPO	工业级	国产	不符合
DETX	工业级	国产	不符合
EHA	工业级	国产	不符合
DPHA	工业级	国产	交联成膜后分子量 >1000Da
PE 蜡	工业级	进口	许可列表内
PTFE 蜡	工业级	进口	许可列表内
有机颜料	工业级	进口	许可列表内
炭黑	工业级	进口	许可列表内
填料	工业级	进口	许可列表内

用以上原材料进行 UV 油墨的四色对照打样，打样配方如表 7-8 所示，每一个颜色都设一个实验组和对照组，其中共用的松香树脂、填料、有机颜料以及炭黑均在 GB 9685—2016 的许可列表内，实验组选用新型大分子光引发剂，其分子量都大于 1000Da，对照组选用现有的常规光引发剂，对照组已经经过实践证明可用于正常印刷使用及销售。

表 7-8 打样配方

颜色	黄		红		蓝		黑	
组别 大致配比	实验组	对照组	实验组	对照组	实验组	对照组	实验组	对照组
松香树脂	35	35	30	30	30	30	33	33
光引发剂 A	2	-	2	-	2	-	3	-
光引发剂 B	2	-	2	-	2	-	3	-
光引发剂 C	2	-	2	-	3	-	3	-
TPO	-	2	-	2	-	2	-	3
DETX	-	2	-	2	-	2	-	3
EHA	-	2	-	2	-	3	-	3
DPHA	36	36	36	36	35	35	35	35
蜡粉	3	3	3	3	3	3	3	3
填料	5	5	5	5	5	5	5	5
PY.83	15	15	-	-	-	-	-	-
PR.57∶1	-	-	20	20	-	-	-	-
PB.15∶3	-	-	-	-	20	20	-	-
炭黑	-	-	-	-	-	-	15	15
合计	100	100	100	100	100	100	100	100

三、实验结果

打样试验结束后，总共获得 8 组样品，每个颜色均有实验组和对照组。对照的两组样品通过油墨展色仪将墨层转移到淋膜纸上，再通过紫外光固化装置将其完全固化，记录每个样品完全固化需要通过紫外光固化装置的次数。样品完全固化后，再用无纺布蘸取酒精在印刷品表面用相同力道擦拭，记录每个样品表面墨层被破坏所需擦拭的次数，酒精擦拭测试结果如图 7-17 所示。

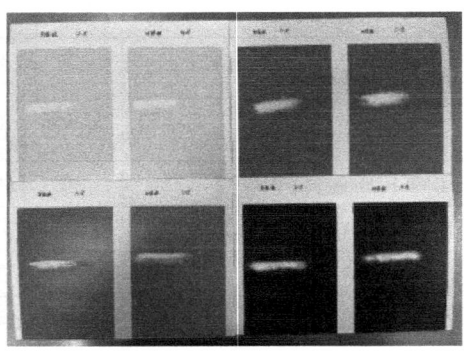

图 7-17　酒精擦拭测试结果（彩图 13）

由表 7-9 的实验结果可以看出，四色实验组完全固化所需通过紫外光固化装置的次数均比对照组要多一次，说明就固化效果而言，实验组还是要慢一些。后面的酒精擦拭实验结果也表现一致，实验组在深层固化以及耐性方面还是稍有欠缺。

表 7-9　对照试验记录 1

	黄墨实验组	黄墨对照组	红墨实验组	红墨对照组	蓝墨实验组	蓝墨对照组	黑墨实验组	黑墨对照组
固化次数	4	3	4	3	5	4	6	5
擦拭次数	12	14	10	12	10	12	8	11

笔者在原实验组配方上进行微调，在保持整体框架不变的基础上，将其中的 PE 蜡粉换成耐磨性能更好的 PTFE 蜡粉，再将其和对照组进行同条件对比测试，结果如表 7-10 所示，四色实验组和对照组完全固化所需通过紫外光固化装置的次数一致，在固化性能方面两者差距已经极小。后面的酒精擦拭实验结果和原实验组表现一致，说明 PTFE 蜡粉在改善油墨固化效果的同时，对配方的耐性提升仍旧有限。两次对比实验可以看出，虽然在细节上还有所欠缺，但是大分子光引发剂整体上已开始接近常规光引发剂的性能，已经有可以应用于实际生产销售的条件。

表 7-10　对照试验记录 2

	黄墨实验组	黄墨对照组	红墨实验组	红墨对照组	蓝墨实验组	蓝墨对照组	黑墨实验组	黑墨对照组
固化次数	3	3	3	3	4	4	5	5
擦拭次数	12	14	10	12	10	12	8	11

四、印刷机测试

通过实验室打样以及测试结果，笔者认为，由新型大分子光引发剂作为固化担当的 UV 食品包装用油墨已经有了上印刷机测试的基础条件，于是按照实验室配方红、黄、蓝、黑四色各制作了 1kg 样品，在笔者公司的印刷室进行了上机测试。在标准印刷条件下，以 10000 张 / 时的速度用标准测试版跑了 1000 张左右的铜版纸，其间观察油墨在墨路以及水路上的表现，以及对最后的印刷品进行固化判断。

在短时间印刷条件下，食品包装用 UV 油墨在墨路上转移性佳，印刷过程中未发现堆辊等不良现象，印刷结束后查看水路，四色水辊都比较干净，未发生上水辊现象。印刷品四色叠印部分也固化良好，整体表现无明显问题。由此可以初步看出，该油墨已具备基本的印刷条件。当然，这个试验只能说明短时间内印刷的效果，长时间机器运转下的油墨表现，有待后续的实验来验证。

五、卫生安全性检测

为确认食品包装用 UV 油墨的卫生安全性，在淋膜纸上印刷后，印样送第三方检测机构进行卫生安全合规性检测。检测的主要项目包括《食品安全国家标准 食品接触用塑料材料及制品》（GB 4806.7—2016）以及《食品安全国家标准 食品接触材料及制品用油墨》（征求意见稿）中规定的相关指标。经检测，该样品符合 GB 4806.7—2016 的主要理化指标要求，同时能符合征求意见稿中关于重金属残留量以及芳香族伯胺迁移量的理化指标要求。另外，征求意见稿中关于总迁移量、高锰酸钾消耗量、重金属（以Pb计）等指标和GB 4806.7—2016标准一致，检测结果均符合卫生指标要求。

由本次委外检测结果可知，本次开发的食品包装用UV油墨可以满足《食品安全国家标准 食品接触用塑料材料及制品》（GB 4806.7—2016）以及《食品安全国家标准 食品接触材料及制品用油墨》（征求意见稿）的卫生安全性要求。

六、结果与讨论

以上主要浅述了在新法规约束下的食品包装用UV油墨的开发过程以及实验思路，在此过程中笔者也产生了一些思考供读者一起探讨。新食品安全国家标准对油墨添加剂、原材料的技术指标更加全面和严苛，目前的GB 9685—2016油墨添加剂许可列表内，各个油墨厂家常规使用的光引发剂和单体基本没有包含在内。而除了这些原材料，按照许可列表内的物质是否可以完成一份食品包装用UV油墨配方也是一个亟待验证的问题。本文实验组配方中，除去三款大分子光引发剂，使用的单体DPHA也不在GB 9685—2016的油墨添加剂许可列表内。目前的UV油墨或EB油墨配方设计中，活性单体是不可或缺的，市场上也有一些经过改性的大分子预聚物，是否能代替目前使用的常规树脂/单体仍需通过实验验证。

此外，虽然新食品安全国家标准中有关于"我国允许用于食品接触材料及制品的分子量大于1000Da的聚合物（微生物发酵生成的大分子物质除外），其使用符合相应聚合物的限制性规定"的表述，但是即便处于GB 9685—2016的监管范围内，新物质还是需要进行申报后，提供完整的理化特性、毒理学安全性评估、国内外允许销售及生产证书等完整的资料。并且，即便是笔者在本文中使用的分子量大于1000Da的光引发剂，对于油墨原材料以及固化过程中可能产生的非有意添加物，是否有可能超过特定迁移限量，也缺少相关的迁移性检测方法和数据。关于新法规框架下的食品包装用UV

油墨开发，还需要大量的研究以及检测数据支撑。

另外一个不可回避的问题就是新型大分子光引发剂以及活性单体的成本。由于技术以及市场，目前这些产品的价格较高，通常是常规同类型产品的数倍以上，应用在油墨配方中也会使油墨的成本大幅度提升。

《食品安全国家标准 食品接触材料及制品用油墨》新规的落地，对食品包装及相关行业的影响将会不断显现。UV印刷近年来增长趋势显著，在食品包装领域的应用也是重要且不可或缺的。因此，对于合规性UV油墨的研发必须不断持续开展，积极寻找并测试更多的大分子光引发剂以及活性单体。从笔者的实验测试数据可以看出，筛选出的大分子光引发剂虽然还有一些缺陷，但大方向上能够满足市场需求。随着研发的深入、产业上下游的合作，合规UV油墨的性能将得到进一步提升，并最终接近常规UV油墨的综合性能。相应地，专业分析测试机构的实力也会进一步加强，国家监管部门的监管力度及措施也会进一步完善，以切实保障食品安全，构筑健康未来。

（原载于2023年第6期《印刷技术》杂志）

第八章　印后技术

进口冷烫机国产化的可行性思路

罗满启

近年来，随着客户对印刷产品质量、效率和工艺防伪等要求的提高，联机冷烫技术在印刷工艺中的使用越来越普遍。所谓冷烫，就是利用前一印刷单元在纸张上印冷烫胶黏剂，紧接着在后一印刷单元将冷烫膜和上了胶黏剂的纸张压在一起，这样有胶黏剂的地方就附着了冷烫膜，即冷烫膜被"印"在了纸张上，从而实现联机冷烫印刷。目前，国内使用的冷烫机以进口为主，普遍使用德国 Heidelberg 公司的 Foilstar 冷烫机（图 8-1）和荷兰 Vinfoil 公司的 Optima 冷烫机（图 8-2）。它们可以在印刷时几乎实现对冷烫的所有要求。本文从以上两款进口冷烫机的特点分析入手，探索冷烫机国产化的可行性思路。

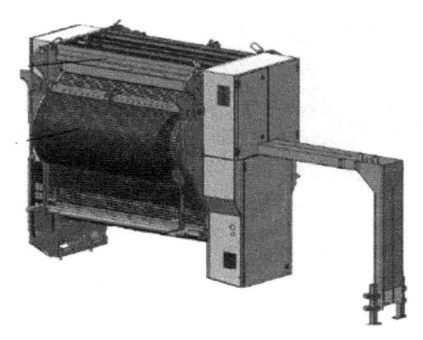

图 8-1　德国 Heidelberg 公司的 Foilstar 冷烫机模型

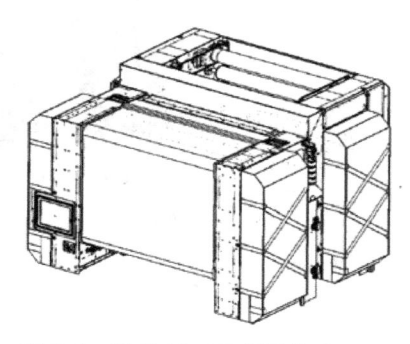

图 8-2　荷兰 Vinfoil 公司的 Optima 冷烫机模型

众所周知，为了冷烫膜的顺利转移，冷烫机的冷烫膜和印刷机的纸张需同步运行，也就是说，冷烫膜和橡皮布滚筒要求具有相同线速度，即在一个橡皮布滚筒运转周期内，冷烫膜需要走过和橡皮布滚筒周长等值的膜长。然而并不是所有的印刷品都是满版冷烫，如果印刷纸张上需要冷烫的图文面积较小，冷烫膜的浪费就比较多，成本增加也就无可避免。为了减少冷烫膜的浪费，两款设备采用了异曲同工的思路进行解决。

一、Heidelberg 公司的 Foilstar 冷烫机

Foilstar 冷烫机实物如图 8-3 所示，其使用图 8-4 所示的 Dancing unit 跳步机构来解决冷烫膜的浪费问题。当橡皮布滚筒旋转到和压印滚筒的空档处，两个滚筒表面存在间隙，利用跳步装置（如图 8-5 中 1、2 两处）通过 1 处和 2 处的两组伺服马达带动的跳步辊机构高速往回拉冷烫膜，使没有使用过的冷烫膜可以再次合压印刷使用，从而提高冷烫膜的有效利用率。

图 8-3　Foilstar 冷烫机实物

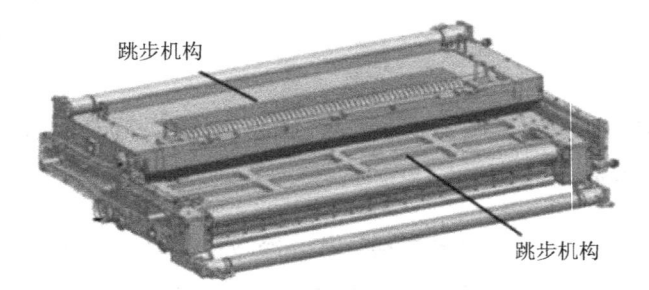

图 8-4　Dancing unit 跳步机构

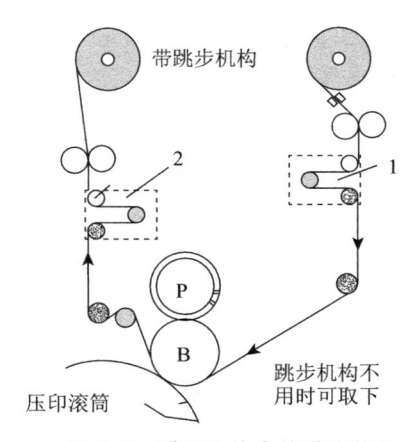

图 8-5 跳步机构中的跳步装置

为了更直观地理解，笔者建立了一个简单的数学模型来说明。不带跳步和带跳步的冷烫膜数学模型如图 8-6 所示。

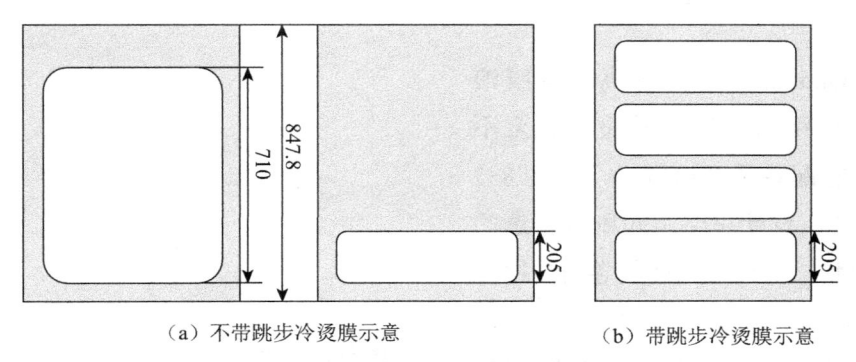

（a）不带跳步冷烫膜示意　　（b）带跳步冷烫膜示意

图 8-6　不带跳步和带跳步的冷烫膜数学模型（单位：mm）

第一，冷烫图文各式各样，所以计算比较困难，这里选取方块实地进行模拟计算。

第二，由于冷烫膜膜卷必须比冷烫图文宽，膜在这个方向上的浪费是固定且无法避免的，所以不考虑这个方向。客户可以根据需要选择对应宽度尺寸的冷烫膜卷。

第三，由于 Foilstar 冷烫机是间歇式持续回拉冷烫膜，没有橡皮布滚筒周

197

长的限制。使用这个尺寸计算主要是和下文的 Optima 冷烫机进行对比。经计算，冷烫膜的有效利用率如表 8-1 所示。

表 8-1 Foilstar 冷烫机冷烫膜的有效利用率

冷烫图文高度	冷烫膜的模拟有效利用率（%）
全幅面（710mm）	83.7
某款产品（205mm）不跳步	24.2
某款产品（205mm）带跳步	96.7

可见，在没有使用跳步机构时，冷烫图文越小，冷烫膜的浪费就越多；而在使用跳步机构以后，冷烫膜的浪费就会比较少，可以说几乎完美解决了冷烫膜的浪费问题。

二、Vinfoil 公司的 Optima 冷烫机

Optima 冷烫机解决冷烫膜浪费的思路和 Foilstar 冷烫机完全不同。它配备了 MFU unit（如图 8-7 所示），设计思路是印刷过一遍的冷烫膜，不直接到回收卷而是绕过 MFU unit，再次经过橡皮布滚筒印刷。MFU unit 上由伺服电机控制

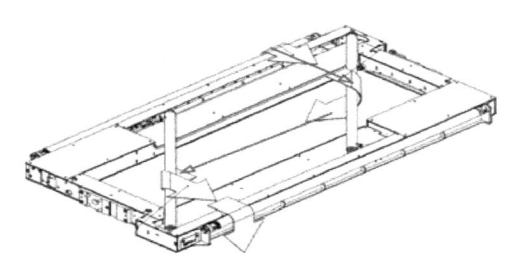

图 8-7 Optima 冷烫机的 MFU unit

的两根翻纸杆，通过改变位置可以使冷烫膜和前一膜保持印品设计所需的横向距离；通过另外的伺服电机可以设定整个 MFU unit 上下移动的位置，这样就改变了冷烫膜的压印位置，刚好可以再次使用上一次印刷没有使用过的冷烫膜，从而提高冷烫膜的有效利用率。Optima 冷烫机配备了两个 MFU unit，可以灵活选择单卷冷烫膜印一、二、三膜或者两卷冷烫膜各印一、二膜的多种印刷方式。单卷冷烫膜印刷三膜（左）和两卷冷烫膜各印刷两膜（右）如图 8-8 所示。

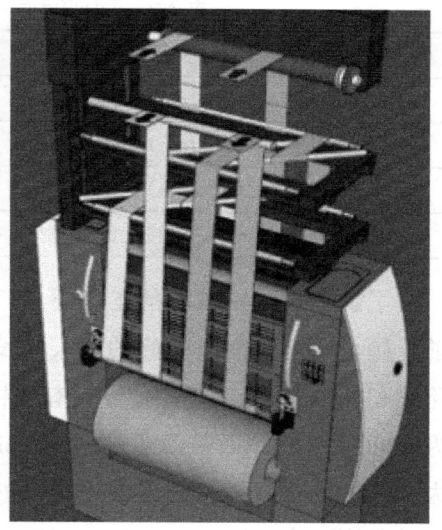

图 8-8　单卷冷烫膜印刷三膜（左）和两卷冷烫膜各印刷两膜（右）

参照图 8-9 的数学模型，其冷烫膜的有效利用率见表 8-2，可见，Optima 冷烫机冷烫膜的有效利用率显然比带跳步机构的 Foilstar 冷烫机略逊一筹。

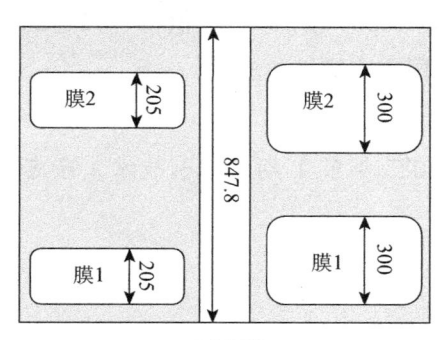

(a) 两膜印刷　　　　　　　　　　(b) 三膜印刷

图 8-9　两膜印刷和三膜印刷数学模型（单位：mm）

表 8-2　Optima 冷烫机冷烫膜的有效利用率

冷烫图文高度	冷烫膜的模拟有效利用率 (%)
某款产品（205mm）两膜印刷	48.4
某款产品（205mm）三膜印刷	72.6
某款产品（300mm）两膜印刷	70.8
某款产品（240mm）三膜印刷	84.9

了解了进口冷烫机的工作要点，就可以给其国产化提供参考和方向。目前，国内冷烫机做得较好的是天津长荣的 MK1020/750CF 冷烫单元，其技术路线和 Foilstar 冷烫机相似，带有摆杆式跳步装置，其官网查到最高印刷速度为 8000 张/时，而带跳步功能的 Foilstar 冷烫机在其手册中查询到当印刷最大幅面时，最高速度可达 10000 张/时，实际使用中，针对小幅面的产品，正常印刷速度可达 12000 张/时甚至 13500 张/时，因此国内在此方面还有改进上升的空间。

国内目前还没有类似 Optima 的冷烫机，这款机器关于冷烫膜的再利用设计思路是将纵向问题通过横向来解决，构思非常巧妙，印刷时冷烫膜的速度与印刷机同步且一直保持不变，可以高达 18000 张/时。这值得有兴趣的个人和企业研究尝试，期待早日见到类似的国产冷烫机的出现。

（原载于 2023 年第 1 期《印刷技术》杂志）

微纳烫印在烟包上的运用

莫正戎

在烟包新产品开发中，烫印是提升产品品质的重要工艺手段，主文字、logo 烫印在烟包工艺处理上尤为关键，起到画龙点睛的作用。传统烫印工艺采用平烫或凹凸烫方式，很难将修饰性的图案与文字、logo 结合，略显平淡。微纳烫印可以将文字、logo 图形化，烫出丰富的质感与光感，能极大地提升整个烟包的品质。

微纳烫印是将烫印膜通过具有光学级图案的金属版在印刷品表面烫出高精度的图形图像。这种图形图像达到微纳米级的精度，具有亮度高、防伪性高、成本低等优点。由于微纳烫印采用先烫后压两道工序来实现高精度图形图像的复制，因此具有微观结构的微纳烫印版的加工尤为重要。

传统烫印版加工主要有物理雕刻和化学腐蚀两种方法。受工艺限制，0.03mm 的烫印压纹版线条已经达到机械加工的极限，因此无法实现对精密图形图像的准确表达。微纳烫印版利用激光技术将具有微观结构的图案加工成特殊的金属版。这种具有光学结构的金属版通过不同的微观结构可以实现浮雕、铂金、镭射、菲尼尔透镜等效果，图形图像变化多端，可表达更加丰富的内容，使主文字、Logo 更加精致，在提升产品档次的同时，防伪功能也迈上新台阶。本文，笔者通过梳理利用微纳烫印在烟包新产品开发过程中主要解决的几个实际问题，来简单分享微纳烫印的实际应用情况。

一、解决主文字、logo 烫印纹理化问题

主文字、logo 的处理通常以烫印为主，烫印方式主要是凹凸烫，其具

有较强的金属质感和立体感，主题明确，更加凸显品牌理念。通常烟包主文字、logo 的单个文字大小在 1cm 左右，笔画粗细在 1mm 左右，烫印版加工方式限制了其精度，即使烫印压纹版也很难再有文章可做。而微纳烫印版具有微纳米级的精度，主文字、logo 的处理可以加入图案或纹理的变化，比如浮雕、铂金、透镜等光刻效果，使文字更亮、更通透、更立体、更加有品质感。图 8-10 中"云端（中支）"烟包主文字为微纳烫印，文字粗细为 0.5mm，采用菲尼尔浮雕光刻技术呈现出超强浮雕感与通透感。

图 8-10 "云端（中支）"烟包主文字微纳烫印浮雕效果（彩图 14）

二、解决镀铝镭射纸套位问题

烟包新产品开发和生产过程中常用的材料是镀铝镭射纸，主文字可以通过先印刷再凹凸来实现烫印效果。随着光刻技术在包装行业的运用，光刻定位纸受到青睐，光刻图案与印刷套色成为产品常用工艺。然而在实际生产过程中，模压拉伸变形、纸张分切规矩不稳定、印刷时纸张变形等问题常导致主文字及 logo 套位不准。采用微纳烫印方式，文字、logo 可实现立体浮雕等效果，从而解决生产套位不准的问题。图 8-11 中"利群（尊中支）"烟包"利群"主文字采用微纳烫印与光刻底纹版叠印，套位准确，文字浮雕效果强烈。

图 8-11　"利群（尊中支）"烟包"利群"主文字微纳烫印浮雕效果（彩图 15）

三、解决全息定位烫成本问题

传统全息定位烫是将设计的图形图案通过光刻模压成全息定位烫膜，利用等长跳步原理烫在印品表面。定位烫虽然在美观性与防伪性方面一直受到消费者青睐，但是价格一直居高不下，而且定位烫套位也受到设备精度以及烫印膜本身等因素的限制。在新的烟草招标环境下，如何既能满足客户需求又能降本增效？微纳烫印无疑是一种利器，既能实现产品高品质，又能解决成本问题，甚至可以部分取代全息定位烫。

微纳烫印分两步完成全息定位烫的取代工作：用普通镀铝膜平烫后再用微纳版压出图形及图像。微纳烫印可以在双机组上实现平烫后反压，能呈现出浮雕、铂金及镭射效果，并且能实现精确套位。因此，微纳烫印用普通镀铝膜可呈现出全息定位烫效果，工艺简单，对设备要求低，能有效降低全息定位烫成本。图 8-12 中"黄金叶（天香）"烟包采用微纳烫印替代全息定位烫，实现了图像浮雕及闪动等多种效果，并且可以实现 1∶1 精确套位。

图 8-12　"黄金叶（天香）"烟包微纳烫印（浮雕 + 超线结合）效果（彩图 16）

四、解决先烫后印材质问题

烟包基材一般可简单分为镀铝纸和非镀铝纸。随着烟草对包装品质及档次的要求不断提高，光刻技术与包装材料相结合，光刻定制纸张成为目前一部分新产品开发的趋势。光刻图案结合胶印能更多维度地表达图案，尤其是浮雕及透镜的运用，能够带来很强的空间感及视觉冲击力。镀铝纸可以直接把光刻图案模压在纸张上，通过 UV 模压来提高纸张套位精度。然而在烟包新产品开发过程中，对于明度较高的白色或明黄色等色系的工艺处理，镀铝纸通过打白底也很难解决底色发灰的问题。而非镀铝纸尤其是白卡纸及介质纸，又无法呈现镀铝纸能够呈现的效果。微纳烫印则可以实现局部光刻图案的金属质感。在非镀铝纸上，采用微纳烫印实现镀铝纸要呈现的效果，也是采用先烫后印，即将光刻图案通过微纳版先烫在纸张上，然后再与胶印 1∶1 套位出色彩，这样既能保证底色的明度，又能将局部图案做得更加精致，细节再现更加清晰、灵动。图 8-13 中"黄金叶（天叶软）"烟包大叶子采用微纳烫印与 KMY 三色印刷，先烫后印，呈现出大金叶的灵动与浮雕感。

图 8-13　"黄金叶（天叶软）"烟包大叶子微纳烫印与 KMY 三色印刷效果（彩图 17）

五、解决防伪性问题

烫印按图像信息层转移方式可分为两类：一是烫印膜上图形图像信息层转移；二是烫印版上图形图像信息复制转移。烫印膜上图形图像信息层转移工艺是将图形图像信息通过光刻—涂布—模压在具有离型层的烫印膜上，并利用烫印版热转移在纸张上，此方法受光刻设备的限制，效果较单一。而微纳烫印主要是烫印版的图形图像信息的复制转移，利用版的组合、拼接、叠加等方式实现多重微观结构，来展现图像的结构感、层次感及画面感。因此，多重加工方式成为微纳版的技术核心。例如，在微纳版制造工艺过程中，可以将精密刨削机械加工的特殊微观结构与光刻效果集成，通过不同材质及光感方向的变化使图像对比更加强烈、层次更加丰富、防伪性更强。图 8-14 中的皇冠采用多重光刻技术，如浮雕边框、珍珠小透镜以及镭射小碎点等，整体更加富丽堂皇，具有极高的防伪性；图 8-15 中云烟如意图案结合了菲尼尔浮雕光刻技术与 CNC 机械加工技术，将不同光学微观结构呈现在同一张版上，材质对比强烈，达到很好的防伪效果。

图 8-14　皇冠微纳烫印（浮雕 + 透镜 + 碎点）效果（彩图 18）　　图 8-15　云烟微纳烫印（菲尼尔浮雕光刻 + CNC 机械加工）（彩图 19）

微纳烫印代表一种新的烫印方式，提升了文字及 logo 烫印的精致度，不仅解决了生产过程中的套位问题，而且在成本及防伪性方面具有巨大优势。另外，微纳烫印在烫印膜及烫印适性方面都有较高的要求，因此，在烫印过程中，应针对不同的烫印表面选择不同的烫印膜，才能保证微纳烫印"又平又亮"，也才能在反压工序中复制出完整的微观结构，烫出好品质。微纳烫印是图形图像处理、光学、材料化学及 CNC 机械加工等多学科的相互交叉工艺，因此在每一个技术环节上都有巨大的挖掘空间。在生活品质追求不断提升的当下，人们对包装的品质要求越来越高，相信微纳烫印在新产品的运用上会越来越广泛。

（原载于 2023 年第 2 期《印刷技术》杂志）

不等距全息定位烫的探索应用

沈兴跃　周正红　薛冰春

在烟包发展过程中，防伪一直是各大烟草企业及包装印刷企业不断追求的热点。在各式各样的防伪方式中，全息定位烫凭借特有的光学视觉效果及难以仿造的复杂工艺脱颖而出，逐渐成为烟包行业主流的防伪手段。

全息定位烫将具有良好防伪效果的激光全息图像防伪技术与烫印装饰技术融为一体，提升了产品的整饰装潢效果，而且其在烫印过程中具有极高的精度要求，使其难以仿造，极大提高了防伪效果，因此在烟包行业广受欢迎。

一、全息定位烫原理

对于全息定位烫来说，定位是关键。定位是指全息图案在烫印时，要在保证生产效率的前提下，将全息图案完整且精确地烫印在印刷品对应的位置，一般要求烫印精度在 ±0.2mm 范围内。

图 8-16 为常见的烟包条盒印刷刀版图，左右两侧为该产品对应的全息电化铝烫印箔示意图。一般来说，一个印刷单元需烫印一个全息图（即图 8-16 中菱形图案），全息电化铝烫印走纸方向上就有 2 个图案需要烫印，全息电化铝生产厂家根据印刷单元尺寸和全息图案尺寸，计算出全息电化铝两个图案之间的间距，并制作出对应尺寸的全息电化铝烫印箔，烫印箔上相邻图案之间的距离是固定的，且每个图案都有一个与之相匹配的光标，光标和全息图案的中心线一致，烫金机通过电眼扫描全息电化铝烫印箔上的光标进行定位烫印，以此保证全息图案能烫印到对应的位置。图 8-16 中产品采用的烫金机

每次装 2 卷全息电化铝，一次过机可完成 4 个图案的烫印，这是烟包条盒最常见的全息烫印方式。

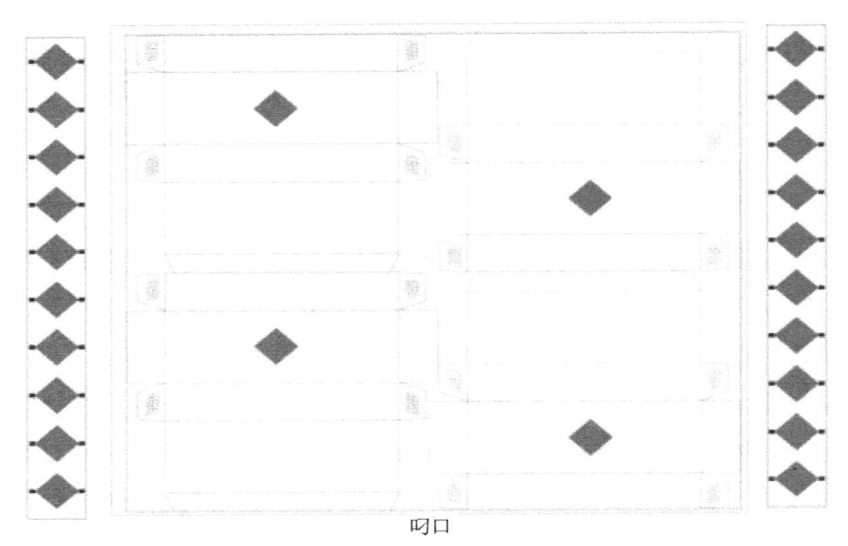

图 8-16　常见的烟包条盒印刷刀版图（彩图 20）

二、不等距全息电化铝

1. 不等距全息电化铝提出的背景

随着市场竞争日趋激烈，包装产品的设计及防伪手段越来越丰富，市场上开始出现一些烟包条盒产品在包装正反面都需要烫印全息图案的情况，这给印厂和全息电化铝生产厂家提出了新的挑战。

如图 8-17，叼口在下方，烟包条盒的正反两面都需要烫印全息图案，烫印走纸方向上有 4 个图案需要烫印，如果按照正常全息定位电化铝的计算方法来设计该产品，就会发现图中 L1 和 L2 的距离不一样，但一般全息定位电化铝每个图案之间的距离是固定的，常规的等距全息电化铝就无法满足该产品的烫印要求。

叼口

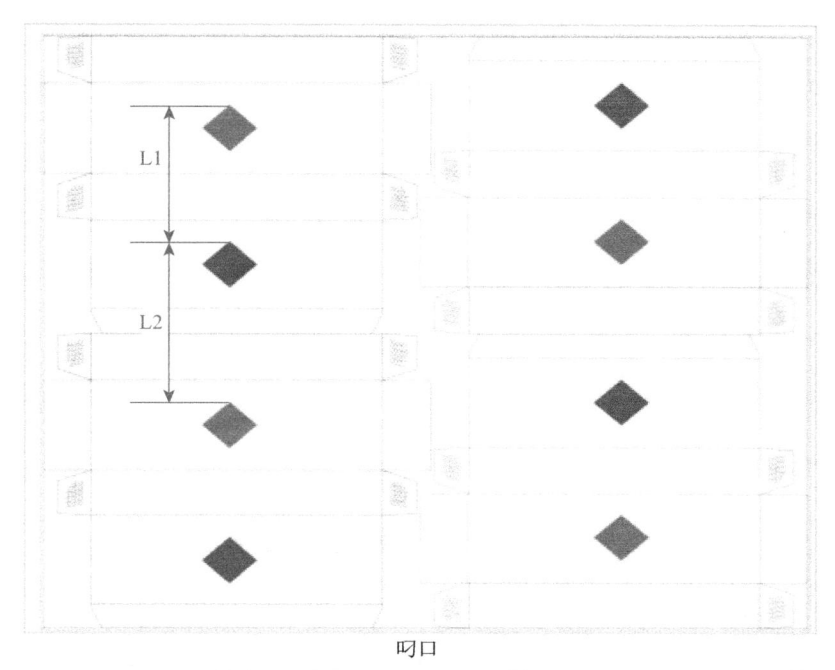

图 8-17　烟包条盒的正反两面都需要烫印全息图案（彩图 21）

2. 印厂的解决办法

从印厂的角度来解决这个问题，一般有两种方法。

第一种：大多数印厂在生产烟包条盒产品时，一般会采用插拼的方法进行印刷（图 8-17 中的排版方式），能够节省部分纸张。这种情况下，印厂只能对印刷品进行两次烫印，在烫金机上同时安装两卷全息电化铝，第一次过机烫印烟包正面的图案（蓝色图案），第二次过机烫印烟包背面的图案（红色图案）。也就是说，印刷品必须过两次烫金机才能完成全部图案的烫印，这样虽然能完成全部图案的烫印，但是烫印效率较低，同时也增加了废品率。

第二种：为了避免两次烫印，可以改变印刷的排版方式，将四拼插拼改为两拼插拼，同时改变叼口方向（如图 8-18 所示）。烫金机上每次装 4 卷全息电化铝，这样就能同时完成一张纸上全部全息图案的烫印，但是这样一来，四拼插拼所节省的纸张就只能白白浪费，而且因为改成两拼插拼，生产效率相较四拼就会大打折扣，也不是一种很好的解决办法。

209

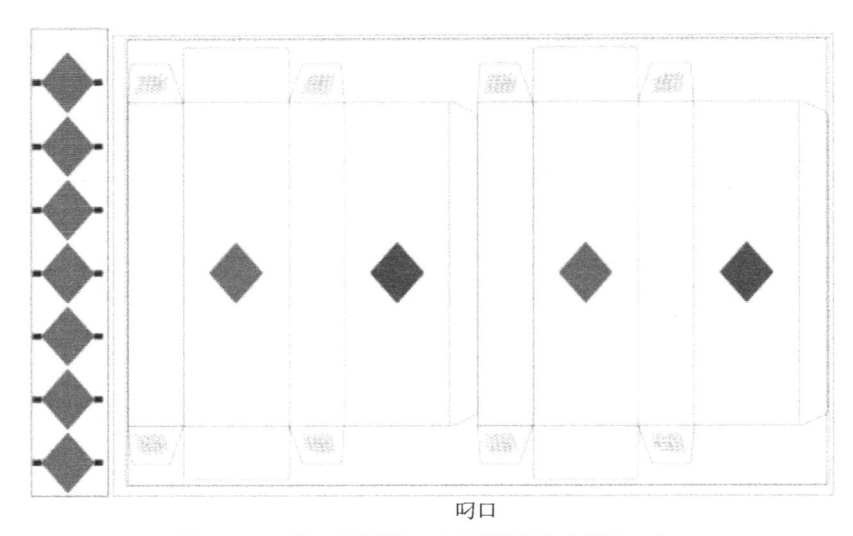

图 8-18　将四拼插拼改为两拼插拼（彩图 22）

3. 提出设想

在现有的等距全息电化铝的条件下，以上两种方法都存在不足，那么有没有方法既能满足四拼插拼印刷，又只过一次烫金机就能够完成全部图案的烫印呢？

为此，笔者提出一种设想，将全息电化铝做成不等距的，使全息电化铝上的图案距离能够与印刷品上的图案距离相匹配，也就是说全息电化铝上图案与图案之间的距离不再像以前的全息定位电化铝一样是相等的，而是变成了不等距。这样的设想是否可以实现并应用于生产呢？

在以往生产过的一些烟包产品上，也出现过条盒正反面都需烫印电化铝的情况，但烫印图案均为通版图案，比如素面金、红方格等，这些产品因为是随机烫印，所以不存在烫印不准的问题。以图 8-17 中的产品为例，图中 L_1=135.89mm、L_2=159.11mm，烫印图案尺寸为 52.5mm×45.0mm，加出血位后取 54.0mm×49.0mm，经模拟计算，跳步距离可在 239mm～246mm，即烫金机每次走步距离取 239mm～246mm 任意一个数字，均可实现走匀步烫印。由此笔者得到启发，只要把全息电化铝烫印箔上对应烫印过的位置换成全息图案，并且在图案旁边加上定位光标，就有可能实现上文提出的设想。

4. 生产测试

理论上来说，以上设想是没问题的，但实际生产是否可行？首先涉及全息电化铝制版的拼版工序。对于一般全息电化铝产品来说，拼版时只要计算好间距，将其输入拼版机，拼版机就会按照设定的程序自动运行，拼出全息母版，供后工序全息电化铝生产使用。但如果是不等距的全息图案，拼版难度就会成倍增加，成功率很低。因为每个尺寸的变化都需要重新输入程序，相当于在同一张版上多次运行，同时还要保证精度，这对拼版机和操作人员来说都是不小的挑战。

笔者将以上产品信息交给全息电化铝生产厂家，按照以上尺寸生产不等距全息电化铝（如图 8-19 所示）。图 8-19 中全息电化铝每两个图案之间的距离不相等，但都与图 8-17 中烫印位置一一对应，烫金机装上该全息电化铝后，通过电眼识别光标进行定位，每次走步约 240mm，经过实际上机测试，该全息电化铝定位准确，同时在四拼插拼印刷时，过一次烫金机就能够完成全部图案的烫印，解决了烟包条盒正反面烫印全息图案给印刷生产带来的困扰。

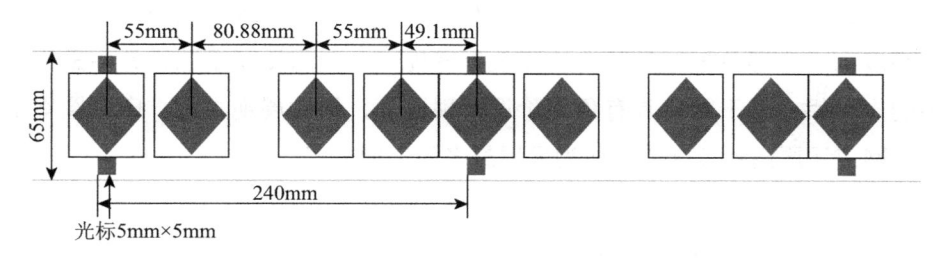

图 8-19　不等距全息电化铝（彩图 23）

目前，市场上烟包条盒正反面烫印全息图案的产品不多，本文介绍的不等距全息定位烫的方法尚未在所有产品上得以验证，也许不能适用于所有产品，但随着烟包的发展，可能会有越来越多的产品采用正反面烫印全息图案，希望本文提及的方法对以后的烟包生产有所帮助。

（原载于 2023 年第 2 期《印刷技术》杂志）

先烫后印工艺探究

崔德勇

随着人们生活水平的大幅提高和审美观念的提升，包装印刷工艺逐渐向精美化、高档次发展，具有特殊光感效果的镭射纸、全息定位纸等纸张印刷大量兴起，极大丰富了包装印刷工艺。但随着国家对环保要求日趋严格以及人们环保意识的提高，采用烫印来突出包装设计的主体元素和图案，成为替代镭射纸、全息定位纸等含有重金属铝纸张的首选。烫印分为冷烫印和热烫印两种。其中，热烫印具有稳定性好、电化铝使用节约、烫印图案附着效果好、印刷层次转移效果易控制、产品成品率高等优点，因此被广泛使用。

先烫后印是先采用传统烫印后再在烫印图案上进行胶印，其烫印采用的电化铝有素面电化铝、镭射电化铝及镭射光柱电化铝等，其中镭射电化铝因亮度高、光感效果好且具有炫彩效果等优点，成为烫印工艺设计中采用最多的电化铝；由于胶印具有色彩阶调再现逼真、层次展现丰富、印刷图案细腻、网点还原清晰等优点，成为采用最多的印刷方式。

一、烫印过程注意事项

烫印时不仅需要确保烫印效果，还需考虑是否满足印刷适性的要求，故在烫印时需要注意以下几个方面。

1. 烫印铝箔的牢固度

烫印时要求烫印后的铝箔层能牢固附着在纸张表面。否则，胶印过程中铝箔层很容易被油墨反拉下来黏附在橡皮布上，造成烫印铝箔脱落、网点丢失、图文残缺等质量问题，严重时被油墨反拉下来的铝箔还会转移到墨辊上，导致墨辊严重受损。确保烫印铝箔附着牢固，要注意以下几个方面。

①根据不同的纸张特性选择合适的电化铝。包装印刷中常用的纸张有白卡纸、玻璃卡纸、铜版纸、玻璃铜版纸、镭射转移纸、镭射覆膜纸等，其纸张表面的涂布材料、吸附性和表面张力等特性差异大，而电化铝主要是通过胶粘层黏附在纸张上，因其热塑性树脂种类较多，特性也各不相同，故不同类型的纸张必须选择与之相匹配胶粘层的电化铝。

②在烫印过程中要控制好温度、压力、速度，特别注意压力要平实且不能过大，否则会使纸张表面凹陷，导致印刷时出现图文残缺问题，同时还需规范机台人员的操作，定期对烫印铝箔的牢固度进行检查。

通常采用粘胶带拉扯法来检查烫印铝箔附着的牢固度，具体操作为：首先将粘胶带平实地粘在烫印图案上，要求粘胶带不起泡、不皱褶，然后迅速拉扯掉粘在烫印图案上的粘胶带，查看烫印铝箔是否被拉掉，如果铝箔层拉不掉，说明烫印图案附着牢固，印刷时不会出现油墨把烫印铝箔反拉的问题；反之，则说明烫印铝箔附着不牢固，需要重新对烫印压力进行调整。

③在进行大面积烫印时容易出现烫印铝箔附着不牢固的问题，主要是由于大面积烫印合压时烫印版、电化铝、纸张三者之间排气不充分。出现这种情况时，烫印版可采用中间高、边缘低的方式进行雕刻，通常面积较大的烫印图案，其烫印版中间与边缘的高度差在 0.01mm 左右。另外，滚筒式圆压圆烫印方式能更好地解决大面积烫印不牢固的问题，因为圆压圆烫印是线接触式压力，能有效解决平压平烫印面接触式压力排气不充分导致的烫印铝箔附着不牢固的问题。

2. 烫印铝箔的表面张力

烫印后烫印铝箔的表面张力达因值应大于 38，通常烫印铝箔的表面张力达因值能达到 40，可使用达因笔进行检测，如达因值低于 38，印刷后油墨在烫印铝箔上的附着效果较差，容易被蹭下来，这就说明电化铝质量不合格，需进行更换。

3. 烫印铝箔的亮度

电化铝亮度不一也会影响印刷后的色相。电化铝亮度偏高，印刷后的颜色较鲜艳，炫彩光感效果较好；反之，烫印后的铝箔较暗，印刷后的颜色鲜艳度较低，炫彩光感效果差。另外，还需注意烫印时温度不能过高，否则，易使烫印后的铝箔亮度降低，影响图案色彩。

二、胶印过程注意事项

由于承印物表面铝箔的吸墨性、附着力、干燥效果等与纸张表面差异较大，在烫印后进行胶印时需注意以下几点。

①烫印后进行胶印时使用的墨量较大，通常玻璃卡纸、铜版纸的用墨量在150%～200%，是镭射纸的1.3～1.5倍。在进行大墨量、高饱和度实地印刷时需加入适量的调墨油来提高油墨的流动性，否则会出现墨路上墨量较大，印刷时出现"嗞嗞嗞"墨丝拉断的声音且印刷颜色较浅、饱和度较差等问题。调墨油的添加比例通常在2%～6%。

添加调墨油时还需根据环境温度确定调墨油的添加比例。当环境温度较高时，油墨的流动性较好，可降低添加比例；反之，当环境温度较低时，则需提高添加比例。当环境温度低于15℃时，油墨的流动性会明显降低，墨路上的传墨效果和匀墨效果会大大下降。当环境温度过低时，调墨油的添加比例可适当提高至8%左右。但需注意，调墨油添加比例过大会出现版面起浮脏的问题，可使用抗水性较高的油墨来解决。同时在低温环境下印刷时还可以通过提高串墨辊的温度来提高油墨的传墨量，温度可提高到33℃左右。

②在印刷大墨量、高饱和度的实地时还需注意油墨的流平效果。当墨量较大时，印刷图案容易出现麻点现象，严重影响印刷效果，此时可以通过降低油墨黏度、使用软性橡皮布衬垫纸以及增加压印机组的方法来解决，也可以使用颜色浓度较高的油墨来降低油墨使用量，优化油墨转移效果，使印刷后的墨色平实无麻点。

③胶印过程中烫印铝箔被反拉是最易出现的问题。如果烫印铝箔附着不牢固，反拉问题必然会产生。当烫印铝箔附着牢固度稍差时，可采用向油墨中加入减粘剂、降低印刷速度的方法来减少反拉问题。当烫印铝箔附着牢固

度较差而无法进行胶印时，可采用烫印热压的方式把铝箔附着不牢固的烫印产品热压后再印刷，热压温度不能过高，通常在 50～60℃，热压时还需对烫印压力进行处理，但不需要再使用电化铝。

④在烫印后进行胶印时还需注意油墨的附着效果。通常 UV 油墨固化有"表干"和"里干"，刚印刷下来的油墨经 UV 灯照射后固化，此时的固化是"表干"，墨层与承印物相连接处的"里干"还未完全彻底固化，需要再静置 4 小时以上，之后"表干"和"里干"才完全固化，油墨的附着效果才会完全体现出来。另外，为使胶印油墨能牢固附着在烫印铝箔表面，还可以采用上光的方式在胶印后上一层 UV 光油覆盖在印刷表面。

以上是笔者对先烫后印工艺的一点体会，当然，要做好先烫后印工艺，需要从纸张、电化铝、油墨的选择入手，在烫印和胶印工序规范、员工操作细致和紧密配合下才能确保印品质量稳定受控。

（原载于 2023 年第 2 期《印刷技术》杂志）

胶订机双联分切功能技改经验分享

王凯

当今，数字化、智能化是印刷行业向新时代迈进的关键要素。河南新华印刷集团有限公司在不断引进先进数字化、自动化设备的同时，非常重视设备数字化、自动化方面的技术创新改造，从而提高生产效率、提升产品质量、节约能耗。笔者曾多次参与公司的技改工作，对技改所产生的生产效益与经济效益深有感触。本文笔者将参与的胶订机双联分切功能技改项目从改造背景、重点解决的技术问题、系统技术方案及工作原理等方面与同行分享。

一、改造背景

胶订机是笔者公司书刊装订的主力机型，在日常图书生产中发挥着重要作用。改造前，该胶订机不具备生产32开双联产品的功能。公司大批量的32开产品，通常采用双联印刷，装订时半成品经过传送带导入分切机，分切机将双联书芯分切成单联书芯，再进入三面刀裁切为成品。分切机、传送带、三面刀以及互联互通的控制系统，是实现该工艺的必要条件。

改造前，公司原有分切机是由已淘汰的国外某品牌胶订机拆分出来的旧设备，经过大修和保养后具备生产条件。需要改造的胶订机，其三面刀、传送带部分是国内某品牌产品。两者在电控系统联络、通信方面是两套不同系统，不能互通，但都留有功能扩展接口，这就为双联分切功能的改造提供了有利条件。

二、重点解决的技术问题

为实现胶订机生产 32 开双联产品的功能，利用好原有旧分切机，使其再次创造价值，项目团队结合企业现有条件以及车间机台人员的实际需求，对改造痛点和难点进行了以下技术分析：

①三面刀故障停机后分切机和传送带能够停止，分切机故障停机后传送带、三面刀也能停止，实现电气互锁，防止出现挤书现象；

②新加装传送带的速度可以调节，以匹配正常生产机速；

③传送带、三面刀、分切机有任何一部分故障停机时，可自动启动排废机构，及时将书本排出，防止出现挤书现象。

三、系统技术方案及工作原理

1. 系统技术方案

本方案由分切机、传送带、三面刀等主要设备构成，结构如图 8-20 所示。

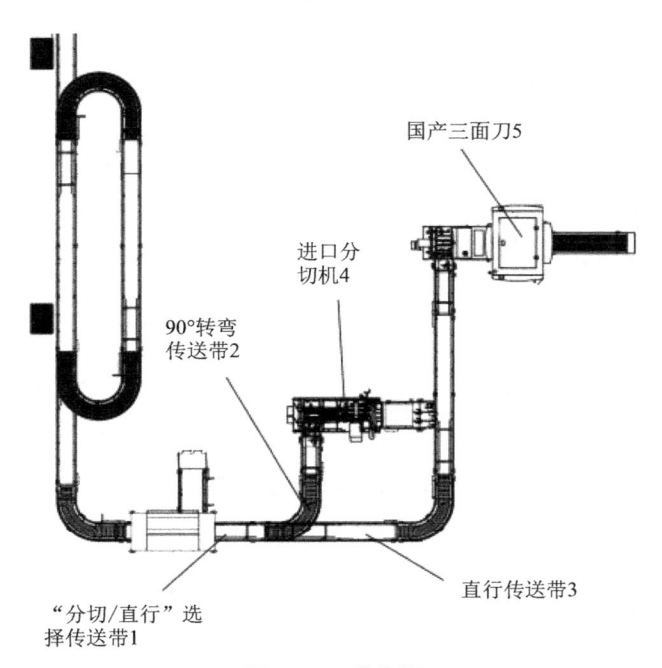

图 8-20　结构图

2. 工作原理

生产时，根据书芯规格，通过"分切/直行"选择传送带 1 来选择分切功能或直行功能。当无须对书芯进行分切时，使"分切/直行"选择传送带 1 与直行传送带 3 接驳，书芯经"分切/直行"选择传送带 1 和直行传送带 3 直接进入国产三面刀 5 中进行裁切，从而形成成品。当需要对书芯进行分切时，切换"分切/直行"选择传送带 1，使"分切/直行"选择传送带 1 的输出端向上抬升，与 90°转弯传送带 2 接驳，此时书芯经 90°转弯传送带 2 进入进口分切机 4 中进行分切，分切后的书芯输入第二直行传送带 3，进入国产三面刀 5 中进行裁切，从而实现不同规格书芯的裁切。

四、成果实现过程

利用生产淡季胶订机停机间隙，对三面刀、分切机、传送带、电箱等部分的位置进行调整，使分切机合理并入原系统，重新安装各部分的电源线，并对原控制系统进行改造，使各部分互联互通。

1. 控制系统电路图

控制系统电路如图 8-21 所示。

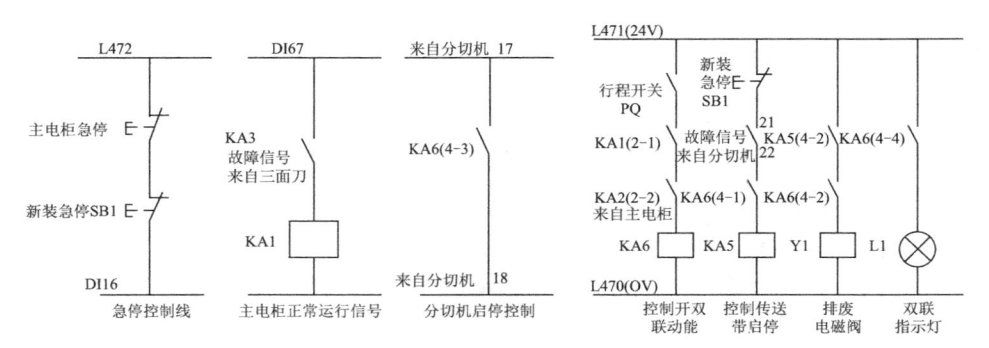

图 8-21　控制系统电路

2. 改造过程

①为实现三面刀故障停机后，分切机和传送带也能停止的功能，笔者将

三面刀的故障报警线路输出端接到分切机和传送带控制继电器输入端，实现当三面刀故障报警时，分切机和传送带能够自动停止。

②为实现分切机故障停机后，传送带、三面刀也能停止的功能，笔者将分切机的故障报警线路输出端接到三面刀和传送带控制继电器输入端，实现当分切机故障报警时，三面刀和传送带能够自动停止。

③新加传送带加装调速电位器，与传送带对应的变频器控制端连接，实现速度可调。

④分切机的故障报警信号串联至原胶订机的排废电磁阀控制端，实现故障后自动开启排废，故障恢复后能自动关闭排废。

五、经验总结

本次改造实施过程较为顺利，但在开机试运行阶段，电控系统出现了一些问题，如不能及时排废，传送带启停异常等。笔者结合车间反馈意见和建议，对控制线路做了持续优化和改进。例如，在新加的传送带上，加装急停按钮，将急停控制线路和原传送带、分切机、三面刀的急停控制线路串联，实现当有突发事件时，能控制整个系统紧急停止。加装"分切/直行"选择开关，实现分切功能和直行功能的选择，当选择分切功能时指示灯亮，实现分切功能；当选择直行功能时指示灯灭，分切功能关闭，这样在分切功能不用的情况下可以将其关闭，采用直行模式，以实现节约能耗。

在3个月的持续优化和改进中，胶订机双联分切系统已实现稳定运行，能够满足不同规格书芯在胶订中的裁切需求，并在公司旺季生产时发挥了积极作用。

（原载于2023年第5期《印刷技术》杂志）

精装图书印后包装联线生产技术研发及成果——以中华商务北京基地生产实践为例

朱敏　徐浩然

近年来，国内出版物小批量、多种类、个性化的市场特点逐渐鲜明，各类图书生产订单需求繁杂，导致图书印后包装生产工序间的转换频繁，造成生产效率降低、生产进度受阻，从而进一步导致生产成本提高、产品质量不易把控、生产仓储压力大等问题出现。此外，印后包装工序的技术含量相对较低，且体力劳动强度大，造成从业人员招聘困难、一线生产人员严重紧缺、人工成本不断攀升等现象出现。这些都说明了图书印后包装生产自动化的迫切性与重要性。

《印刷业"十四五"时期发展专项规划》中明确指出，要推进数字产业化和产业数字化，组织实施印刷智能制造示范工程，推动智能工厂和数字化车间的建设步伐。本文将以中华商务联合印刷（香港）有限公司北京基地（以下简称"中华商务北京基地"）生产实践为例，详细介绍精装图书印后包装联线生产技术的研发及应用方案。

一、我国精装图书印后生产现状

长期以来，国内出版物印刷普遍存在着重印刷轻印后的生产加工现象，先进的印刷自动化设备与相对落后的手工包装方式并存，特别是精装图书印后包装生产自动化与集成化发展进程缓慢，智能化水平明显滞后。

我国印刷行业的制造方式多为离散型，具有印件品种多、生产批量小、工艺路线不固定等制造特点。以传统精装图书包装生产为例，各包装生产单元之间相互独立，其生产方式可以简单概括为"生产—运输—仓储—生产"。该生产方式占地面积大、劳动力需求多，生产进度中各个环节相互制约，经常产生因上游产能不足导致下游机器停机待料的生产情况。

二、精装图书印后包装联线生产技术的设计思路与特点

基于目前精装图书印后包装生产的困境，印刷设备市场上亟须研发出一套自动化、集成化和智能化的印后包装联线。为此，中华商务北京基地不断探索图书印后包装生产工艺，通过与北京万邦联合科技股份有限公司和北京印刷学院的产学研合作，设计制造了一套适用于国内精装图书自动化、柔性化生产的图书印后包装联线系统。

本套精装图书印后包装联线生产技术方案核心围绕"整线一体，灵活可变"的设计思路，产线布局采用"S"形嵌套结构，极大地节约了生产空间，将原本分散的多道生产工序整合为一条布局合理的精装图书印后包装联动生产线（如图 8-22 所示），同时在设计初期将生产线的纵向长度总体控制在 20m 以内，使任何操作员工可在 15 秒内到达生产线任意位置，便于快速调机与故障处理。

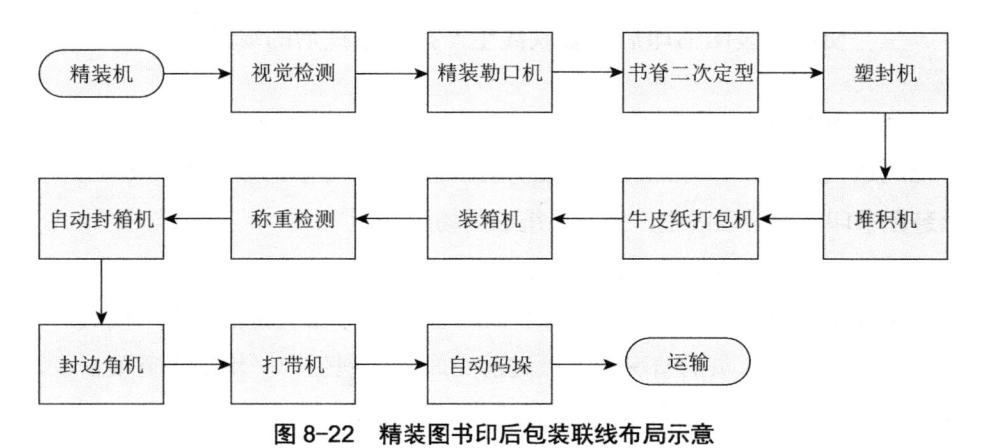

图 8-22　精装图书印后包装联线布局示意

精装图书印后包装联线生产技术采用了一"专"多"能"的生产模式，可根据生产订单特点，实时调整产线，实现最佳的产能匹配效果。

一"专"，即一条专业的精装图书印后包装联线。在该生产模式下，产线可以实现从精装机生产至码板发货的精装图书全流程生产。通过带有视觉判断的自动发料系统，精装机下机后的图书直接实现套护封、塑封、打包、装箱全流程操作，大幅缩短精装图书印后包装工序的生产和流转时间。

多"能"，即实现多模式、多设备、多订单同时生产。在该生产模式下，产线可以根据不同订单的生产需求，在不移动生产设备的基础上，拆分为多个独立的工作单元模组，例如将套护封、塑封、牛皮纸打包和装箱拆分成4个独立的工作单元，能够适应拉动式的生产需求模式，快速切换生产转板，满足"小批量、多品种和短工期"的精装图书生产需求。

该生产线通过多种规格的输送线与包装设备间的相互配合，从而实现图书印后包装生产过程中的套护封、插卡、塑封、牛皮纸打包、装箱、称重检测、打带、自动码垛等全流程联线生产，通过数字化、智能化的技术手段将这些环节串联在一起，物流移动成线，实现转运和物流的自动化、无人化操作，从而提高图书印制生产全流程效率，大幅降低员工劳动强度，减少操作人员数量，降低人工成本。

三、使用精装图书印后包装联线生产技术系统后的成果

精装图书印后包装联线生产技术系统1.0版于2019年投入使用，到2022年已经迭代到3.0版，经过近4年的实践应用，取得了诸多成果。图8-23为精装图书印后包装联线生产技术系统应用场景。

1. 减少用工成本，提高生产效率

传统图书包装生产线采用"套护封—塑封—打包—装箱"生产模式，在不计入运输物流人员的情况下，改进前完成全流程生产平均最少需要9人，使用改进后的印后包装联线平均只需5人即可完成，减少用工量达40%。

图 8-23 精装图书印后包装联线生产技术系统应用场景

在生产效率方面，以产线常见的精装图书为例（套护封、塑封、打包、装箱，单本书厚度为 60mm，重量约 5kg），联线引入前的单班产量平均为 5500 本 /9 人 / 班次，联线引入后大幅提升至 7000 本 /5 人 / 班次，单班次产能提升 27.20%，人均产量提升 1.3 倍。

2. 降低劳动强度，降低工伤风险

精装图书印后包装联线生产技术系统通过引入半自动装箱机与视觉发料系统，对生产过程中重复性高、烦琐、危险或对身体存在劳损的动作，实现了以机器替代人工，装箱速度稳定达到 4～8 箱 / 分，生产效率提升约 60%。在以机器替代人工的过程中，通过设置合理的安全闭环管理与安全防护措施，可大大降低因疲劳导致工伤事故的概率（投入使用 4 年多，无工伤事故发生）。因为实现了机器代替人工，摆脱了对熟练员工的经验依赖，也保证了产品质量的稳定。

3. 互联互通，打通信息孤岛

中华商务北京基地在设计精装图书印后包装联线系统时提出了"生产设备中央总控"概念，可实现设备间的互联互通。通过在不同生产设备的控制柜中加装独立控制模块，在联线系统合理位置设置总控系统操作面板，可实现数据的集中管理和共享。另外，控制模块独立安装在生产设备控制电路外，不会因生产设备升级改造、临时故障发生等情况影响到整条产线的正常运行。

"生产设备中央总控"还可实现对产线各设备单元的实时监控与优化，有效提升产线的稳定性，降低生产调机时间；通过对历史数据的分析和挖掘，可发现生产过程中的问题和瓶颈，为后续改进和提升提供依据，以推动企业数字化转型和升级。

4. 助力车间现场5S管理

精装图书印后包装联线生产技术系统从员工、技术、设备、管理等多个方面入手，通过优化生产流程、改进生产设备、改善生产现场的作业环境、优化生产布局和物流路线，来提高精装图书包装环节的工作效率和产品质量，减少安全隐患。

通过构建整洁、有序、规范的工作场所，制定标准化工作流程和操作指引，实行严格的质量检验和控制制度，使产品包装效果保持高质量的一致性，大大提高了客户满意度。

精装图书印后包装联线生产技术于2022年取得实用新型专利证书（专利号ZL202123054666.X），4年多的实践应用和降本增效的经营成果得到了专家的认可，2023年还被中国印刷及设备器材工业协会评选为"科学技术三等奖"。

四、结论

印刷企业走向智能制造的目的是精益，任何智能化改造都是为了实现更好的质量、更低的成本和更高的效率，从而为企业带来更大的经济效益。精装图书印后包装联线生产技术的设计理念不仅适用于精装联线，对胶装图书印后联线也同样具有推广应用价值，企业可利用已有设备资源联线组合，达到集成化、自动化的目的，解决批量小、品种多的生产问题，从而减少固定资产的重复投入，提高资金使用效率。

中华商务北京基地凭借自主创新的研发实力，以实际行动响应行业自动化、智能化发展号召，以企业减员、降耗、增效为实际依据，开创式地打造了精装图书自动化、柔性化生产的图书印后包装联线生产技术系统，具有非常直观和显著的行业借鉴意义。

（原载于 2023 年第 6 期《印刷技术》杂志）

烟包全清废模切技术探讨

张宗杰

全清废模切技术是随着设备制造技术的不断进步，在模切机上增加全清废功能的一种生产工艺技术。伴随着模切机功能的增加，其对模切版制作、半成品管理等环节提出了更高要求。本文将对烟包全清废模切全过程进行分析探讨。

一、烟包全清废模切技术解析

1. 全清废模切技术原理

相对传统模切而言，全清废模切是把传统的清废工序集成到模切机上，增加自动清除废纸边、废角料的功能，并提升模切生产的自动化能力。

各设备制造厂商对全清废模切技术的理解总体一致，仅在设备功能设计上有所差别。全清废模切机的主要功能性结构包含模切压痕工位、局部清废工位、产品分离工位，几个工位配合完成模切、清废工作。

大张产品经过模切压痕工位后，进入局部清废工位，清除部分边角废料，但要保留前、左右两边的部分废边以支撑整张产品不散开，随后进入产品分离工位由分盒器加压把各单元产品以及保留的部分废纸边分开，随后单元产品堆码成垛，废纸边则随牙排运转抛射到输送皮带并送往废纸箱，从而完成全清废模切生产。

2. 全清废模切技术适宜性

相对社会产品而言，烟包产品批量较大，模切生产周期较长，因此全清废模切技术非常适宜生产烟包产品。

3. 全清废模切技术成本优势

经全清废模切后的产品成为独立合格的单元，若有配套运输机构则可直接运行至下道工序，中间不需要人工辅助，从而降低了生产成本。而全清废模切最节约成本的体现在于省去了传统人工清废环节。按目前行业生产效率及人力成本估算，若模切后再人工清废并分离成单元产品，每台模切机需要配置 2 人以上才能保持有序顺畅生产。在当前人工成本居高不下的现实情况下，全清废模切技术的使用，每年可节约不少于 20 万元的成本，这也是烟包印刷企业热衷于引入全清废模切技术的重要原因。

二、烟包全清废模切生产过程控制

1. 模切版制作要求

相对传统不清废模切和半清废模切而言，全清废模切增加了设备功能、减少了生产工序并节约了企业成本，但同时，对模切版的制作也相应有更高的要求。

①全清废模切时，需要把大张产品模切后分离成单元产品，所以除模切版外还需要局部清废版、产品分离版（又称分盒器），这 3 个版要相互配合准确才能保障整个生产的顺利通畅。目前采取的办法是上述 3 个版统一由一家制版厂商制作，以实现版与版的相互配合。

②相对传统模切方式，全清废模切对生产的各方面都要求甚严，否则会导致清废不尽、散纸堵纸等问题，严重影响生产效率。故模切版制作中，模切刀线、压痕钢条、齿刀线的高度必须合理匹配。就目前烟包多用 $230g/m^2$ 左右的纸张来说，模切刀线高度 23.8mm、压痕钢条高度 23.85mm、齿刀线高度 23.7mm 较为适宜，这样的尺寸配合能很好地保证产品压痕线饱满、粘胶齿线清晰明显而不切穿、产品边沿光洁，特别是能很好地满足客户调整包装生产的需要。同时，由于上述 3 种刀条高度合理搭配，通过整体加压能实现它们相互间的合理压力，大大减少操作人员的工作量，而且补压越少，模切压力也越稳定，这对生产的顺畅高效至关重要。

③模切版制作时，刀线搭接要求紧密，若刀线搭接不到位会形成不需要的"连点"而出现废边、废角料清除不干净、产品分离困难等问题，并导致堵纸，严重会影响生产。

④传统模切生产中，模切刀线连接点作用很大，既要保证大张产品从模切压痕工位拉到产品分离工位的过程中不断裂散纸，又要保证大张产品分离为单元产品时能顺利完成。刀线连接点也是全清废模切生产顺畅与否的关键（如图 8-24 所示）。对于纸张为 230g/m² 左右的烟包产品来说，模切刀线上的连接点需要做好以下控制：一是连接点大小根据位置不同选择 0.3mm 或 0.4mm 即可，太大影响产品分离，太小导致散纸、堵纸；二是连接点深度控制为约两张纸的厚度之和，以保证各连接点统一完整、受力一致；三是打连接点时控制精度，保证均匀一致；四是连接点的位置尽量保持与咬牙的横向位置一致，避免拉纸过程中因连接点断裂造成散纸。另外，在满足客户质量要求的情况下，应尽量保证横向、纵向都有连接点，这样才能保证在拉纸过程中不散纸，同时保证被拉到产品分离工位时能与分盒器对齐，保障分离落纸顺畅。

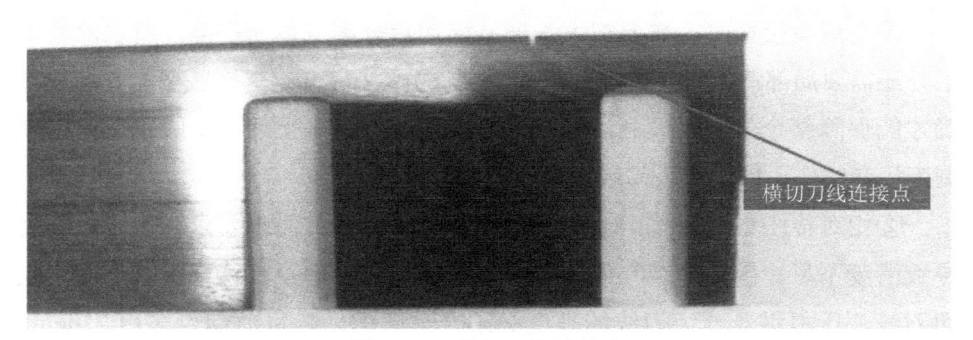

图 8-24　模切刀线连接点

2. 全清废模切生产过程控制要点

①烟包产品批量较大，实现全清废模切的顺畅生产是提升效率的关键，所以在全清废模切工艺设计时，尽量考虑把压凹凸工序剥离出来生产。如果压凹凸与模切同时进行，压凹凸的压力变化会导致模切刀线压力不稳定，产品会出现时而粘连时而散纸的问题，影响生产顺畅性。

②产品纸张厚薄均匀、平整一致是全清废模切生产的关键因素。在工艺设计时采取全清废模切的产品应以白卡纸为主，因为再加工纸张如镀铝纸、覆合纸等因涂胶层和镀铝层等的影响，易导致纸张厚度不一致，再加上纸张正反面因吸水性不同而变形，严重影响模切压力，出现粘连、散纸、堵纸等问题，导致生产效率低下。

③以正常生产速度进行换版作业，利于顺畅生产和效率提高。根据烟包产品特点，确定一个合理的生产速度，并以此速度进行输纸调整、压力处理、局部清废及分盒调整等换版操作，保障各项功能适应此生产速度，避免逐步提速造成的各项功能不协调而出现散纸、堵纸、卡纸等问题。

④全清废模切压力处理分两步走，从零压力开始，逐步加压至大张产品被切穿约30%后，首先，根据模切平台水平状况用厚度0.05mm左右、质地紧实的轻薄纸张进行大面积补压，要尽量补压平整且补压纸数量不宜超过5层（若补压过多，则说明模切平台水平有问题，需进行检修），而且大面积补压应保证大张产品被切穿达80%以上。其次，在大面积补压的基础上，用补压胶带（厚度0.04～0.07mm）对模切刀线、压痕钢条、齿刀线进行局部垫压处理，局部垫压越少，说明此次换版压力处理越成功。

模切压力处理的标准为除了连接点，其他刀线部分都要切断，不得有粘连。

⑤全清废模切的局部清废工位恰当调整。经过模切压痕工位的大张产品会被叼纸牙排拉到局部清废工位，对部分废边、废角料进行清除，故局部清废工位的工作状态直接影响全清废模切的生产效率。该部位的调整主要强调准确，首先是清废孔板与大张产品的位置准确，以保证清废时废边、废角料能顺利掉落；其次是上下清废针准确对齐，保证对废边、废角料的有效清除；最后是上下清废针在运行过程中，不能触碰到产品，以免造成连接点断裂、产品位移而出现散纸、堵纸。同时，局部清废工位的调整要保证做到清掉的废边、废角料要被干净利落地清除，不得带入产品分离工位，影响分盒器工作而出现散纸、堵纸。

⑥全清废模切的产品分离工位恰当调整。该部位负责把已局部清废的大

张产品通过分盒器按压,分离成独立的单元产品。如图 8-25 所示,分盒器钢条厚度以 3.0mm 左右为宜,过薄易变形,而过厚会造成产品分离时出现擦伤刮花问题。该工位的调整首先要保证上下分盒器的相对位置准确,以保证其运行正常;其次是整个分盒器相对于大张产品位置在纵向和横向都要定位准确,从而保证单元产品的分离顺畅;最后要尽量保证分盒器在产品有连接点的部位着力,避免其他部位着力造成斜拉拖拽而移位,从而出现散纸、堵纸问题。

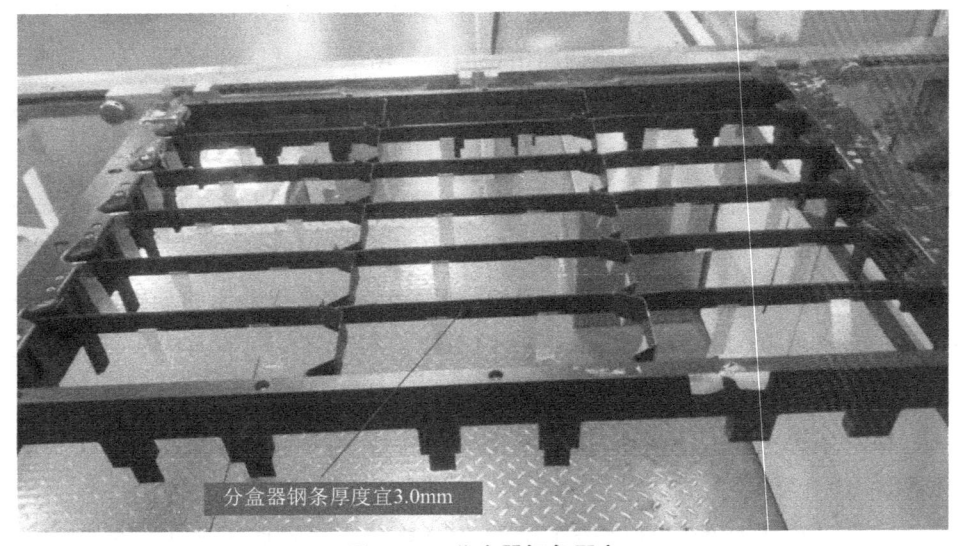

图 8-25　分盒器钢条厚度

三、烟包全清废模切生产对大张产品管理的要求

①大张产品纸张厚度力求均匀,这对全清废模切生产的顺畅、高效非常重要,因为纸张的厚度不均匀,会造成模切生产过程中偏薄的产品散纸问题突出,而偏厚的产品易出现粘连切不断,并都会在产品分离时导致堵纸停机,严重影响生产效率。

目前来看,国产纸张特别是国产二次加工过的纸张如覆膜纸、转移纸等，其纸张厚薄一致性相对较差，全清废模切生产过程中经常出现散纸、粘连现象，这与纸张涂胶、镀铝时的控制不稳定有关，而进口纸张的厚薄一致性相对较好。

②大张产品平整性也是影响全清废模切生产效率的重要因素。纸张上卷曲或下卷曲对全清废模切来说都有致命的影响，其造成的困难是大张产品被模切后，从模切压痕工位拉出来直至产品分离工位的过程中，稍有刮碰，就会造成连接点断裂、产品位置偏离等问题，严重时未到产品分离工位就已散纸，就算未发生散纸，其位置已不能与分盒器对准，造成堵纸已是必然，顺畅生产更无从谈起。

在控制大张产品平整性上，首先要加强产品保护，如通过缠保鲜膜等措施，避免过度吸湿造成大张产品变形；其次根据纸张特性，控制环境湿度在45%～55%为宜。

全清废模切是一种自动化程度更高的模切生产方式，对批量大、纸张厚度一致且平整的烟包产品而言是一个非常合适的选择，但同时需要更精细的操作和更合理的工艺设计为其奠定基础。

（原载于 2024 年第 2 期《印刷技术》杂志）

第九章 数智制造

传统出版物印刷企业的数字化建设路径探索

李宏中

印刷业具有意识形态和文化服务双重属性,承担着巩固阵地、传承文化、服务人民的重要职责。国家新闻出版署在《印刷业"十四五"时期发展专项规划》中提出"绿色化、数字化、智能化、融合化"的发展方向,为传统印刷行业的产业结构优化升级指明了方向。

河北省作为京津冀协同发展的主要地区,承担着"产业转型升级试验区"的重要功能。作为河北省印刷行业从业人员,笔者根据出版物印刷企业数字化转型过程中的认知和需求,提出现阶段数字化建设的核心关键,探索传统出版物印刷企业如何搭上数字化"快车道",使企业可持续发展的路径和方法。

一、数字化技术和智能化装备为出版物印刷企业赋能

印刷企业数字化是指印刷企业应用数字化技术装备,结合信息化系统软件,采取数字化技术手段,将传统印刷生产过程和管理模式转变为以数据为基础、生产与管理实时信息交互的数字化运营模式。数字化建设,对印刷企业内部而言,涉及印刷生产全流程,包括印前制版、印刷、印后加工、质量检测、场内物流、仓储库房等,同时在生产与管理之间形成数据的闭环流动,实现自动报工、自动排产和人员的量化考核,达到降本保质增效;对印刷企业外部而言,涉及与上下游客户、市场、供应链等之间的信息交互,实现全生态的业务协同,提高企业管理水平和服务品质,增强自身竞争力。

结合企业实际情况,围绕自动化、数字化、智能化、融合化和绿色化等方面的技术研发与应用给企业赋能。

1. 生产过程数字化为企业管理体系科学化赋能

通过生产信息的自动获取、生产过程的数字化报工、生产数据与企业信息化系统的实时交互，实现企业生产与管理的协同运行，为企业管理体系科学化赋能。

2. 数字化检测为提升企业质量管理赋能

通过离线（在线）印品图像检测系统的集成与应用，实现用自动化设备和智能视觉图像技术替代人工品检，提高品检质量和工作效率。部署印后全流程视觉检测、胶订成品在线称重等数字化设备，确保产品质量的同时，实现数字化为质量管理赋能。

3. 自动化连线为企业降本增效赋能

结合企业自有生产环境，研发并部署"印刷及码板联动线""胶装联动线""打包（或打捆）及码板联动线"等自动化生产线，将离散的生产工艺通过生产联动线进行整合连线，减少人员投入，降低生产成本，提高生产效率。

4.AGV 应用为企业厂内物流自动化赋能

基于企业的合理工艺布局，在如纸库到切纸机、切纸机到印刷机、印刷机到半成品码放区再到胶装联动线，成品托盘到成品存放区等环节，以及原辅材料的搬运处，增加 AGV 搬运机器人，开发 TMS 智能搬运系统，与生产管理系统协同融合，实现厂内物流自动化。

5.WMS 仓储管理系统为企业库房管理智能化赋能

通过智能仓储改造，采用自动化立体库和 WMS 管理系统，实现纸张和物料的入库、出库、调拨、库存盘点等数字化管理，为企业仓储管理智能化赋能。

二、现阶段企业生产数字化系统集成的探索

当前，数字化技术已经深入产业各个领域，带来了智能化、效率化、精细化的印刷生产方式，同时涌现出了一些新兴的业态和模式。因此，出版物

印刷企业要积极适应数字化时代，按照协同融合的发展理念，推动数字化升级换代，改变传统生产经营方式和运作模式。

生产数字化，离不开 MES 系统。印刷业属于离散制造业，MES 是生产制造执行系统，是对 ERP 和生产现场管理的实时反馈与响应，更是生产过程中人、机、料、法、环的相互协同，其核心价值是降本保质增效。MES 是一个庞大的多组件软件系统，企业在实际应用中，应根据需要有选择地部署功能模块，以合理的投入获得最大的收益。

结合出版物印刷企业特性，现阶段主要围绕印刷和印后加工的生产过程开展数字化升级改造。

1. 数据采集

数据采集是数字化的基础，通过多种方式获取生产设备状态信息和生产数据，为生产数据处理系统提供大量的生产原始数据，并对数据进行存储和上传，实现印刷设备的数据采集与数据集成。

数据采集技术的选择应基于工厂的需求和实际情况，包括生产线的规模、设备的类型和数量、生产过程的复杂程度等。特别说明的是，数据采集系统不是简单地采集数据，而应具备收集、传输、临时存储数据的能力，同时还需要具有高可靠性、高可扩展性和易于维护等特点。

对出版物印刷企业而言，在数字化、智能化建设过程中，需要采集的数据主要包括以下几种。

（1）设备工作状态信息

开机运行、正常待机、故障报警、维护保养等信息。

（2）设备生产产量信息

累积产量、实时产量、生产速度、班产等信息。

（3）原辅材料和半成品供应信息

纸张、专用油墨、覆膜材料、打包用纸、半成品托盘等信息。

（4）设备生产环境信息

印刷环境温/湿度、印刷机润版液酸碱度、水墨平衡度等信息。

（5）工厂资源能耗信息

设备能耗、车间温度、工厂集中排气等信息。

2. 数据处理

生产数据处理系统对采集到的生产数据进行二次加工，把不同类别、不同单位、不同量化概念的数据和 ERP 互通，进行清洗、分类、标签、计算、存储、查询等数据管理，形成人员、设备、产品、工单、PMC（生产计划及生产进度）等多维度系统可用数据。

（1）人员

生产数量、生产米数、上班时长、有效生产时间、转版效率、当班累计产量等。

（2）设备

实际产出时间、停机时间、生产时长、开机率等。

（3）产品

平均投入产出率、平均剔废率、一次入齐率、成品欠数率等。

（4）工单

各工序已完成数量、已生产时长、单小时产出量、合格品数量、废品率、完成率等。

（5）PMC

待生产总量、半成品库存量、停机待料时间、计划达成率等。

考虑到大量数据处理需要消耗高资源的特性，生产数据处理系统作为一个独立部分，为评价指标查询及展示系统提供处理后的指标数据。

3. 数字化报工

对于离散制造模式的印刷生产而言，机台工人报工，一般要到车间报工台登录报工系统，计算产量后填入系统软件。对应工单的生产开始与结束时间、订单实际完成情况等基本信息，经常出现不及时、不准确等情况，对计划排产、人员考核、OEE 生产的管理者而言，经常会出现订单生产进度不清晰、生产流程衔接不畅、绩效考核费时费力、报工填报管理难度大等问题，极大影响生产效率和员工的生产积极性，增加企业管理成本。

生产过程的数字化报工是将数据采集系统采集到的各类生产数据进行处理和分析，实时上传给企业 ERP 系统，使生产排产和管理考核等部门及时掌握生产信息，把控生产节奏，统计生产数量、分析生产效率和质量，并生成生产报表。数字化报工系统还应具备可视化报表展示、报警提醒等功能，以便管理人员及时了解生产情况。

构建数字化报工系统，要最大限度降低一线员工的自主输入数据量，以操作简单、确认确权为主，降低操作复杂度，最大限度地保证报工数据的真实性、及时性和有效性。

4. 数据分析

按照企业管理要求，与生产、质量、运营等部门进行细化和梳理，制定出适合企业特点的数据分析评价规则，促进企业管理数字化水平的提高。

结合企业实际情况，从设备、工单、生产进度、人员、品种、质量、订单等维度，进行数据分析和应用。

（1）设备

设备考核指标是指从设备的实际产出时间、停机时间、机器运转速度、时间段总产出、产量 MAX、产量 AVG、投入产出率、时间利用率、设备性能率、质量合格率、设备综合效率（OEE）等角度，进行统计分析。

（2）工单

工单考核指标是指从工单的转版时间、生产时间、单小时产出量、投入产出率、剔废率、一次入齐率、成品欠数等角度，进行统计分析。

（3）生产进度

生产进度考核指标是指从生产进度的停机待料时间、计划达成率、待生产总量、半成品库存等角度，进行统计分析。

（4）人员

人员考核指标是指从人员的转版效率、作息时间、实际产出时间、单小时产出、时间段总产出等角度，进行统计分析。

（5）品种

品种考核指标是指从品种的平均转版时间、平均生产时间、单小时产出量、产量 MAX、产量 AVG、平均投入产出率、平均剔废率等角度，进行统计分析。

（6）质量

质量考核指标主要从工单工序生产废品率等角度，进行统计分析。

此外，公司如配备质量检测设备，可以与设备系统直接互通对接，基于质量检测设备的质量数据，开展质量数据分析、应用和可视化展示等。该部分需要与质量检测设备厂商沟通对接，开发接口通信单元。

（7）订单

订单考核指标主要从订单的交货率、按时交货率、缺货率、合格率等角度，进行统计分析。

5. 数据展示

数据分析结果不仅要在信息化系统中进行交互应用，还要进行展示，以直观看到。根据企业不同职责管理岗位，一般分为四级展示应用场景。

（1）企业领导层

为企业领导的生产管理全局把控服务，主要展示 3 方面内容：一是从产量角度，包括累计印刷数量、产品数量等；二是从订单交付和生产质量角度，包括业务订单按时交付率、产品合格率、投入产出率等；三是从生产管理角度，包括设备综合效率、劳动生产效率等。

（2）生产管理层

为生产管理和设备管理部门服务，主要展示以下 3 类内容：一是各生产车间综合数据报表，包括产量数据（年产量、月产量、日产量）、时长数据（年生产时长、月生产时长、日生产时长，年待机时长、月待机时长、日待机时长）和工单数据（年工单数、月工单数、日工单数）等；二是各生产车间效率数据，包括按时交付率、产品合格率、设备综合效率等；三是各生产车间当日任务排产完成进度等。

（3）车间管理层

为车间管理者的车间及时统筹管控服务，展示内容主要包括：一是该车间的综合数据统计表，包括产量数据、时长数据和工单数据等；二是该车间的效率数据等；三是该车间当日任务排产的综合进度数据等。

（4）机台领机和班组长

为生产机台负责人及时了解当前设备的运行情况和订单执行情况服务，展示内容主要包括：一是机台的基本操作信息，包括机台名、机长名、班组名等；二是当前班组的产量和生产时长信息，包括当前班组产量、已生产时长、已待机时长等；三是当前机台的任务排产执行情况等；四是机台当前执行工单的明细内容等；五是当前工单的已完成进度百分比和预计完成时间等。

6. 系统集成与应用

在印刷企业智能化升级改造过程中，通过数字化手段实现生产线的自动化集成是一项关键工作，对企业发展起着重要作用。通过自动化生产设备、智能化装备、数字化手段，运用系统集成技术，可以实现以下目标。

一是实现生产线的自动化和数字化，使生产过程更加高效、准确和快速。

二是能够显著减少用工人数，提高生产线的安全性和可靠性，降低生产成本。

三是提高印刷质量的稳定性和一致性，减少人为因素造成的产品质量波动。

四是有助于减少资源浪费和环境污染，降低能源消耗，符合绿色环保的发展要求。

五是推动出版印刷行业的技术创新，推进企业的数字化、智能化升级转型，提升企业竞争力，为企业拓展新业务领域和市场提供支持。

数字化转型已成为印刷企业应对当下市场挑战的核心策略。传统出版物印刷企业如何搭上数字化"快车道"，笔者认为，一是出版物印刷企业管理者要摆脱传统思想的束缚，不要在落后的工艺基础上搞自动化，不要在落后的管理基础上搞信息化，不要在不具备数字化基础时搞智能化，要补齐企业数字化短板，实现生产运营管理数字化；二是要加大数字化建设步伐，实现生产设备之间、各类信息化系统软件之间、设备与软件之间业务数据、信息数据的交互，推进全业务的信息化、数字化、流程化，形成数据闭环管理、业务协同；三是要建立企业级大数据中心，开展历史数据分析，建立多维度评价体系，通过数据暴露出企业生产及管理等方面的问题和薄弱环节，以优化管理流程、细化生产工艺，推动企业提质增效。

（原载于2023年第4期《印刷技术》杂志）

苏州美柯乐数智化工厂建设实践与思考

牟少翔

苏州美柯乐是一家以出版物和包装印刷为主营业务的传统印刷企业,早在 2011 年便开始探索数智化转型,2019 年建立新厂之际,投入巨资打造了崭新的智能工厂。本文将根据苏州美柯乐多年来的实践以及与同行的交流,针对数智化工厂建设的共性问题进行探讨与分享。

一、"智改数转"是选择题还是必答题?

"智改数转"是当下制造业的新热词,正着力推动工业企业加速向数字化、网络化、智能化方向发展,大力提升制造业核心竞争力。如今,在数字化经济浪潮下,推动"智改数转"不再是一道选择题,而是实现质量变革、效率变革、动力变革的必修课。

当下,传统制造业发展模式,即规模效益和成本优势已经失效,新工厂怎么建设?如何选?笔者认为制造业的转型路径有 3 点:一是保持成本优势,这是制造业工厂最擅长的一件事情,即降本增效;二是构建差异化,即人无我有,人有我优;三是产业转型升级,换个赛道。对于传统企业来说,第二点和第三点较难,第一点会相对擅长一些。

二、"智改数转"趋势如何?

"十三五"期间有一句话比较流行——"工业 2.0 补课、3.0 普及、4.0 示范",这句话既总结出当前我国制造业的现状,又给出了实施智能制造的路径,即加强自动化设备应用，推广信息化、数字化技术，开展智能化试点应用。

其他制造业中有70%的企业处于2.0阶段。对于印刷业来说，大概95%的企业都停留在工业2.0阶段，往上走的企业非常少。预计"十五五"收官时，很多印刷企业会进入工业3.0阶段，巨大的产能会集中到这些进入工业3.0阶段的企业里。这也是为什么目前很多头部企业都在做智能化，因为头部企业缺的不是订单，而是产能。对于进入工业3.0阶段的企业也是如此。

三、"智改数转"如何行动？

《中国印刷业智能化发展报告（2018）》提到，我国印刷业在推进智能化过程中面临推进路径模糊、基础条件薄弱、体系链条破碎以及人才支撑缺乏4个困境。通过结合上述4点以及参加一些交流活动，笔者认为，印刷企业智能化遇到的问题具体可拓展为如下7点。

一是建设目标不明，无科学路径。未把握关键要素，被部分供应商误导，无方法论指导，对长远发展充满疑惑。

二是注重单点，缺少整体规划。企业中存在大量信息孤岛，顾此失彼，业务协同困难。

三是建设程度较浅，缺乏各类知识沉淀。重业务覆盖，轻深度应用开发，数据不知道为何获得，获得后也不知做什么。

四是行业内对标企业少，难以在行业内识别，没有定位和差距对比。

五是专业院校无智能化人才供给。企业没有人才储备，高校没有人才供给。

六是无未来目标，缺少持续化提升能力。智能化是战略性非常强的事情，需要长期持续投入。各企业一定要重视IT部门，不要认为它是个花钱的部门，而是挣钱的部门。

七是主要设备为进口。当前企业设备普遍为进口，国产设备较少，导致企业应用成本很高。值得关注的是，当前国内很多设备厂商开始在信息化上进行投入，有些做得甚至比国外还要好。

四、"智改数转"的底层逻辑

1. 智能制造的概念

智能制造是基于新一代信息技术与先进制造技术深度融合,贯穿设计、生产、管理、服务等制造活动各个环节,具有自感知、自决策、自适应、自学习等特征,旨在提高制造业质量、效益和核心竞争力的先进生产方式。其本质是制造,特征是智能,智能只是手段、工具,制造的质量、效益和核心竞争力需要数字化、网络化、智能化技术的强力支撑;核心是工艺和装备,生产工艺标准化和设备数字化是智能制造顺利实施的保障、前提和基础;数据是重要基础,设计、生产、管理、服务等制造全过程的创新都需要数据支撑;载体是智能化的制造系统,实施智能制造需要物质载体和先进的管理方式。

智能化本身是一种革命性的生产方式,未来它会像蒸汽机、电力、计算机一样,最终影响社会形态。工业化时代,各企业不知道需求多少,只能不停地生产,导致产能过剩。数字化或智能化时代,带来的是针对产能过剩的解决方案。

2. 目标——苏州美柯乐关注体验时代来临

苏州美柯乐的目标就是应对数字化或智能化带来的体验时代,不仅关心数字化对企业内部的提升,还关心数字化给用户的体验,所以非常渴望对全量、全要素数据的收集,在工厂整体建设上也依据这个目标。

3. 智能制造的基础——工业数据质量和标准化

工业数据主要有3类:第一类是经营性数据,比如财务、资产、人事、供应商等基础信息数据,这些数据在企业信息化建设过程中陆续积累起来,表现了一个工业企业的经营要素和成果。第二类是生产性数据,这部分是围绕企业生产过程积累的,包括原材料、研发、生产工艺、半成品、成品、售后服务等。随着数字设备、自动化生产线、SCADA系统(数据采集与监视控制系统)的建设,这些数据也被企业大量记录下来,是工业生产过程中价值增值的体现,也是决定企业差异性的核心所在。第三类是环境类数据,包括布置在机床的设备诊断系统数据，库房、车间的温/湿度数据，能耗数据，以及废水废气的排放数据等。

工业数据中，经营性数据利用率最高，生产性和环境类数据与之相比差距比较大。未来，生产性数据在工业数据中的占比将越来越大，环境类数据也将越来越多样化。各企业在建设智能工厂时，一定要对供应商提出要求，将上述数据拿到手。未来就是让数据说话，使其能被感知，"看得见、用得到"，变成将来生产过程中的初始原料和最终产品。

4. 精益、自动化与智能化的关系

智能制造不能脱离精益生产。精益生产是基础。精益是思想、是灵魂。精益化向自动化、信息化、智能化提升，信息化和智能化进一步支撑精益化，这样就会进入正向循环。

在精细化和数字化做好的情况下，完全可以打破不可能三角（产品好、价格低、服务好），将规模化定制生产变成现实。

5. 智能制造能力成熟度模型

CMMM（智能制造能力成熟度模型）是在工业和信息化部智能制造综合标准化项目的支持下，中国电子技术标准化研究院联合有关单位，研究形成的智能制造核心点以及相关等级标准。模型中对相关域进行从低到高 5 个等级的分级与要求，共有 200 多个子项。建议现在还没准备建设智能工厂的，或已经在准备建设智能工厂的，或局部已经开始建设智能工厂的企业，都先学习这套成熟度模型。图 9-1 为 CMMM 评估级别。

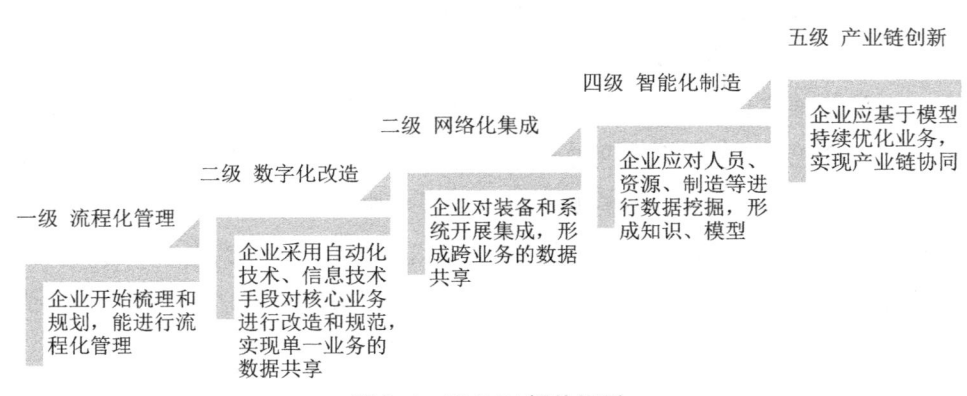

五级　产业链创新
企业应基于模型持续优化业务，实现产业链协同

四级　智能化制造
企业应对人员、资源、制造等进行数据挖掘，形成知识、模型

三级　网络化集成
企业对装备和系统开展集成，形成跨业务的数据共享

二级　数字化改造
企业采用自动化技术、信息技术手段对核心业务进行改造和规范，实现单一业务的数据共享

一级　流程化管理
企业开始梳理和规划，能进行流程化管理

图 9-1　CMMM 评估级别

五、总结

印刷企业在进行数智化工厂建设时，一定要注意以下几点。

①数智化工厂建设是一把手工程，企业要统一认识，清楚企业智能化相关问题点。

②重视IT部门，并进行长效性的投入，而且一旦确定智能制造战略目标后，就要让IT部门到基层去，现场给班组长做培训。如果生产现场对信息化系统不理解，就算有了顶层支持，最终也会失败。

③工厂设备品牌尽可能统一。印刷是离散型制造，十多道工序，生产系统复杂。核心设备被国外垄断，升级成本非常高。

④工厂应有较为完整的生产性数据库和标准化体系。如果标准化基础薄弱，工艺路线技术参数无法稳定，"两张皮"现象不可避免。

⑤如有条件，在项目上马前一定要请专业团队进行咨询分析。

此外，还有几点认识和同行分享：一是行业大范围建设智能工厂需要国家层面制订标准化的文件和规划，例如，针对接口文件给出简单定义，不仅会给企业省钱，还会给设备商省钱；二是建设智能工厂，实现企业向智能制造转型升级不是一蹴而就的事情，不可能一步到位；三是符合企业发展的合理规划，一定是自上而下统筹考虑，按照规划的目标和路径逐步推进，最终实现企业在成本、质量和效率上的持续提升。

（原载于2023年第4期《印刷技术》杂志）

雅昌 POD 数字化建设情况

唐小兴

雅昌文化（集团）有限公司（以下简称"雅昌"）成立于 1993 年，建有北京、上海、深圳三大运营基地，在数字化转型上，以雅昌 POD 云印平台为抓手，让其起到"承前启后"的作用，"承前"是对现有传统业务进行补充，"启后"是可以更好地满足客户越来越丰富的个性化需求。

一、总体架构与技术路线

雅昌 POD 是基于数字化、网络化、智能化技术与制造技术交叉融合的先进综合制造模式。对外，通过信息化建设，借助物联网、移动互联网、大数据平台、电子商务平台可实现印刷产业链中客户、供应商及关联企业的信息互联；对内，通过生产管理信息化、工艺流程的数字化与设备的智能化，可实现企业内部资源、智能设备、信息系统、人及其他生产要素的智能互联；最后，通过内部与外部的互联，演变成"雅昌 POD 数字化智能制造车间"。总体架构与技术路线如图 9-2 所示。

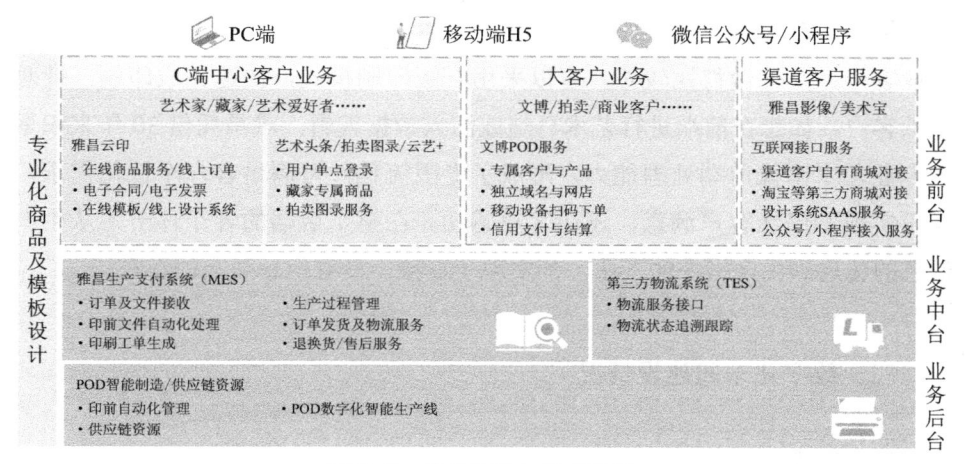

图 9-2　总体架构与技术路线

二、数字化车间蓝图设计

基于整体架构，雅昌将产品服务体系分成企业信息化平台和设备自动化系统两大模块，并进一步归纳梳理成7个层级，打造高效、覆盖"客户需求"到"产品售后服务"的完整流程，且每个流程都进行了模块化设计，如图 9-3 所示。

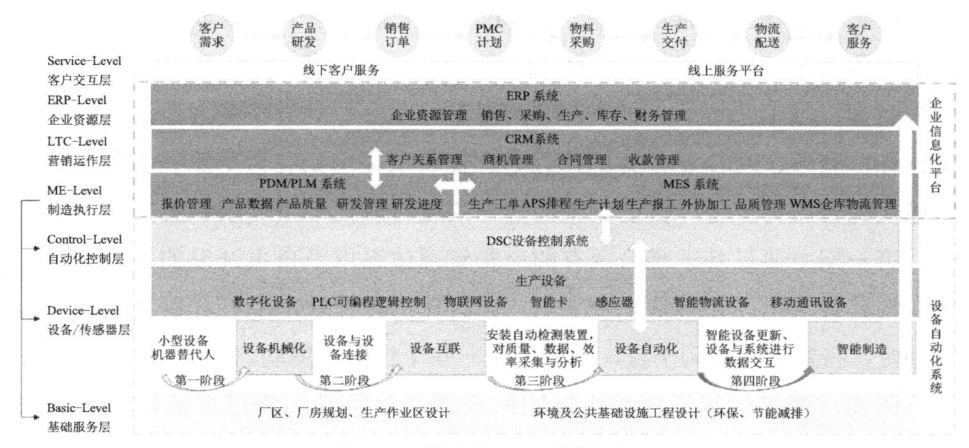

图 9-3　数字化车间蓝图设计

例如，在前端业务板块，通过平台可以将客户数据进行汇总分析。针对专业客户，文件做得比较好，可以采用合版印刷模式，快速完成印刷；针对特殊客户，如想在前端进行艺术再造或深入数据编辑，雅昌凭借30年来积累的专业艺术图像前端处理能力，形成了专版流程，可满足客户个性化需求，真正实现不仅让客户满意，还让客户感动。在整个后端的各个环节，从生产信息的传递到生产指令的下达，都实现了连接，没有信息孤岛的存在。

三、数字化车间建设情况

1. 工艺设计

雅昌数字化车间是流程型制造车间，整体设计采用柔性生产线（Flexible Production Line），把多台自动加工装订设备连结起来，配以自动运送装置组成生产线，适合多品种、小批量生产。

其柔性生产线包括3个基本部分：一是自动加工设备；二是智能物流系统；三是生产制造信息系统。它既有共性又有个性，共性是通过共性流，在基础的标准技术操作、整个制程标准化的前提下，结合工艺、包装等个性化的创意设计，在满足客户个性化需求的情况下，在内部实现很好的标准化，提升产品交付能力。

在工艺设计上，雅昌打造了AIPP智能平台。该平台是以互联网技术、人工智能技术、数据库技术、IT技术为核心，以超级BOM和供应链管理技术为基础，以工艺技术、材料、结构模型、产品、案例相关大数据为支撑，集设计、服务、POD于一体的，为客户提供从需求到交付全流程服务的线上智能化综合服务平台。目前，雅昌分三期进行建设，第一期和第二期同步进行，第一期主要是基于雅昌现有的色彩管理体系以及自主开发的材料及工艺等，将其数字化，并搬到平台上来。同时在进行前端产品打样以及帮客户做策划时，将数据上传到平台，帮客户做一些个性化的变动。

例如，通过前端工作，研发团队根据产品特性，先尽可能地将其模块化，从子产品到母产品再到产品体系，每个模块可以交叉组合，再在标准化、数据化的前提下，很好地满足客户更多的个性化需求。图 9-4 为产品工艺实现模块化、结构化、平台化图例。

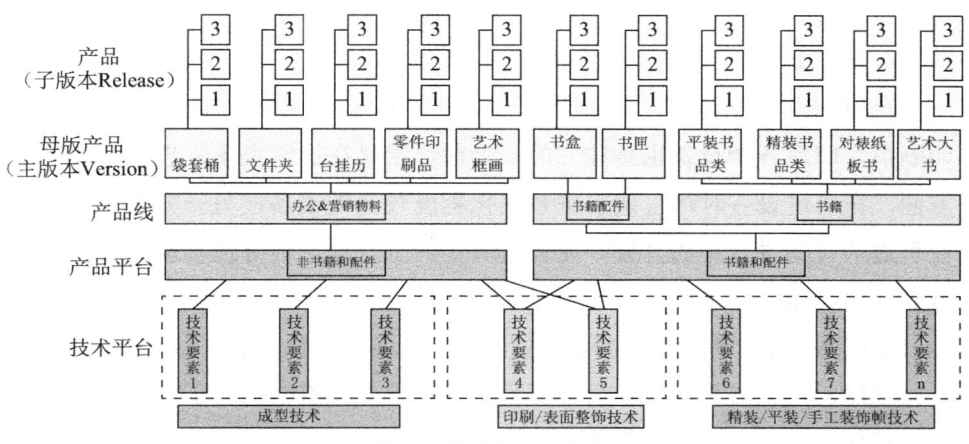

图 9-4 产品工艺实现模块化、结构化、平台化图例

图 9-5 为雅昌实现的组合式产品案例。该产品为精装书，对于方脊精装书来说，有皮壳和书芯；对于书匣来说，有书匣面纸和灰板。这些信息通过数据化方式进行颗粒化并上传到系统平台。客户只需要根据需求在平台上进行相应选择，就能够快速了解产品报价及产品效果。从内部来说，研发团队能够了解产品完成周期、需要投入的人力资源、成本以及利润。

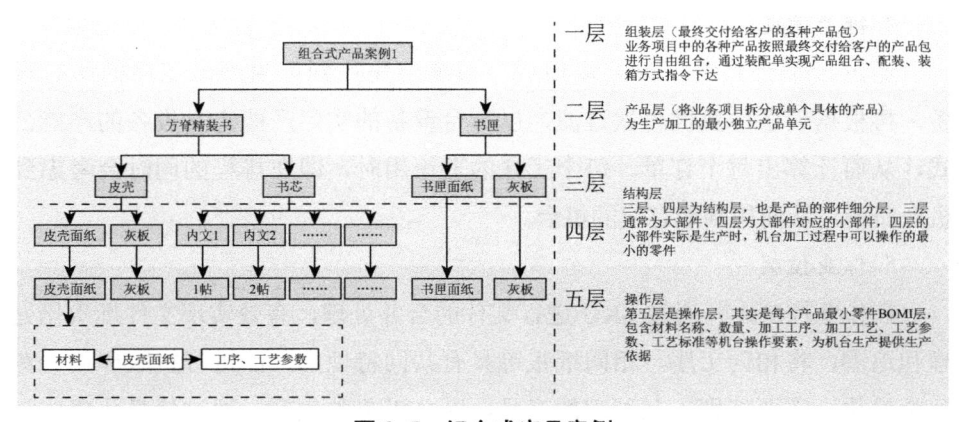

图 9-5 组合式产品案例

系统平台里有数据，也有图示；有主观分析，也有客观分析。通过这个平台，研发团队可以充分进行深度的数据开发和应用。对于外来产品的策划以及工艺展示的完善等，该平台都是一个强大的支撑。

2. 设备管理

众所周知，在以往的印刷生产中，生产设施都是割裂式的，印刷机是印刷机，印后各个设备也是独立的。当前，雅昌在探索设备管理数字化，一方面，在引进设备时尽可能引进系统化程度较高的设备；另一方面，针对以往引进的设备进行集约开发，使设备真正融为一体，很好地实现衔接，从而做到设备的精细化管理，详细地展示设备的特点与状态，如设备是否需要保养、从产品质量上看设备是否能正常运行、设备更适合哪类产品印刷等。

当然，设备的正常运行离不开日常维护保养。雅昌制订了完善的保养计划，日保养、周保养、月保养，管理人员定期检验，保证设备长期处于良好状态，保障操作员工的人身安全。此外，雅昌开发的生产管理系统，可自动采集机台关键数据，将运行效率等指标及时反馈到指挥中心大屏幕，管理人员可快速了解订单和设备状态。

3. 系统集成互联

雅昌开发了 PLM&MES 系统，以信息化手段对从"客户需求获取"到"产品完成"的整个产品生命周期过程进行优化管理。

4. 排产调度

通过云平台系统下单并审核后，系统会先找到可生产该工序的所有设备，再根据设备的属性再次过滤，以每台设备的实际产能定义设备的产能公式，从而计算出每个订单、每个工序的理论用时，即在排程的同时会考虑到机台负荷，从而排到最有空的机台。

5. 作业控制

在作业控制上，通过 SKU 进行文件的合并处理，有效实现文件批次化处理和追溯，将相同工序、相同纸张等具有共同特性的产品进行拼版印刷。对于个性化、需要特别工艺处理的产品，区分以单独生产。通过信息化集成，全线打通了订单系统与生产系统，同时实现订单与文件的一一对应，真正实现了柔性生产，不仅提高了生产效率，还大大降低了损耗。例如，从产品加放来看，以前按照 30% 来加放，现在 15% 基本就可以了。

6. 质量管控

一方面，雅昌采购的印刷设备和装订设备大多是全球领先的设备，智能化程度较高，具备智能检测能力，一旦产品出现质量问题，将立即从问题通道排出，或自动停机处理，避免问题产品混入，导致质量事故。

另一方面，关键工序仍然保留人工检验，如成品检验、三面刀裁切等，根据不同类型活件，分别采取全检和抽检，通过人工质检来弥补设备自身检验功能的不足。

数据化涉及产品制造的整个流程，从印前到印刷再到印后，都有严格的数据记录，这些充实的数据可以作为判断质量结果的有效支撑。

7. 安全管控

由于雅昌服务的客户大多是艺术家和艺术机构，客户数据非常珍贵，不能有任何闪失，所以其非常注重数据安全。除安装门禁系统外，数据的进出与拷贝都实行严格的登记管理。

此外，雅昌建立了以安全生产责任制为基础，以安全生产管控制度及操作规程为手段的安全生产管控体系，保障员工安全、健康。雅昌安装了风险源实时监控系统，实现了对公司固有风险及动态风险的分级分区管控，有效支持了公司安全管理动态化、智能化。

8. 能源管理

雅昌很早就实现了集中供电、智能供电，尽可能使用 LED 标准光源；在供气方面，尽可能采用集约方式，按需供应。通过类似智能的方式，将整个公司的能源应用降低到最低水平。

此外，雅昌建立了车间级能源管理系统，依据车间 MES 生产管控系统的生产和工艺数据，提取分析车间用能设备的能耗数据并进行调整，以期实现能源精细化管控。

9. 环保管控

雅昌根据现有车间的特点及需求，建立了车间环境自动监测系统并与烟感、温/湿度调节系统进行联动，实现了车间环境的持续稳定达标。车间设置自动门禁感应门，且车间为密闭负压车间，机台上方设置废气集气罩，有害气体通过收集至楼顶的高效生物处理设施，净化后达标排放。

10. 通信网络技术

雅昌在全国3个生产基地都建立了数据信息交互中心，3个生产基地的数据交付可同时进行，当某个基地的数据出现故障，另外两个基地会进行相应备份，并同步进行数据传递，从而为雅昌数据的交互提供了保障。对生产板块来说，数据信息交互中心也是雅昌进行数字化以及未来进一步开展智能制造的基础。

11. 信息技术应用

雅昌拥有诸多专业调图大师，过去30年，其都是采用人工方式调整摄影图片、绘画作品等。近年来，雅昌在思考如何将这些调图大师积累的对色彩、图片的高深理解转化成数据。例如，将齐白石画作的调整方式进行数据化，未来只要是齐白石画作，都应用这种方式进行一键调整。美图秀秀更多的是对图片进行宏观的调整与修复，而雅昌则要考虑艺术品的原汁原味，还原艺术品本身的特点。

此外，基于对艺术品的理解，雅昌也在探索艺术品的智能化创作。针对油画、版画等不同品类的绘画，植入创作想法，就能自动生成一部作品。对于设计人员来说，可以省去大量的技能训练，其只需要出创意即可。

同时，对于传统业务板块，雅昌基于Adobe平台开发了大量的实用小工具，如自动调图工具、自动数据采集工具等，对于实际生产非常有帮助，大大减少了印前人员数量。例如，以往印前部门需要200人，在业务大量增长的情况下，现在仅需要100人。

12. AI技术应用

AI技术主要应用在照片修复上。雅昌的客户对图片精度的要求非常高，通过无损放大技术、图像识别技术、图像修复技术、智能抠图技术、图像优化及图像评价技术、图像合成技术等可实现图片的高清处理。

13. 自动化生产

雅昌 POD 数字化智能制造车间均采用市面上最先进的连线式智能化设备，同时接入印后生产线控制器，从而达到自动化生产效果。

四、互联网＋印刷：赋能企业服务升级

雅昌在客户服务、接单、生产交付等方面，通过互联网＋印刷方式为客户提供服务，赋能企业服务升级。以往针对小批量业务，靠传统业务模式是不能服务的，或成本非常高。例如，针对客户 10～100 本画册的印刷需求，如果采用线下方式给客户报价、签合同、处理文件、下单、排计划、盯生产再到物流发货，业务员收款、协调财务开发票等，沟通成本以及跟单成本都非常高，为此，这些业务基本上会被业务员或企业放弃。对于一些重要客户，则以赔钱方式提供这些服务。而通过线上方式，可以很好地解决这些问题，完成这些原来不能做或不愿意做的业务。

据不完全统计，雅昌通过线上营销工具和服务方案的提供，能够为企业带来 20% 的业务增长；通过 C2M 的线上线下业务联动，电子合同、电子发票功能的提供，与传统跟单方式相比，能带来 80%～90% 的业务流程优化；通过数字化生产方式，小批量业务生产效率提升 50% 以上。

总之，互联网＋印刷模式，对于赋能企业业务以及推进企业数字化转型升级，都是非常好的方式和手段。

（原载于 2023 年第 4 期《印刷技术》杂志）

从传统印刷到智能制造的数字化转型之路

黄真

广东兴艺数字印刷股份有限公司（以下简称"广东兴艺"）立足江门，坚持"科技是第一生产力"理念，积极拥抱互联网，大力发展数字化印刷，不断提高自身智能制造水平。广东兴艺以江门为总部基地，已经在中国香港、济南、长沙、杭州建立了研发和生产基地，并积极筹备合肥和成都生产基地，以形成对珠三角、长三角、华东、中部和西南地区的全天候供应能力。

广东兴艺是江门地区规模最大、设备最先进、第一家实现数字化的印刷包装企业。回顾疫情时期，广东兴艺不仅"活下来"了，而且还"活得不错"，无论是营收还是利润，都保持着两位数的增长。广东兴艺一直坚持创新，用IT科技武装硬件，建立了全套数字化印刷生产体系，整个制造链通过"5G＋工业互联网"技术，对制造全过程实施数字化控制；推动了传统印刷行业向5G数字化转型的进程，形成融品牌策划、设计制作、智能制造和物流配送为一体的综合服务能力。

目前，广东兴艺已经实现"一屏观全厂，一网管全域"的全程数字化管理，可帮助自身"优化资源、提升管理"，为自身发展注入源动力。

一、广东兴艺的数字化实施方案

1.5G+赋能数字化智能色彩管理

印刷有一道必不可少的工序，即客户签样。由于设计图和印刷成品会出现偏差，尤其是颜色偏差，因此需要与客户反复确认。印刷颜色全凭操作人员的眼睛和经验，很难做到始终保持一致，难以进行重复、连续、大规模的批量生产。

为了保护客户的权益并令客户满意，广东兴艺打造了数字化控制系统，将印前和印刷工序实现数据化。客户传过来的包装设计图导入系统后，系统会先进行 AI 智能识别，将颜色进行标准化、数字化，再传输到打样机上进行打样，最终交付的产品与设计图的相似度可以保持在 90% 以上，不仅提高了色彩准确度，还大幅提升了客户满意度。

2. APS 生产计划排程解决方案

印刷业是非常典型的离散型行业，每天有 N 多个订单，每个产品的生产都有海量的数据交换，而且还会存在不可预测的紧急插单现象，所以很多时候，会陷入客户的交期越长，货期越不能得到保证的怪圈。

如何了解产能什么时候能得到最佳释放？何时需要启动外发？什么时候错开使用机台？为此，广东兴艺针对海量订单间的冲突问题，开发了 APS 生产计划排程解决方案，包含基础模型、需求管理、计划排程、计划监控、计划变更等模块，可提前预知会出现的问题，使每个机台都可以得到良好利用。

3. MES 制造执行系统解决方案

从生产准备、生产执行、过程防错、物料配送、质量控制、异常处理、制造履历到生产监控，背后是海量的数据交互，在此过程中，如果不能对数据进行有效的抓取与识别、统计性的分析，单纯靠人工干预、靠经验，那其往往是滞后的。

广东兴艺结合自身的需求和特点，自主研发的 MES 制造执行系统是一个面向制造企业生产过程进行数据采集、拉动式车间物流管控、及时在制品质量控制、劳动生产率和设备利用率持续改进与产品全息跟踪服务的综合性制造信息化平台，很好地解决了这一问题。

4. QMS 质量管理解决方案

广东兴艺形成了以质量主数据、质量策划、质量控制和质量记录、检验报告与质量分析、质量异常处理、全程质量追溯、计量与测量设施管理、产品合格证与产品档案管理为主要构成部分的 QMS 质量管理解决方案，实现了海量数据交互过程的监控处理。

5. 三流合一的兴艺模式

从 MES 到 APS 再到 QMS，这背后海量的数据交换过程极其复杂。工业互联网有两个概念，一是"工业＋互联网"，二是"工业互联＋网"。如果仅实现"工业＋互联网"是不难的，只需一台设备插上网线去抓取数据即可，但如果要实现"工业互联＋网"则很难，不同工序、不同设备应具备 AI 分析功能，需要结合工厂管理要素、设备参数进行有效互联，实现数据连接。

制造型企业往往通过八大核心信息流来实现数据连接，即主数据信息流、工程信息流、异常信息流、绩效信息流、计划信息流、执行信息流、控制信息流、结算信息流。八大信息流存在大量的交叉节点，不同的企业人员可能不需关注这么多信息。因此，广东兴艺创造性地提出"三流合一"的兴艺模式，即"信息流、物料流、资金流"三流的集成，通过信息驱动物料高速周转，进而让资金利用率最大化，通过周转率的提高去提升公司竞争力与公司盈利能力。

6. 面向工业智能制造场景的 5G 网络改造

智能制造的核心在于连接。广东兴艺根据整体规划和战略定位，采用 SA 架构部署 5G 网络，为智慧园区提供边缘云计算技术和网络切片技术，并提供超大带宽和超低时延的网络接入方案，满足智慧园区未来不同应用场景的需求。

根据园区内功能区的划分和应用场景对 5G 网络的要求，采用室内外一体化立体组网模式，在园区内建设 3 座 5G 基站和 1 套大型 5G 室内分布系统，实现园区内 5G 网络无缝覆盖，打造集设计、生产、运营、配送为一体的 5G 智慧企业。

① 5G＋设备联网。通过 5G 设备对整个园区的无死角覆盖，对全厂设备进行数据实时监控，实现生产全流程设备管控，并对生产过程进行数据统计分析。以印刷机为例，运行速度超过 18m/s，每天的产量、OEE、设备状态、油墨、润版液、印压、网点等信息数据交换达数百万级，通过 5G 高带宽、低时延的链接实时报送给 DPaaS 系统，使 DPaaS 系统发挥全厂的智能驾驶中心的作用。

② 5G＋智能调色系统。色彩管理上，广东兴艺已经从机台扫描更换为便携式扫描，这背后也是因 5G 模块的支持。广东兴艺和联通合作，建立了专门的宽带来支撑整个企业的扫描系统。

便携式检测设备扫描图文内容，通过 5G 网络把海量的图文信息传输到云端智能控制平台，云端智能控制平台中心通过与国际标准化组织 ISO 12647-2 标准进行对比，并衍射到 G7、GMI 和 C9 等不同组织的色彩管控标准，实时将颜色分数传送到用户端。由于图文信息容量远大于文字，带宽要求高，因此 5G 的高带宽、低时延特性完美为其赋能。

③ DPaaS 系统。广东兴艺基于 DPaaS 工业大数据平台打通了 MES、APS、ERP 等系统，打造了数字孪生工厂，可以直观看到工单实时情况以及产品品质、能耗、产值、销售额、全厂设备等数据，每个环节都实现了串通。通过整个电子屏幕，管理层就可看到全厂数据，便于对生产车间的过去、现在、未来的数据进行把握，从而对管理的纠偏、干预形成科学判断。

通过以上 5G+ 标杆应用项目整体功能系统的建设实施，可形成印刷行业推广的集成性数据采集平台、实时监控报警系统、生产智能制造系统等，协助广东兴艺整合优势资源，打造行业智能工厂整体解决方案。经过近几年的发展，广东兴艺在经济效益、社会效益、数量指标上都有了可观的提升。

其中，经济效益方面，年度营业收入同比增长 15%，人均产值提升 50.26%，年度利润总额同比增长 50%。社会效益方面，数字化、标准化、智能化让兴艺模式得到快速扩张复制。作为印刷商会会长单位，广东兴艺带动周边上下游同行业多家中小微企业，形成智造产业集群效应，获江门市委市政府颁发的"先进集体"荣誉。数量指标方面，产品合格率提升至 99.30%，故障停机时间减少 20%，存货周转率提升 24%。

二、广东兴艺对数字化实施的建议

印刷企业数字化转型存在三大痛点：第一，信息化系统太多，无从下手；第二，数据从哪里来？数据到哪里去？第三，系统投资庞大，试错成本高。每个企业的发展阶段不同，诉求也不同，如果没有找到自身存在的痛点，贸然实施数字化未必适合。

广东兴艺将自身数字化转型的痛点归结为两个方面：首先是色彩管理数字化，广东兴艺希望通过数字化色彩管理体系，实现生产效率、产品品质的提升以及客户黏性的增加；其次是如何让生产过程受控，广东兴艺希望通过流程管控、再造重新梳理和打造全厂数据流。

广东兴艺在数字化转型过程中，踩过很多坑，在此，对即将进行数字化转型和正在数字化转型的企业提供一些具有建设性的建议。

1. 成功实施数字化的要素

印刷企业成功实施数字化的先决条件有5个：有实现现代企业制度的机制和长远经营战略；产品有生命力，有稳定的经营环境；有改革开拓、不断进取的领导班子，对项目承担责任；领导班子管理的基础工作扎实；各级一把手理解数字化流程，有一致的明确目标。

2. 数字化实施可能失败的原因

广东兴艺的数字化转型之路并不顺畅，在引进第一套数字化系统时就失败了，主要原因是没有对系统进行流程再造。片面要求软件服务商满足所有管理功能，把很多管理职能都赋予软件，本身就是不切实际的。企业在发展过程中，需要重新优化与改善数字化系统来适应自身的发展。

广东兴艺结合自己的经历，梳理了数字化实施可能失败的十大因素：①公司高层对数字化的作用和实施难度认识不足；②管理政策跟不上，数字化系统推行力度不够；③企业本身基础管理较弱，基本资料不正确，不具备实施数字化的条件；④企业导入数字化系统时过分求大求全；⑤数字化系统的导入影响企业的正常运作，企业不能全力配合实施工作；⑥不懂得流程再造，企业盲目提出过高要求，导致系统实施遥遥无期；⑦培训不足，操作员工对数字化系统不熟悉，导致员工拒绝使用；⑧传统作业模式根深蒂固，员工有抵触情绪；⑨选择的数字化系统不适用；⑩软件公司不懂企业管理或没有经验，导致数字化系统导入困难。

3. 数字化软件使用的误区

①像对待 Word、Excel 等办公软件一样，把数字化完全等同于一套软件系统。认为实施数字化就是花钱买一套软件系统，购买回来就可以使用。即把数字化首先看成软件问题，其次才是管理问题。

②认为中小企业难以承担实施数字化及其流程重组产生的费用，不宜实施。大企业引入数字化的费用动辄数十万元、百万元，甚至千万元，使许多人产生了一种错误的认识：实施数字化费用昂贵，中小企业无力支付。事实上，数字化已经走下天价的"神坛"，中小企业也用得起。

③对数字化的投资回报期望存在偏差。一些企业无法正确评价数字化系统的真实价值，要么把它看成"包治百病"的"灵丹妙药"；要么认为是鸡肋，没有多大价值。数字化力图解决企业竞争中最直接和最关键的问题——资源配置及效率以及由此引起的成本问题，但不可能解决企业的所有问题。

④认为数字化只是推行小组的事情。

⑤不了解数字化的功能，未能发挥其对报表即时处理的优越性。

⑥对数字化与常规物流、成本管理的关系认识不清。

⑦数字化管理对象的认识误区：许多引入数字化的企业主要用它进行有关资源的数据管理，数字化几乎成了单纯的数据库应用。事实上，数据库只是帮助领导层更有效地管理企业的工具，企业资源计划管理必须以一定数据库为基础，但数据库应用本身并不是数字化。

数字化是一个项目，不是靠买一个软件就能成功的。数字化转型需要设立推进小组，在顶层设计的组织架构上，让各个部门的一把手都能够深刻理解数字化的含义。

4. 构建智能工厂的四大途径

广东兴艺一直认为"数字化一定不是选择题，而是必选题"，因为印刷企业的发展规划毫无疑问是数字化。

①政府引导，协会支持。政府需制定相关法律法规，加强政策引导和资金扶持，引领行业向智能化发展；搭建技术创新平台，制定相关标准，积极推动"政、产、学、研、用"协同创新；引导和支持印刷装备行业两化融合

水平的提升，为智能化工厂提供技术和设备支撑；进行智能工厂重大作用和积极意义的宣传贯彻，提高行业认识。

②市场主导，企业唱戏。以市场为主导，以满足印刷企业的需求，提高行业工艺和管理、生产水平为主要的发展和研发方向；依靠创新驱动，以行业内骨干企业为主，积极开发和探索智能相关设备和解决方案。

③树立示范，重点突破。在重点领域、重点标杆企业，积极帮助并推动实施智能化的企业作为行业示范，为进一步推广提供探索和依据。

④统筹规划，分步实施。智能化是一把手工程，需要印刷企业从上到下统一认识、统筹规划；智能化是一个系统工程，需要逐步探索和逐步完善。印刷企业进行智能化改造，不仅是生产改造还是管理改造，这是一个渐进过程，不能一蹴而就。

5. 实施数字化的建议

①在领导未理解数字化之前，不要导入数字化系统。上到实控人，下到公司一把手，若不能坚定地走数字化道路，就不要轻易导入数字化系统。

②绝对不能让不理解数字化的人员，去选择数字化软件。由于财务部门使用软件较多，很多企业领导喜欢让财务部门去选数字化软件，但是财务部门一般是控制思维，市场、研发部门是投入思维，在企业的不同阶段，软件的诉求与企业的本身发展不一定匹配，这更需要从顶层打通管理、经营和软件的关联性。

③谁选择数字化软件，谁负责数字化系统的实施。谁负责签合同，谁负责把数字化建设贯彻落实。

④让接受了数字化培训的人员，去实施数字化系统。培训只有开始没有结束，它和精益生产一样，一直在路上。

对外，满足客户的需求，是广东兴艺人存在的唯一理由；对内，解决问题的能力，是衡量管理干部的唯一标准。广东兴艺始终围绕"为客户创造价值，与客户共同成长"的理念，在数字化转型道路上越走越远，不断攀登高峰！

（原载于2023年第4期《印刷技术》杂志）

融合创新力 驱动数字化未来
——描绘智能化时代的印包企业发展路径

王建华

一、认识科望

三张"名片"可以代表昆山科望快速印务有限公司（以下简称"科望"），第一张是科望做名片起家，以此开启了创业之路；第二张是从2010年开始，科望不断创新发展，转型升级至精品包装领域，在上海做化妆品、日化产品的生产；第三张是从2016年开始，科望规划设计建设智能工厂，作为行业中第一梯队尝试数字化的企业，科望现已拥有"亚洲一号"9+2在线冷烫印刷机、全流程AGV机器人及6000+库位的智能仓库。

当今社会，各行各业都在讲数字化与创新，科望亦如此，科望一直强调创新力与数字化的重要性，并在企业发展中积极融合这两大关键要素；科望还强调企业需要保持敏锐的市场洞察力，不断适应变化、持续创新，并以数字化为驱动力，引领未来的商业发展，提高企业竞争力。

科望一直秉持"崇尚知识、充满活力、创造价值、制造艺品"的理念，打造积极向上、充满活力、为整个行业乃至社会创造价值的团队。在25年的发展历程中，科望一直践行自己的理念，立足于印刷市场并影响着整个印刷行业。

二、印刷企业经营痛点

1. 价格竞争

在激烈的市场竞争中，企业常常被迫以较低的价格来争夺订单，这可能导致利润率下降，对企业的盈利能力产生负面影响。

2. 技术更新和投资

印刷行业的技术在不断发展和进步，企业需要跟上技术变革的步伐，并进行相应的设备和技术投资，这对企业而言是一个不小的经济压力。

3. 市场需求变化

消费者对个性化和定制化产品需求的增加，对印刷企业提出了更高的要求。企业需要灵活适应市场需求的变化，提供多样化和定制化的印刷解决方案。

4. 人力成本和人才招聘

印刷行业对高素质的员工和技术人才的需求较高，如何招聘并留住优秀人才却面临困难，并且人力成本可能对企业经营造成负担。

5. 可持续性和环保压力

随着可持续发展的重要性日益凸显，印刷企业面临着减少对环境影响的压力。印刷企业需要采用环保的材料和生产方式，并遵守相关的法规和标准。

6. 客户需求多样化

客户对印刷产品的需求变得更加多样化与个性化，企业需灵活应对客户需求的变化，提供定制化的印刷解决方案。

面对这些经营痛点，印刷企业可以采取一些策略来应对挑战，包括提高生产效率、优化供应链管理、寻找新的市场机会、加强与客户的合作和沟通、投资研发创新等，同时应不断提升企业的专业能力和技术实力，关注市场趋势和客户需求的变化等。

三、科望的数字化转型策略

在迅速发展的数字化时代，企业需要积极融合创新力，以驱动和引领数字化发展。企业的核心任务就是将创新力与数字化紧密结合。科望一直注重创新力和数字化对企业发展的关键性，构建了具有前瞻性和竞争力的企业发展路径，并针对数字化转型升级提出了"四化"基础建设。

1. 标准化

科望制定了统一的工艺标准和流程，把最基本的"印刷、模切、糊盒"工序标准化，以提高生产效率和产品一致性。近期，科望也在研究如何实现一次走纸完成整个产品，从离散型向流程自动化过渡。

2. 数据化

在印刷过程中，需要把产品数据化。有些数据人是看不懂的，如果运用数字化管理系统，就能很快地实现数据采集、分析和决策支持。现在科望已经通过数字化来驱动一切，用数字化为企业赋能。

3. 自动化

随着社会自动化程度的提高，印刷企业都在引入先进的自动化设备和机器人技术，从而提高生产效率和质量。最早的设备可能都是三色灯，后来升级为PLC，现在科望引入的设备可以开放DB数据库，其具有强大的数据分析能力。

4. 智能化

科望一直探索智能制造，应用人工智能和物联网技术，以实现智能制造和智能决策，并运用ERP、移动终端、AI技术实现智能化管理。

四、科望数字化转型中的挑战

在数字化建设过程中，投入与产出之间的平衡，是科望遇到的第一个挑战。科望迎难而上，从二零零几年开始，进行"小步慢跑"，当其他公司用2%的资金投入数字化建设时，科望每年投入百分之零点几，积少成多。第二大挑战是思想理念的转变。很多企业了解数字化，但只想安于现状，不想冒风险去进行转型，科望亦如此，但随着市场竞争越发激烈，科望发现数字化转型在未来发展中是必选题，因此积极求变，不断推进数字化建设。第三大挑战是组织变革，因为要想建设数字化，企业就需进行扁平化管理，科望为了提高管理效率，将组织变革逐渐落实，取消了一些部门，使管理层次减少，管理幅度增加。

科望谋定而后动，在实施数字化时，制订了详细的转型计划；疫情期间招聘了很多产品设计和研发的 IT 人员，培养了数字化团队，把人才作为企业发展的核心资源；与供应商合作，科望提出想法，供应商去实现，根据企业场景做出适合自己的数字化建设。

五、科望的数字化转型成果

1. 系统集成

很多东西都是集成来的，不一定要自己去做，要用最适合自己的软件、系统集成起来打通数据，科望系统集成如图 9-6 所示。

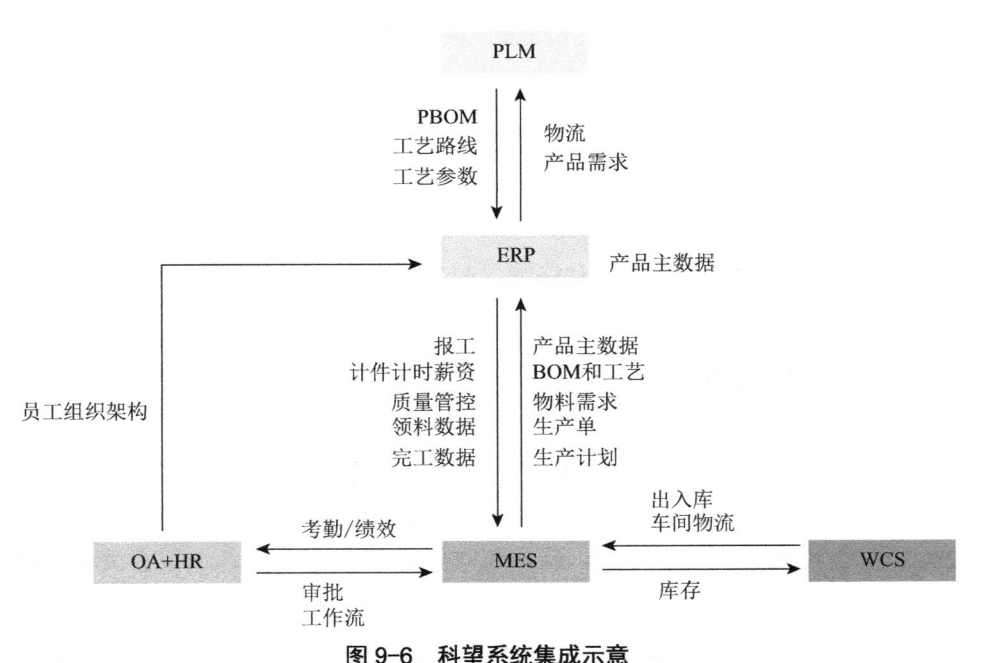

图 9-6 科望系统集成示意

科望以 ERP 系统作为中心,与 PLM 进行集成,将产品开发和产品制造的各个子过程集成一个整体进行数据打通;通过"OA + HR"模式来实现员工组织架构的审批流程,并与 ERP 打通;对于 MES 的开发,科望凝聚了管理理念与行业竞争力,制定了内部的统一标准,并将 WCS、MES 集成起来,对出入库进行统一控制与管理。科望以 ERP 为中心,通过 PLM、OA、MES、WCS 等信息化软件,利用数字化管理手段提升管理效能,打通了企业管理各环节,形成数据闭环。

2. MES 系统的价值流

科望的 MES 流程如图 9-7 所示,从生产计划、机台数据采集、班组人员、机台看板、设备管理、质量管理、仓库物流几方面进行 MES 系统的整合升级。数字化最主要的就是把价值流抓起来,这才是企业使用 MES 的真正目的。

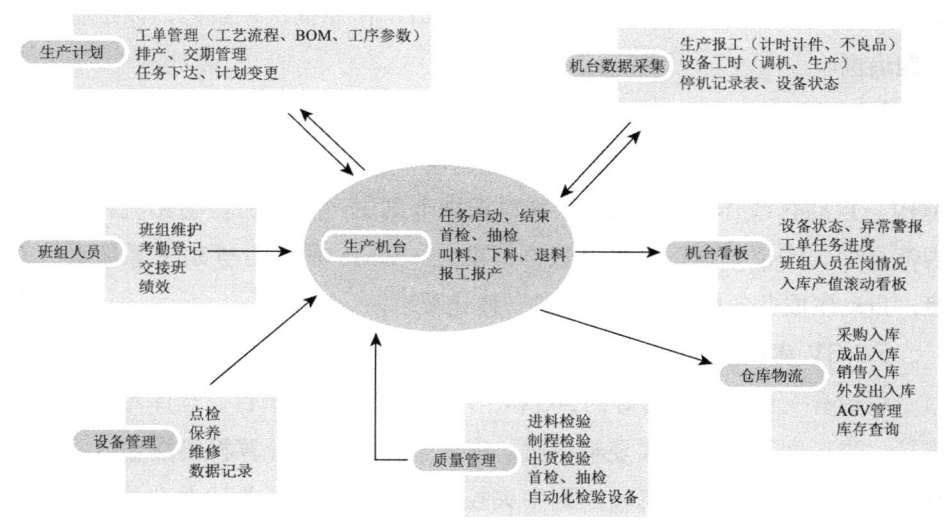

图 9-7 MES 流程示意

3. 生产管理

科望打造出移动版的生产管理计划工作台,甚至做成了一个非常完整的系统,通过二维码或条码进行全局的关联跟踪,可把围绕产品的"人、机、料、法、环"所有数据过程追溯，实现生产流程、物料信息、生产资源、质量信息的追溯，从而实现数据的穿透。

现在科望使用ERP进行生产管理极其方便，要想查询任何数据都可以链接到生产全过程中，数据全部可穿透，形成了全过程数据追溯。

4. 质量管理

科望的生产现场管理直接用一部手机即可进行操作：员工直接登录手机MES系统扫码记录，产品数据就可以进行推送，及时反馈到需要获取该信息的人员手机上。科望除了具备最先进的生产设备，还安装了在线检测系统，使整个质量管理流程固化于MES系统中。

科望的质量管理流程主要包括5方面：建立主要物料的质量控制标准、检验项目；建立工序的质量控制关键点知识库；制程检验，包含开机自检、抽检、巡检、机器检、废品统计分析；记录各个检测环节的数量、原因数据；检验数据匹配工单、产品、物料、人员、作业批次、条码，以进行质量问题追溯。

5. WMS物流管理

科望的WMS物流管理系统和高度自动化的仓库设备对接（立体仓库、AGV、自动化线体），可完成从物料识别卡到生产下料的自动化流程，实现规范仓库、库位管理以及基础数据标准化。WMS系统还与ERP系统进行对接，自动生成业务单据，满足业财一体化要求。

6. AGV库位管理

科望有9台使用非常好的AGV，主要将线边库与机台、仓库做了很好的连接。当车间某一环节需要辅料时，先由工作人员向计算机终端输入相关信息，计算机终端再将信息发送到中央控制室，然后由专业技术人员向计算机发出指令，最终被AGV接受并执行，将辅料送至相应地点，既实时又准确地实现物料输送。

六、科望未来发展

2023年1月,科望在原有ERP基础上引进了世界先进的甲骨文NetSuite的云架构ERP,其功能十分强大,并且是一个不断迭代的软件系统。未来,科望的IT团队可以通过该系统尽情地发挥想象空间,无限开发出新内容。通过产品全生命周期的设计平台与系统对接,实现产研协同,统一主数据管理;产销协同,多渠道订单管控。通过智能制造,引领数字化全面转型升级。通过业财一体化,实现业务财务高效协同、财务精细化核算,从而实现大数据分析与管控。

科望的工业4.0智慧工厂,通过建立数字化智能生产交互系统,实现了全流程的机器人周转与生产模式,旨在保证印刷产品的品质一致性,并合理缩短交付周期,让"未来工厂"在科望成为触手可及的现实。

科望将绿色思维与前沿科技相结合,从探索到实践、从试验到实现,在客户的认可中,洞悉"科技为本"的价值;在员工的认同中,树立"以人为本"的信念,并以"崇尚知识、充满活力、创造价值、制造艺品"的理念,向全球市场传递自己对印刷行业的理解与演绎。

(原载于2023年第4期《印刷技术》杂志)

数智化工厂实践的经验分享

侯金宇

淄博鹏宇祥包装印务有限公司（以下简称"鹏宇祥"）成立于1999年，是一家专注于提供高质量包装印刷解决方案和相关服务的企业。在数字化浪潮中，鹏宇祥积极拥抱数字化转型，目前，公司软硬件配套已达先进水平，拥有海德堡印前全流程、Multicolor系统，以及多台海德堡印刷机、相关印后配套设备。鹏宇祥于2021年开始进行数字化转型，本文将数智化工厂实践的经验与大家分享。

一、数字化转型前企业痛点

数字化转型应该从企业的核心需求出发，这样才能找到一个更好的解决方案。鹏宇祥根据自身生产情况进行了数字化需求分析，整理出以下几个企业痛点。

1. 手工操作无法获取实时信息

早期公司采用Excel办公软件，人工操作录入数据，不仅无法获取实时数据，而且无法保证数据信息的准确性，降低了工作效率。

2. 纸质单据，数据缺失

在生产环节多使用手写纸质单据进行信息填报、报工报产，数据录入随意，容易缺失。

3. 各生产环节数据分离

生产上各核心环节（工单、库存、采购等）的数据无法有效连接，出现问题时溯源困难，同时留给公司的反应时间也较短，无法快速解决问题。

二、"四步走"数字化建设方略

在对企业当前痛点进行分析后,结合生产需求,鹏宇祥制定了"四步走"数字化方略。

第一步,构建工单活件的基础信息管理体系,让每一个工单的生命周期都可以得到有效管理;第二步,提升企业的排工排产能力,通过系统即可获得实时的生产状态,方便后续排工排产;第三步,解决报工报产问题,帮助企业完成计件工资等信息统计;第四步,建立报表系统,围绕原料、产出、库存等核心需求,确保把握企业生产状况的动态。

三、数字化建设历程

数字化建设首先需要找到适合企业的解决方案,然而在该过程中,鹏宇祥遇到了以下几个问题。

1. 专业不足

当前,市场上部分通用性产品并不能满足企业需求,根本原因在于各家印刷企业的业务、生产、管理侧重点不同。

2. 环节缺失

印刷制造流程和工艺复杂,很多商务印刷企业的生产工艺多达二十多种,加上灵活多变的工艺组合又与生产、销售、库存、采购环节相结合,技术开发难度极大,导致ERP在生产管理模块缺失。

3. 成本高昂

对于中小型企业来说,大型咨询公司的端到端的数字化转型方案收费太高,其根本原因在于印刷企业总体规模不大,无法引起具有开发能力的头部互联网或者咨询公司的兴趣。

一个好的数字化解决方案应该具有快速、低成本、对行业了解深入的特点。这就要求数字化解决方案供应商首先具备快速交付的能力,项目交付期3~6个月较为合适;其次,在成本方面要有精准的人员定位,避免过度投入人力、物力成本，并且制定目标后不盲目改动；最后，要有行业洞察力，只有对行业和用户有深刻的理解，才能最终将方案落地。

2022年1月，鹏宇祥与海德堡进行了前期沟通。海德堡了解了企业基础情况和需求后，于2022年2月开展了项目前期的咨询调研，对企业痛点及诉求进行了深入理解，并帮助鹏宇祥梳理了各个流程和环节。一个月后，二者合作的数字化解决方案项目正式启动，历时4个月，海德堡于2022年6月提交了第一版数字化解决方案，至今该方案鹏宇祥仍在继续使用并不断进行完善。

四、鹏宇祥数字化转型成效

通过数字化转型，鹏宇祥实现了生产管理相关数据100%纳入数字工厂管理系统来记录、统计和管理；完整覆盖了从生产准备到生产工艺全流程；工单管理精细化，高效链接采购、财务、加工、生产、库存等业务节点。

除此之外，鹏宇祥的数字工厂管理系统还具备多样化的数据看板功能。

①实时设备运营看板，可以显示机台数量、总印数以及成品数、过版纸、印刷时长、开机时长、换版次数等信息，同时记录每台印刷机不同时间的工作效率。

②实时活件状态看板，可以直观显示各活件的详细信息及印刷状态，以及每个活件的生产用时、产出速度。

③班组分析看板，可以从总印数、成品率、净产出、平均废张量、开机时长、完成活件数、平均活件时长和平均活件准备时长8个维度来分析白班、夜班的生产效率，印刷产出时间分布一目了然，同时还可显示净产出周趋势预测及平均印刷速度和成品印刷速度趋势。

④实时生产进度看板，可以对当日上光、模切、贴面、粘盒等生产工艺情况进行汇总，并显示月度生产汇总情况。

⑤实时库存资产看板，可显示原纸、平张纸、配件、辅料及瓦楞的库存数量以及每日进出库的数量明细，同时可以将库存换算成资产数据进行展示。

未来，鹏宇祥计划引入 AGV 智能搬运机器人与智能仓储系统，打通生产、物流、仓储三大环节，在提升企业信息化、数字化、智能化水平的同时，进一步释放企业发展潜力，以期打造出一个"一切用数据说话"的高度信息化、智能化、可视化的现代数智化工厂。

（原载于 2023 年第 4 期《印刷技术》杂志）

雅图仕的数智化转型实践

郭新颖

数智化发展到今天,已经从当初的概念提出、摸索尝试、试点应用,逐步演变到标准框架清晰、系统集成成熟,并发展到大规模应用阶段。各企业不再踌躇是否要转型,而是积极探索如何转型,并着手规划实施。

鹤山雅图仕印刷有限公司(以下简称"雅图仕")是香港利奥纸品印刷集团下属独资经营的现代化印刷企业,创办于1991年,经过多年的稳健经营,已发展成为全球最大的提供一条龙服务解决方案的印刷企业之一。公司拥有强大的生产实力以及配备完善的机台设备,产品主要包括精装书、儿童益智书、立体书、贺卡、礼盒、纸袋、游戏套装等各式各样的印刷产品。本文,笔者就雅图仕开展"数字化、智能化"升级转型的实践路径作出一些归纳和总结,希望抛砖引玉,给读者带来一些有益的思考。

智能化升级的最终目的是为企业带来更大的效益,提升竞争力来维持企业的可持续发展。其核心评价指标包括利润率、质量、成本、交期等。实现这些关键指标,需要高效运营,而数字化、智能化恰恰能让业务和生产运营变得更加透明、反应更加迅速、决策更加科学。

一、打造供应链端到端的资讯"高速公路"

雅图仕打造了一条供应链端到端的资讯"高速公路",实现了资讯和数据的互联互通。这条"高速公路"主要由集成独立的 IT 系统、灵活准确的信息处理体系、高可靠性的网络服务,以及确保资讯安全的部署架构组成。在信息框架中,除了核心的 ERP 和 MES 系统,还集成了第三方软件、自研发小程序及非核心业务系统。

数智化转型的推进，能够帮助企业从单一来源中获取与供应链相关的准确数据，进而实现成本核算、快速精准报价、有效的销售与运营计划制订、订单进度跟踪、交付周期缩短等目标。而通过将数据形成高度可视化的数据分析图表，不仅能够让决策人员实时做出决策及应变，提高生产管理效率，还能够帮助相关负责人员全面掌握生产管理信息，及时发现企业问题根源并制定改善方案，提高企业的整体竞争力。

二、实现智能物流

该项目愿景如下。

（1）自动化

实现"机器人"，降低劳动强度，节省人工；系统自动控制，减少作业动作，提高效率，减少差错率；操作简单易学，降低对人员素质的要求，去经验化；对接设备，自动上下料。

（2）智能化

智能调度算法，优化任务分配，提升效率；AGV 自主学习，动态路径规划，选择最快、最畅通路线；AGV 自主避障，智能充电，自主识别拖盘，识别货物；多 AGV 调度，智能交通管制。

（3）数字化

物料、包规、生产工艺标准化，形成数字化基础元素；多环节数据融合，串联生产、仓储信息，形成有机一体；生产数据量化、实时化、数字化；数据自动分析，辅助决策。

（4）可视化

设备状态可视化（含 AGV），设备状态集中监控；任务执行状态、进度可视化，快速掌握生产任务进度；生产数据可视化，产能效率、多图表展示；整体车间实时监控。

三、打造智慧园区

此外，通过全新的智慧园区管控平台以及 AR 等技术的应用，雅图仕也在着力推动自身智慧园区的打造。

智慧园区管控平台，可通过 AR 屏将园区智能化系统与实景、3D 模型、实时监控相融合，对园区实现全面运营监控和管理中控。监控屏将园区监控情况进行聚合展现，可实时查看园区实景状态。

安保方面，与 700 多个摄像头相关联，安保人员可在 3D 模型中通过虚拟与现实的结合，设计线路进行园区巡检。

四、建设第二代中控中心

第二代中控中心的建设，能可视化呈现能耗、人力资源、工单、订单、订货、生产、设备、园区等模块的数据，借助数据采集、数据复现、迅速反应、快速解决四大功能，提升企业的运营效率。

作为数智化转型的重要一环，企业也要注意信息安全的重要性。雅图仕注重数据高可用性、高可靠性、高可访问性的同时，也在积极推动网络系统的弹性资源调配与快速响应能力形成。

五、数智化转型经验

在数智化转型探索过程中，雅图仕总结出了以下几点经验。

①数智化不是简单的技术提升，而是企业整体业务能力的全面提升；

②数智化不是单一的技术应用，而是业务驱动的合理技术应用；

③数智化不是简单系统的互联互通，而是业务驱动的有效信息交换和整合；

④数智化不是单纯的系统重构，而是需要企业进行信息化的持续改进和提升进程；

⑤数智化不仅是企业内部问题，更要进行外部环境驱动下的能力优化和调整；

⑥数智化不仅是一个系统的建立，更是注重企业内部共享、协同及决策能力的提升；

⑦数智化不仅是信息部门的工作，更应该是企业的核心战略，需要所有人员的共同参与；

⑧数智化建设是一项一把手工程，必须由企业的最高管理者亲自主导并参与。在此基础上，企业要以客户为中心，以自身数据信息为核心驱动力，完成自身生态系统的赋能，并按照用户的需求变化，对企业组织进行动态调整，实现用户需求的及时响应。

数智化建设的过程，通常也伴随着流程再造、架构重组，如无公司高层参与，通常难以快速决断，进而影响数智化开展的进程。

数智化转型如何开展，没有绝对标准的答案，企业可根据自身的业务需求、人才储备及能力、资金等进行整体规划并分步实施。现在，市场上有成熟的智能化系统集成解决方案及各行业典型案例可以参考，印刷业智能化相关标准也在不断制定和完善。传统印刷正在通过"数智"赋能，在产品、制造、物流、服务等范畴进行全面变革，迈向另一个高峰。

（原载于2024年第3期《印刷技术》杂志）

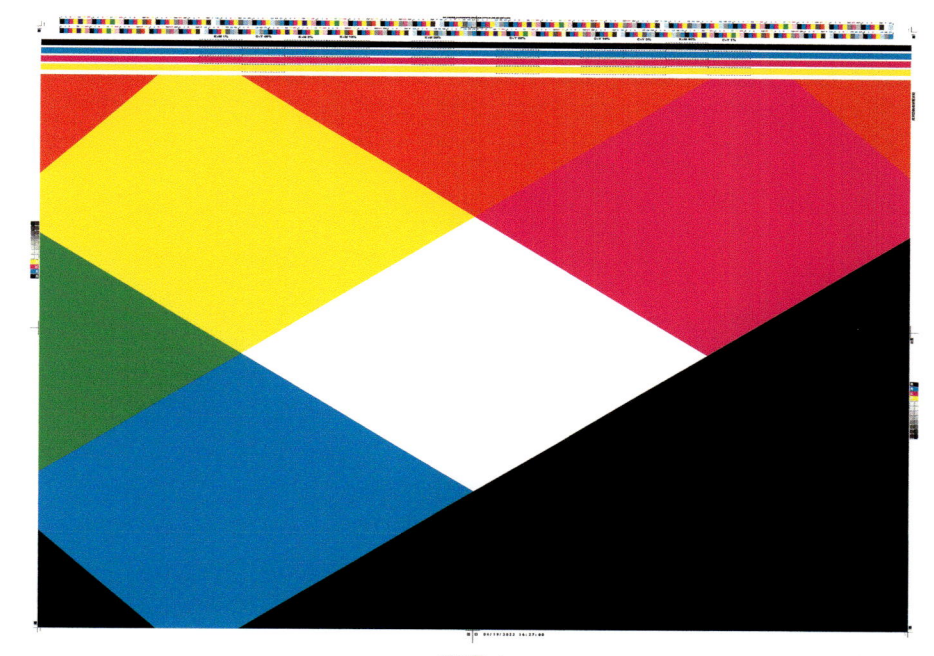

彩图 1

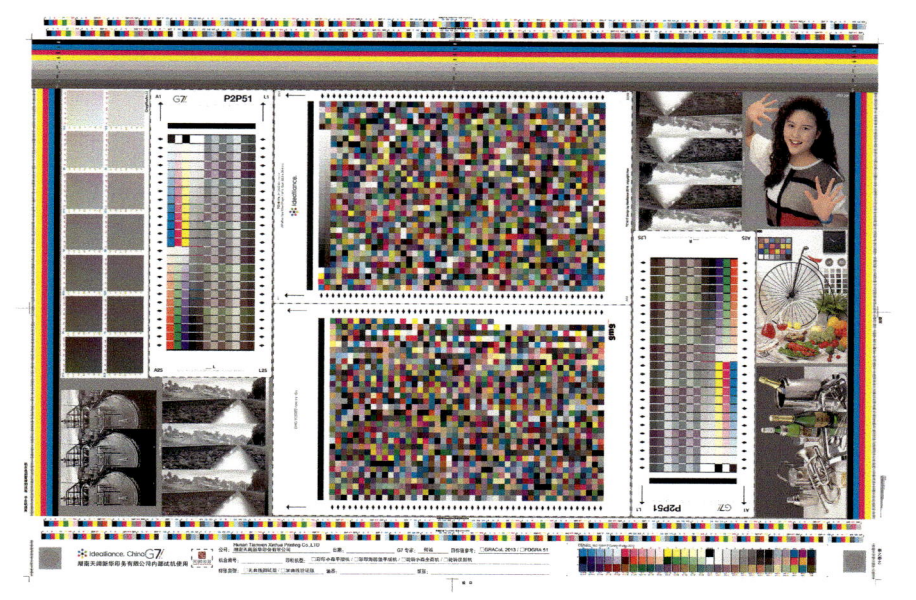

彩图 2

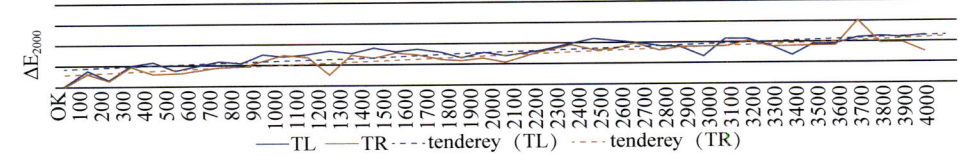

彩图 3

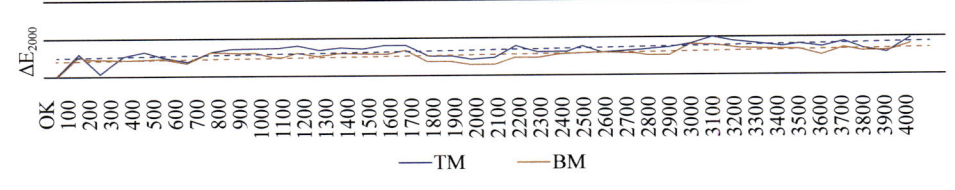

彩图 4

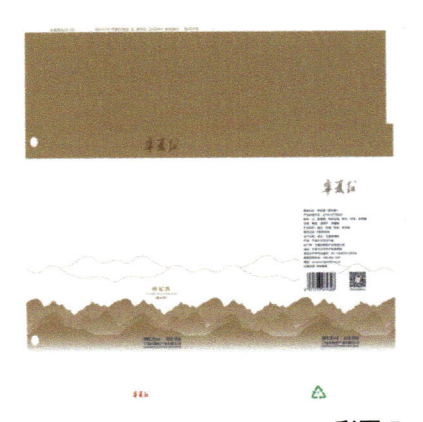

彩图 5

彩图 6

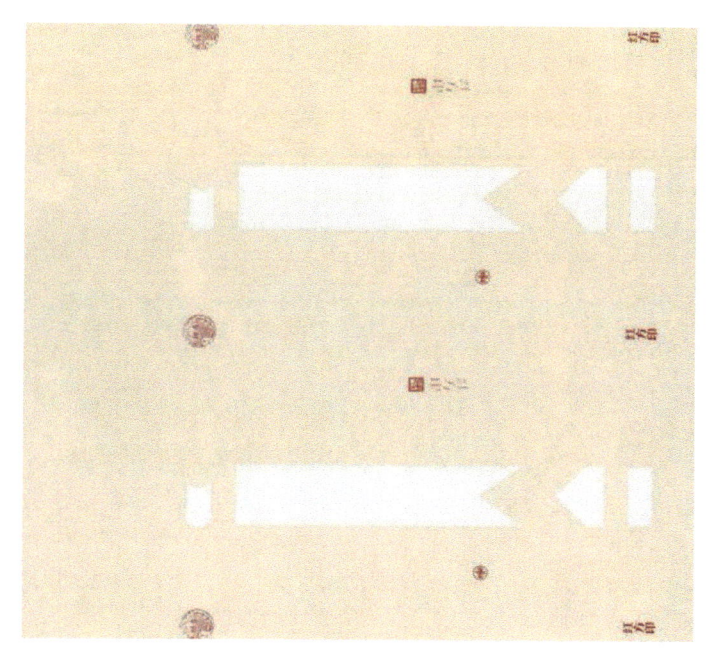

彩图 7

彩图 8

彩图 9

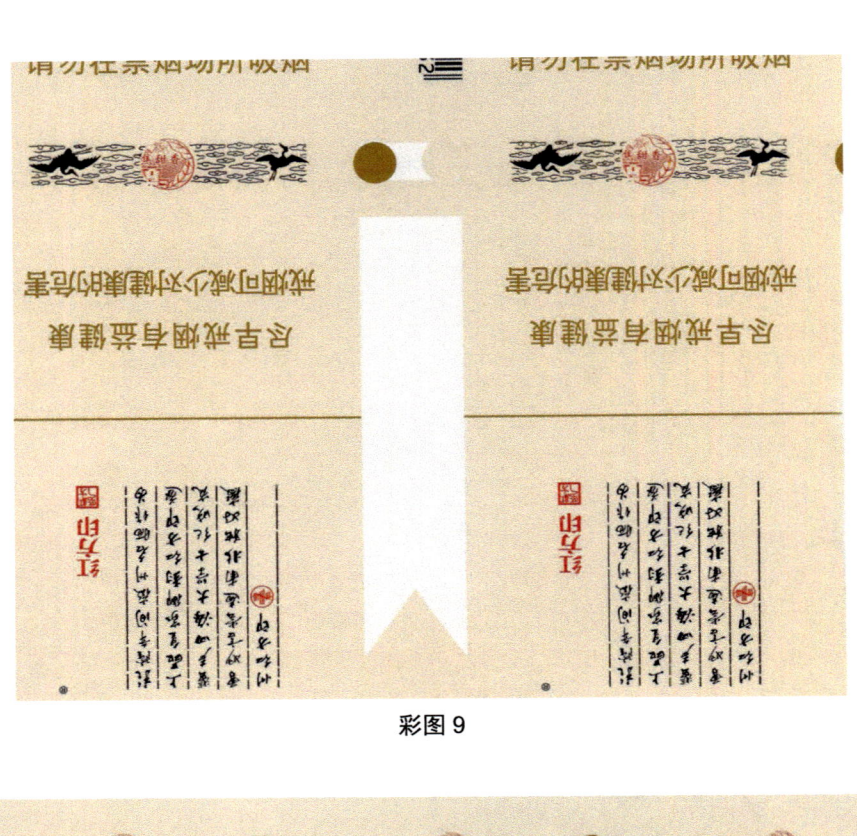

彩图 10

彩图 11

彩图 12

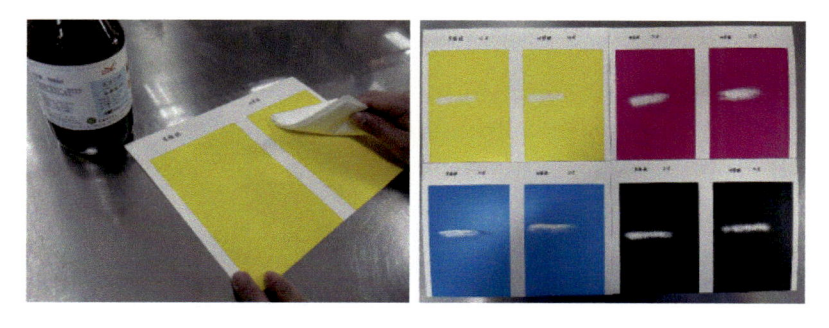

彩图 13

彩图 14

彩图 15

彩图 16

彩图 17

彩图 18

彩图 19

叼口

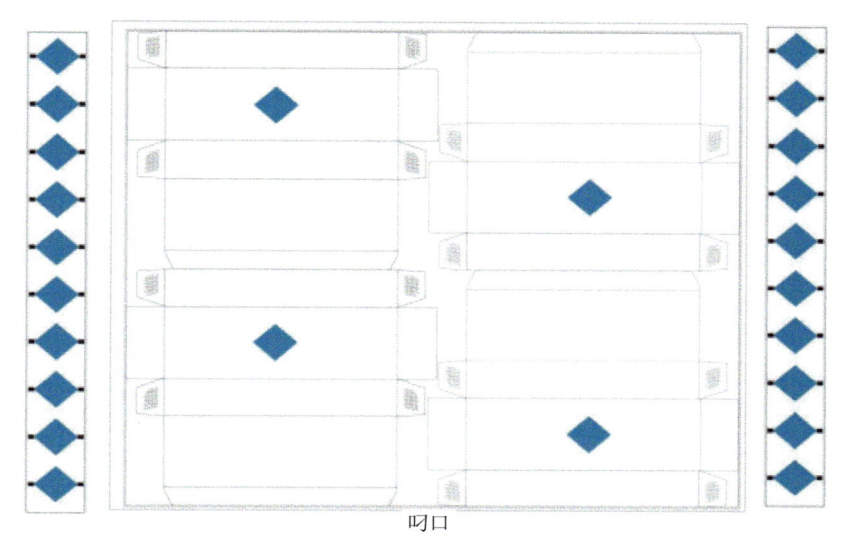

彩图 20

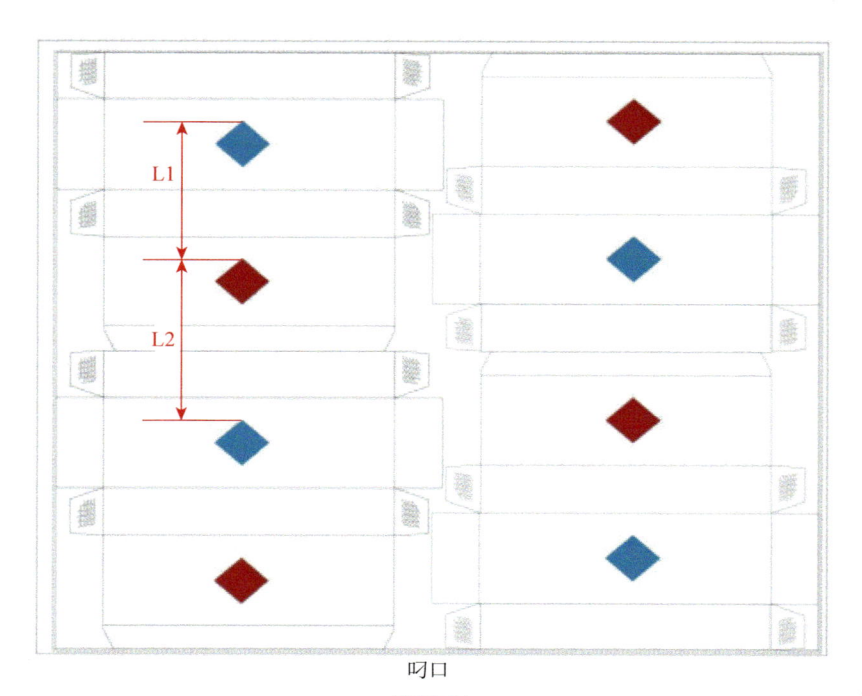

叼口

彩图 21

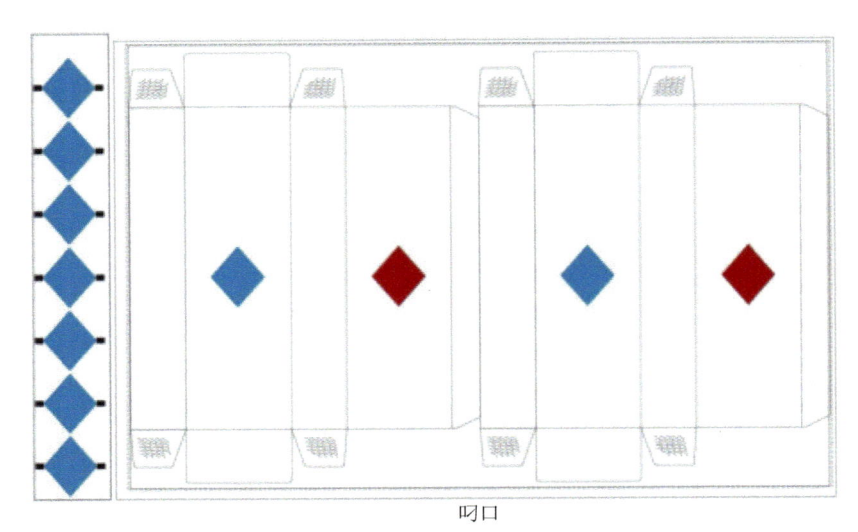

彩图 22

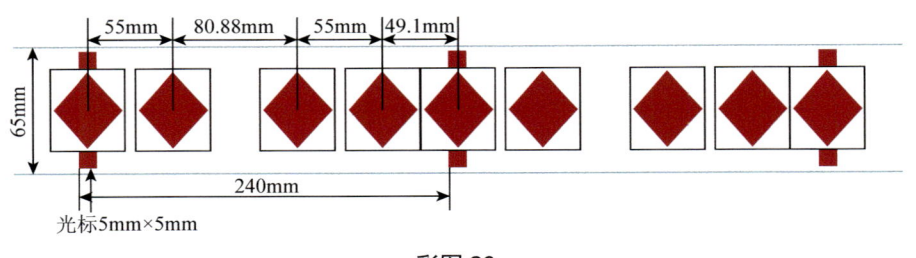

彩图 23